ライブラリ 経済学
レクチャー & エクササイズ｜16

レクチャー&
エクササイズ
地方財政論

足立 泰美 著

新世社

編者のことば

　急速に進む少子高齢化，累積する財政赤字，情報化やグローバル化への対応など，日本経済には課題が山積しています。課題を解決する方法を唱える言説は世にあふれていますが，それが望ましいかどうかを判断することは難しいです。経済学を学ぶことこそ，様々に飛び交う考え方を評価する力を身につけるきわめて有効な方法なのです。

　経済学を学ぶ意義は，経済の動きの理解だけにとどまりません。経済学は論理の積み重ねで成り立っており，経済学を学ぶことで，論理的に考える力を養うことができます。表面的なテクニックの習得に溺れがちな現代社会ですが，経済学の教養が，いまを生きる私たちには大切なのです。

　経済学の学びには，教科書が欠かせません。世の中には，数多くの教科書があふれていますが，自分に合った教科書を探すことは案外難しいです。特に初学者にとっては，その教科書の内容が標準的なのかどうかも，分からないことがあります。まずは本人に合った教科書を読むことが重要なのですが，初学者ほど情報が不足しています。

　これまで新世社では，数多くの経済学ライブラリを公刊してきました。この経験をもとに，経済学の初学者に対して，ここに「ライブラリ 経済学レクチャー＆エクササイズ」を公刊します。本ライブラリの特長は次の通りです。

- 経済学を学びたい大学1〜2年生，学び直したい社会人を読者に想定しました。
- ERE（Economics Record Examination；経済学検定試験）や公務員試験がカバーする標準的な内容を基本として，これらの試験に対応した練習問題も取り入れました。
- 大学での半期15コマの講義を想定し，予習・復習もサポートする構成としました。
- 読みやすさを重視して2色刷とし，図表をバランス良く配置しました。

　新しい情報を知ったときの子どもの目は輝いています。「知りたい」という欲求は，人間にとって自然なものなのです。本ライブラリによって，読者の「知りたい」欲求が自然にわき上がってくることを，心より願っております。

上村　敏之

はしがき

　地方財政とは，地方公共団体の経済活動をいいます。本書は，地方財政を初めて学ぼうとする方，経済に関心がある方のために書かれた入門書です。本書の目的は，地方公共団体が行う公共サービスの活動を経済学で考えることです。私たちの日常の暮らしを支えている消防や医療，公共サービス等は，地方公共団体によって税・社会保障を財源に提供されています。新聞やニュースでは，地方公共団体を取り巻く経済の「いま」と今後のトレンドの基礎から応用まで，さまざまな地方公共団体の経済活動が報道されています。このようなサービスははたして望ましいのでしょうか。経済学で考えると，そこにはより効率的かつ公平的なサービスの提供があり得るのではないか，と問いかけていくことができます。

　地方公共団体の活動を経済的な考え方で理解するために，本書は 14 章で構成されています。前半は，第 1 章「地方財政の役割」，第 2 章「地方財政の資源配分」，第 3 章「地方財政の機能と分権化」，第 4 章「地方財政の行政区分」，第 5 章「地方財政の計画」で構成され，主に地方財政の基礎的な理論と知識を記しています。

　皆さんは，小中学校の授業で公民を学んだり，高校で政治経済の授業を受けてきたのではないでしょうか。本書では，世界や社会で何が起こっているのかを考える時間を共に過ごすために，日常の新聞やニュースなどを取り上げながら，経済学の専門用語を解説していきます。世界や社会がどのような姿になっているのかをイメージできるように，皆さんが身近に感じている言葉を用いながら，専門用語の意味を説明していきます。このとき，初学者でも理解しやすいように，図表を多く使用しています。各章のテーマを一望できるように，章の冒頭にはその概要を図示しています。本文では図表を見ながらキーワードを解説し，それぞれのキーワードの関係を読み解きながら，丁寧に説明していきます。節の終わりと章の終わりには，学びを振り返ることができるように，復習と練習問題を設けています。

　次いで，第 6 章「地方税の原則」，第 7 章「国庫支出金と特定補助金」，第 8

章「地方交付税と財政調整」，第9章「地方債制度と国の関与」では，地方公共団体の財源について，税，補助金ならびに公債から，第10章「地方公共団体の経費」では，地方公共団体の支出について示しています。

　さらに，第11章以降では，地方財政を取り巻く社会経済問題を取り上げています。具体的には，第11章「少子化と地方財政」，第12章「高齢化と地方財政」，第13章「地方公営企業の持続可能性」，第14章「地方財政の広域化・民営化」をテーマに構成しています。なお，以下の表には授業での利用を想定したシラバスの例をまとめています。

表　授業での利用を想定したシラバスの例

授業回数	章	テーマ	重点ポイント		キーワード
第1回	第1章	地方財政の役割	1.1	中央政府と地方公共団体の規模	●国民経済計算　●SNA分類　●公的支出の内訳と推移
			1.2	政府の役割	●国内総生産と経済活動　●財政の規模　●市場経済　●市場の失敗
			1.3	財政の3機能	●所得再分配機能　●資源配分機能　●経済安定化機能
第2回	第2章	地方財政の資源配分	2.1	資源配分と厚生水準	●厚生水準とパレート効率性　●消費者のパレート効率性　●生産者のパレート効率性
			2.2	公共財の最適供給	●私的財と公共財のパレート効率性　●公共財の最適供給　●公共財とは
			2.3	公共支出の効率性と公平性	●公共支出の効率性と公平性
第3回	第3章	地方財政の機能と分権化	3.1	事務配分の規定	●地方自治制度の変遷　●地方公共団体の規定　●地方公共団体の事務　●地方公共団体の役割
			3.2	地方分権改革	●地方分権制度の変遷　●オーツの地方分権定理
第4回	第4章	地方財政の行政区分	4.1	行政区分	●普通地方公共団体と特別地方公共団体　●都区制度　●権限の移譲
			4.2	最適な行政区域	●便益の範囲と行政区域　●地方公共団体の規模の最適化　●市町村大合併
			4.3	人口減少と広域圏	●大都市圏と地方圏の相違　●地方圏の過疎化

授業回数	章	テーマ	重点ポイント		キーワード
第5回	第5章	地方財政の計画	5.1	地方公共団体の役割	●消費者主権の原則 ●地方公共団体の規模 ●地方財政計画 ●地方公共団体の会計
			5.2	地方公共団体の財源	●地方公共団体の歳入 ●地方公共団体の歳入の構成比と推移
第6回	第6章	地方税の原則	6.1	地方税の構成	●地方税の体系 ●国税と地方税 ●道府県民税と市町村税
			6.2	主な地方税	●個人住民税 ●法人住民税と法人事業税 ●消費課税の仕組み ●固定資産税の仕組み
			6.3	租税原則	●地方税の租税原則 ●租税の外部効果 ●租税競争 ●租税輸出 ●重複課税
			6.4	地方税の税率	●税率の種類 ●超過課税 ●制限税率
第7回	第7章	国庫支出金と特定補助金	7.1	国庫支出金の理論	●国庫支出金の種類 ●補助金の必要性 ●特定定率補助金 ●国庫支出金の支出形態
			7.2	国庫支出金の概要	●国庫支出金の規模と構成割合 ●国庫支出金の変遷
第8回	第8章	地方交付税と財政調整	8.1	地方交付税の制度	●地方交付税の変遷 ●地方交付税の機能 ●地方交付税の財源 ●普通交付税と特別交付税 ●地方交付税の算出 ●基準財政需要額の算出 ●基準財政収入額の水準
			8.2	地方公共団体の財源不足	●交付団体と不交付団体 ●財源不足への対応 ●留保財源 ●法定率 ●臨時財政対策債 ●地方債による財政措置
第9回	第9章	地方債制度と国の関与	9.1	地方債の概要	●地方債の変遷 ●地方債の定義 ●地方債の推移 ●地方債の団体別推移 ●地方債の分類と資金 ●財政投融資 ●地方公共団体金融機構
			9.2	地方債制度の概要	●地方財政計画，地方債計画，財政投融資計画 ●地方債の発行手続き ●許可制度から協議制度・届出制度への移行 ●地方債制度のリスクウェイト
			9.3	財政健全化法の仕組み	●旧再建法と財政健全化法 ●財政健全化法の効果

授業回数	章	テーマ	重点ポイント		キーワード
第10回	第10章	地方公共団体の経費	10.1	地方公共団体の経費構造	●地方公共団体の歳出　●目的別歳出　●性質別歳出
			10.2	財政構造の指標	●標準財政規模　●経常収支比率　●実質公債費比率　●財政力指数　●ラスパイレス指数　●人口1,000人当たり職員数
			10.3	公共支出の理論	●中位投票者定理　●多数決投票の帰結　●ティボーの足による投票
第11回	第11章	少子化と地方財政	11.1	雇用政策	●働き方の変遷　●雇用保険制度の概要　●労働者災害補償保険制度の概要
			11.2	生活困窮者への支援	●生活困窮者自立支援制度　●ひとり親家庭への支援　●生活保護制度
			11.3	子ども・子育て支援政策	●子ども・子育て支援政策の変遷　●保育所・幼稚園・認定こども園　●児童に関する手当　●障害者福祉サービス
			11.4	教育政策	●学校教育費の概要と経済的負担軽減　●義務教育制度
第12回	第12章	高齢化と地方財政	12.1	社会保障制度	●社会保障制度の概要　●社会保障制度の財源構造
			12.2	医療保険制度	●医療保険制度の変遷　●医療保険制度の仕組み　●医療保険制度の財源構造
			12.3	高齢者保健福祉施策	●高齢者保健福祉施策の変遷　●介護保険制度の概要　●高齢者施策
第13回	第13章	地方公営企業の持続可能性	13.1	地方公営企業の概要	●地方公営企業の定義　●地方公営企業法の適用
			13.2	地方公営企業法の規定	●地方公営企業の会計　●法適用事業の会計　●地方公営企業会計と官庁会計の相違
			13.3	地方公営企業の経営改革	●地方公営企業の経営状況の把握　●公営企業の「見える化」　●経営戦略の策定　●抜本的な改革の検討
第14回	第14章	地方財政の広域化・民営化	14.1	広域行政	●広域行政の仕組み　●水道事業の広域化　●病院事業の広域化
			14.2	民間活用	●民間活用の概要　●PFI法の概要　●PFI方式の方法

　本書は，各章の冒頭の「予習」で全体をイメージできるようにその概要を図示し，そこで何を学ぶかについて3〜4つのポイントを示しています。章ごとに，重点テーマを取り上げ，それぞれのテーマに応じたキーワードを示し，キーワードの関係が理解できるように図表を掲載し，丁寧に説明をしていきます。各レクチャーが終了した後は，学びを確認できるように，節の終わりには簡単な穴埋め式の問題を，章の終わりには練習問題を設けています。練習問題では，各章の重点テーマについて，経済学的な考え方で理解を深めることができるように，レポート問題を載せています。都度つどのコラムでは，各章のテーマに関するトピックを記しています。本書では，大学の授業で使用しやすいように，半期15回を想定して14章立てとし，15回目は復習や試験として活用できるようにしています。

　本書の執筆をお勧めいただきました関西学院大学の上村敏之先生には，深く感謝しております。また，新世社編集部の清水匡太氏には，本書の執筆から刊行に至るまで終始大変お世話になりました。大阪産業大学の金田陸幸先生，大阪商業大学の木下祐輔先生，札幌学院大学の田代 歩先生には，原稿の細部にわたって目を通していただき，貴重な御指摘をいただきました。

　筆者は，多くの経済学者を輩出してきた大阪大学大学院国際公共政策研究科の赤井伸郎先生，ならびに国内外の社会保障政策に携わる人材を育成している国立国際医療研究センターグローバルヘルス政策研究センター（元大阪大学大学院医学系研究科社会医学講座）の磯 博康先生のもとで学び，公私にわたる指導によって財政学者としての礎を築いていただきました。筆者が甲南大学経済学部で財政学及び地方財政の教鞭をとってから9年が過ぎました。その間，国内研修の機会をいただき，この度，本書を上梓する機会に恵まれましたのも，本学部の諸先生方のお力によるものと感謝申し上げます。最後に私事ですが，日頃より私を励まし支え続けてくれた家族に，心より感謝の思いを伝えたいと思います。

2023 年 7 月

足 立 泰 美

目　次

第 6 章　地方税の原則　　85

第 7 章　国庫支出金と特定補助金　　113

第 8 章　地方交付税と財政調整　　129

第 9 章　地方債制度と国の関与　　　　　　　　　　　151

第 10 章　地方公共団体の経費　　　　　　　　　　　　177

地方財政の役割

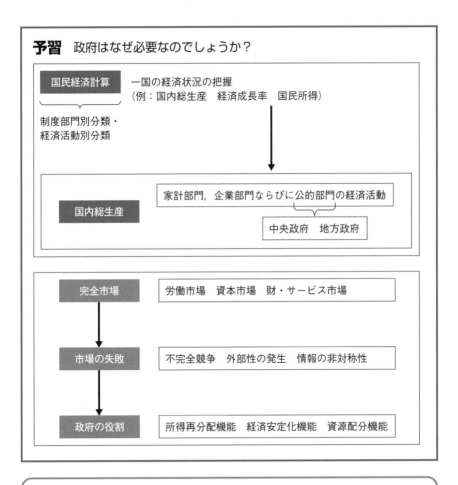

予習 政府はなぜ必要なのでしょうか？

国民経済計算 ── 一国の経済状況の把握
（例：国内総生産　経済成長率　国民所得）

制度部門別分類・
経済活動別分類

国内総生産　　家計部門，企業部門ならびに公的部門の経済活動

中央政府　地方政府

完全市場　　労働市場　資本市場　財・サービス市場

市場の失敗　　不完全競争　外部性の発生　情報の非対称性

政府の役割　　所得再分配機能　経済安定化機能　資源配分機能

学びのポイント

　「**地方財政**（local finance）」とは，地方公共団体の財政をいいます。「**財政**（public finance）」とは，公的に調達した資金で，政府の「**経済活動の収入と支出**」を示しています。地方財政を学ぶことは，都道府県や市町村の経済活動の収入と支出を学ぶことです。無料で受け取る市政だよりには，公民館の利用の仕方，児童福祉サービスや高齢者福祉サービスのお知らせ，市政の現状などが書かれています。そこには，「**地方政府**（地方公共団体）」が税を用いて提供するサービスが記されています。税を財源に財・サービスを提供する場合，我が国では，国全体を統括する「**中央政府**（国）」と，地域の住民を統括する地方政府が，協力し合いながら任務を遂行します。本章では，政府の経済活動について考えます。

レクチャー **1.1**　中央政府と地方公共団体の規模

● 国民経済計算

　国際連合は，国の経済状況の把握に「**国民経済計算**（SNA; System of National Accounts）」を定めています。SNAとは，生産，消費，投資のフロー面と，資産と負債のストック面から，国の経済状況を計算する国際基準です。多くの国が，SNA基準に従って「**国内総生産**（GDP; Gross Domestic Product）」，経済成長率，所得水準等を算出し，国際比較を行います。我が国のSNAは，約2,100種類の商品を，在庫の増減，輸出入，運賃・マージンの調整の流通段階ごとに推計する方法です。企業は，労働，資本，ストック等の生産要素を組み合わせて，中間財の原材料を投入し，財・サービスを生産します。財・サービスは，原材料の中間消費，各種の国内最終需要，及び輸出向けに販売されます。生産過程で得られた付加価値は，固定資本減耗と純間接税を差し引いた後，生産要素間で報酬として配分されます。報酬から，配当，利子の受払い，税・社会保険料を政府に納め，政府から年金等の給付を受けます。再配分後の可処分所得で，財・サービスや，土地，住宅，設備等の実物資産を購入します。消費支出の結果，資金に余剰が生じた主体は，預貯金等の金融資産を運用し，逆に資金不足の主体は，金融機関から資金調達を行います。

● SNA 分類

　SNA 分類には，「経済活動別分類」と「制度部門別分類」があります（図 1.1）。経済活動別分類とは，財・サービスの生産・消費の意思決定を行う主体を，政府サービス生産者，産業，対家計民間非営利サービス生産者に区分して，制度部門別分類とは，所得の受取や処分，資金の調達や資産の運用の意思決定を行う主体を，一般政府，金融機関，非金融法人企業，対家計民間非営利団体，家計に区分して，主体別に経済活動を算出・合算し，一国の経済状況を把握します。一般政府とは，民間では供給されない財・サービスを，税・社会保険料を財源に，無償もしくは生産コストを下回る価格で供給する公的機関の経済活動をいいます。一般政府は，中央政府，地方公共団体，社会保障基金で構成しています。中央政府は，公共事業，防衛・外交，司法等のように国全体に利益が及ぶ財・サービスを提供します。地方公共団体は，特定の地域の利益となる公共事業，警察・消防，福祉・衛生等の財・サービスを供給します。社会保障基金は，保険料収入，運用収益，補助金を財源に，公的年金，労働保険，医療保険等のサービスを供給します。社会保障基金から資金供給される非営利団体も，一般政府に属します。非金融法人企業とは，公的非金融企業や民間非金融法人企業に加え，非金融サービスの市場生産に関与する非営利団体が属します。金融機関とは，公的金融機関と民間金融機関で構成され，金融仲介業務を主とする法人企業及び準法人企業が属します。金融的性格をもつ市場生産に従事す

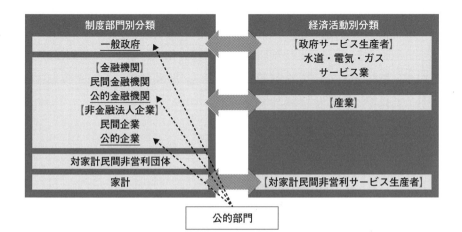

図 1.1　制度部門別分類と経済活動別分類
（出所）内閣府「新しい国民経済計算（93SNA）」をもとに作成

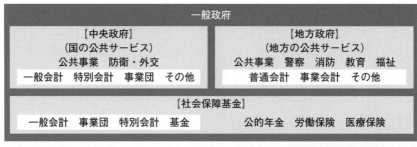

図 1.2 公 的 部 門
（出所）総務省「令和 4 年版地方財政白書」をもとに作成

る非営利団体も金融機関に含まれます。家計とは，生計を共にする小集団で，
自営の個人企業も含まれます。対家計民間非営利団体は，政府による資金供給
を除き，家計に対して非市場を介して財・サービスを提供する非営利団体が属
します。公的部門とは一般政府，公的企業・公的金融機関をいいます（**図 1.2**）。

● 公的支出の内訳と推移

　図 1.3 は公的部門の「**公的支出**」の推移を表しています。中央政府，地方公
共団体，社会保障基金，公的企業で構成される公的部門は，資金の調達及び財
政支出を通じて，所得分配の公正化，経済の安定化，資源配分の適正化に重要
な役割を果たしています。公的支出が GDP（支出額，名目）に占める割合は，
2011（平成 23）年度以降で増加傾向にあり，2020（令和 2）年度時点で 144 兆
5,894 億円です（前年比 2.4％増）。

レクチャー **1.2** **政府の役割**

● 国内総生産と経済活動

　SNA をもとに算出した GDP は，経済規模を表し，国内で一定期間に生産さ
れた財・サービスの付加価値も含めた合計金額を示します。**図 1.4** をみると，

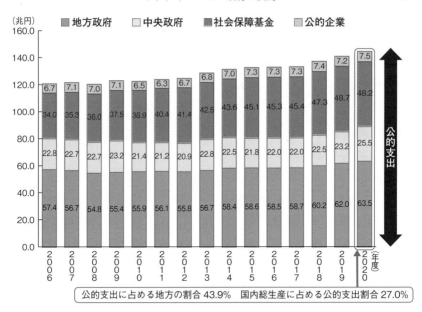

図 1.3　公的支出の推移
（出所）内閣府「新しい国民経済計算（93SNA）」をもとに作成

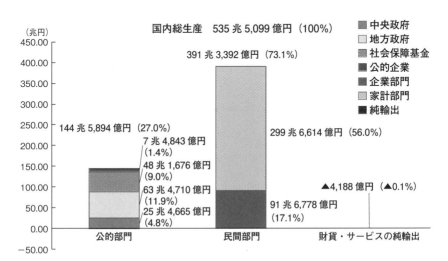

図 1.4　国内総生産（支出側）の内訳（2020（令和 2）年度）
（出所）総務省「令和 4 年版地方財政白書」をもとに作成

2020（令和 2）年度の GDP の合計（支出側）は，535 兆 5,099 億円です。支出主体別の構成比は，公的部門が 27.0%，家計部門が 56.0%，企業部門が 17.1% です。公的部門のうち，中央政府が 4.8%，地方政府が 11.9% です。つまり，地方政府の構成比は，中央政府の約 2.5 倍に相当します。

● 財政の規模

　財政とは，公的部門の経済活動をいいます。お財布を考えてください。今月，どのくらいのお金が入るだろうか，何を購入しようか。これを「財政」にあてはめると，毎月入ってくる給与が「収入」で，日常の身の回りに使う消費が「支出」で，余ったお金を貯金すれば「貯蓄」になります。車や家を購入するときのローンは「公債」です。国及び地方公共団体の収入は，租税です。支出の多くは，公共サービスです。支出を，収入の租税で賄えない場合，民間から資金を借り入れ，利息をつけて将来返済するのが公債です。公債は，将来世代の租税で賄われます。収入，支出，貯蓄，公債で構成される収支は，長期的に均衡します。国の 1 年間の支出を「**歳出**」といいます。2022（令和 4）年度の一般会計予算の歳出（107 兆円 5,694 億円）は，国債の償還と利払費，社会保障関係費，地方交付税交付金等で歳出全体の 7 割以上を占めます。残りで，そ

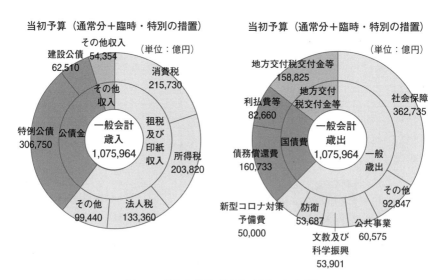

図 1.5　**歳入と歳出（2022（令和 4）年度）**
（出所）総務省「令和 4 年版地方財政白書」をもとに作成

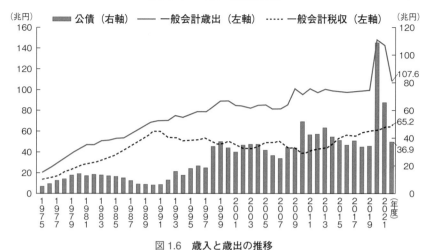

図 1.6 歳入と歳出の推移
（出所）総務省「令和 4 年版地方財政白書」及び財務省「日本の財政関係資料」をもとに作成

の他の政策的な経費（公共事業，教育，防衛等）を賄います。また，国の 1 年間の収入を「**歳入**」といい，3 分の 2 を税収，3 分の 1 を公債金に依存しています（図 1.5）。しかし，税収はバブル経済が崩壊した 1990（平成 2）年を境に伸び悩み，その差はワニの口のように開き，歳出と税収の差は，公債で穴埋めされてきました（図 1.6）。

　この歳出と歳入の関係を，家計にあてはめてみましょう。毎月の給料を上回る水準の生活を行うために，毎年，借金を続けているようなものです。その結果，国の借金は積み上がっています。

● 市場経済

　市場では，企業と家計が経済主体となり，特定の財・サービスに与えられた価格に対して，企業が財・サービスの生産を決定し，消費者が購入を決めます。市場は「**労働市場**」「**資本市場**」「**財・サービス市場**」で構成されます（図1.7）。労働市場とは，家計が労働を供給し，企業が労働を需要します。資本市場とは，金融機関が企業に資金を供給し，資金を用いて企業は投資を行い，資本を蓄積します。財・サービス市場は，企業は労働と資本で財・サービスを供給し，家計は財・サービスを需要します。3 つの市場が成立するとき，需要と供給が一致し，家計の効用の最大化と企業の利潤の最大化が実現し，財・サー

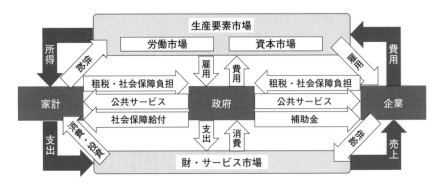

図 1.7　市場経済

ビスは最適に供給されます。しかし，効率的な資源配分が達成できない場合に，「市場の失敗」が生じます。

● 市場の失敗

　市場の失敗とは「不完全競争」「外部性」「情報の非対称性」をいいます（図1.8）。不完全競争では，企業が価格を支配し，価格は完全競争市場の均衡価格よりも高い設定となり，生産量は均衡する生産量よりも過少になります。たとえば，独占市場や寡占市場です。そこで，政府は価格の吊り上げの監視や，カルテルを禁止する必要があります。外部性とは，経済主体が市場の価格取引を介さずに，便益（正の外部性・外部経済）や費用（負の外部性・外部不経済）が生じることをいいます。たとえば，財・サービスの生産で，工場から河川に汚染物質を排出した場合，公害という外部不経済が発生し健康被害をもたらします。外部不経済の社会的コストは市場の価格に反映されず，市場コストは低く評価され，均衡産出量が過剰となります。そこで，外部性を市場メカニズムに内部化するために汚染物質の排出基準を定めて，企業に規制の遵守が求められます。情報の非対称性とは，経済主体間の情報の欠如をいいます。たとえば，保険会社は申込者の疾病リスクの情報を完全にはもっていません。そのため，リスクを判断できない保険会社は，平均的な保険料率に設定せざるを得なくなります。申込者が疾病へのリスクが低い場合，平均的な保険料率では，保険に加入するインセンティブが低くなり，疾病リスクが高い者が保険市場に残り，市場が成立しなくなります。政府の経済活動で求められるのは，民間の市場で

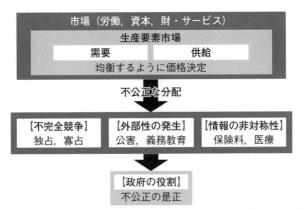

図1.8　市場の失敗

はなし得ない市場の失敗を正すことです。

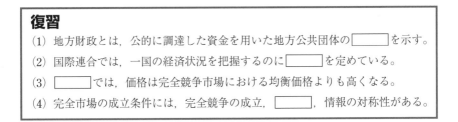

復習
(1) 地方財政とは，公的に調達した資金を用いた地方公共団体の[　　　]を示す。
(2) 国際連合では，一国の経済状況を把握するのに[　　　]を定めている。
(3) [　　　]では，価格は完全競争市場における均衡価格よりも高くなる。
(4) 完全市場の成立条件には，完全競争の成立，[　　　]，情報の対称性がある。

レクチャー **1.3**　**財政の 3 機能**

　政府と民間が共存する混合経済の政府の役割として，マスグレイヴ (Musgrave, R. A.) は，「所得再分配機能」「経済安定化機能」「資源配分機能」を体系づけています。

● 所得再分配機能

　市場は，生産要素を供給する労働市場と，需要する資本市場で構成されます。政府は，市場経済の所得格差や資産格差等の不公正な所得分配の是正のために，税や社会保障制度で望ましい分配まで調整しています。これを「所得再分配機能」といいます（図 1.9）。たとえば，所得や資産が多い個人には高い税率を，低い個人には低い税率を課す超過累進構造を所得税や相続税に適用します。高所得者は重い負担を担い，低所得者には生活保護制度などの社会保障給付を行うことで，所得を再分配します。どの地域の住民も一定の公共サービスが得ら

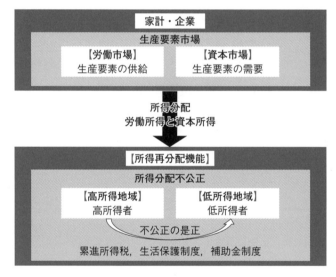

図 1.9　所得再分配機能

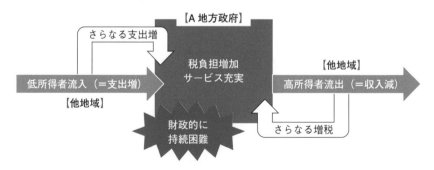

図 1.10　所得再分配における経済的帰結

れるように，所得や資産の豊かな地域の住民に課税し，乏しい地域には補助金を助成することで，地方公共団体間の格差の是正を図ります。しかし，所得再分配機能が進むと，資源配分の歪みが生じます。図1.10から，A地方政府が独自の政策として福祉を手厚くするために，富裕層に追加の個人住民税を課したとしましょう。他地域より充実した福祉を行うA地域に，受給資格のある低所得者層が流入し，高所得者は高い税負担から逃れるために流出すると，地域住民や他の経済資源の移動をもたらし，政策が続けられなくなります。つまり，受給資格の認定や給付の実施等の行政業務は，国に代わって地方政府が行ったとしても，国全体で統一的に不公正の是正を行うほうが望ましいです。

● 資源配分機能

　資源配分機能とは，社会資本の整備や公共サービスの提供という限られた資源を，効率的にもっとも望ましい配分がなされるように，政府が介入することをいいます。基本的には市場で提供された価格によって，特定の財・サービスの需要が供給を上回る場合に，価格が上昇し，需要が抑制され，財・サービスの生産への投資が誘発され，需要と供給が調整されます。このメカニズムを価格機構（プライス・メカニズム）といいます。この調整が十分働かず，財・サービスの不足が生じた場合に，政府の役割が求められます。

● 経済安定化機能

　「**経済安定化機能**」とは，図1.11で示すように，好景気や不景気による景気循環を繰り返すマクロ経済に著しい経済変動が生じたときに政府が介入し，経済を安定化させることをいいます。たとえば，経済ショックで労働者の失業が増え，家計の所得や消費が減少し，企業の資本稼働が低下したとき，政府が公共投資で歳出を増やしたり，減税を実施することで，景気の後退を防ぎます。逆に，景気過熱期の生産の過剰や物価の不安定に対して，公共投資などの歳出を減らし，増税を行うことで，過熱にブレーキをかけます。公共投資を財政政策として自動的に景気を安定させる機能を，「自動安定化装置（ビルトイン・スタビライザー）」といいます。政府の裁量的な経済の安定化によってマクロ経済の調整を行う政策を，「フィスカル・ポリシー」といいます。経済安定化機能が果たす景気対策は，国全体で実施することが望まれます。たとえば，A

地方政府に失業者が大量に発生した場合，Ａ地域で減税や公共投資を実施し，Ａ地域の住民の可処分所得が増加し消費が増えても，他地域でも財・サービスが生産・販売され，建築資材を他地域から調達します。すると，行政区域を越えて周辺地域の経済活動に減税の効果が漏れ，財政政策に期待される乗数効果が小さくなり，景気浮揚効果が縮小する可能性があります。一方で，消費需要の影響は，Ａ地域の経済力が大きいとしても，Ａ地域の物価，雇用，経済活動の水準を変えるほどには至りません。経済安定化は，財政政策だけでなく金融政策の検討が求められ，地方政府で行うことは難しいのです。したがって，経済安定化も所得再分配と同様に地方政府ではなく，中央政府が担うことが望まれます。表 1.1 のように財政の 3 機能のうち所得再分配機能と経済安定化機能は，本来の地方政府の役割には適しない面をもちます。

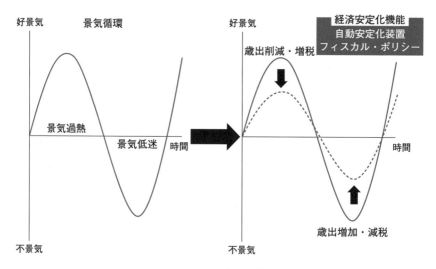

図 1.11　経済安定化機能

表 1.1　財政の 3 機能

財政 3 機能	担うべき政府	要因
所得再分配機能	中央政府	水平的公平性
資源配分機能	地方政府	地方分権化
経済安定化機能	中央政府	外部性

コラム 1.1　公共投資が景気に影響をもたらすメカニズム

　公共投資が新たに 500 億円分追加された場合に，500 億円の所得を発生させ，この所得を介して消費を生み出します。このときの消費額は，500 億円に限界消費性向（消費の増加分÷所得の増加分）を乗じたものとなります。仮に消費性向を 0.8 とすると，400 億円の消費が発生することになり，それが新たな所得となって，0.8 倍分の消費がさらに生じます。このような公共投資の景気浮揚効果は，公共投資乗数（所得の増加分÷公共投資額）で評価されます。

復習

(1) 市場経済の所得格差や資産格差等の不公正を是正するために，政府は□□□□を担う。

(2) 政府の役割として，マスグレイヴは□□□□，経済安定化機能，資源配分機能の 3 つを体系づけている。

(3) □□□□とは，好景気や不景気による景気循環を繰り返すマクロ経済に著しい経済変動が生じたときに，政府が介入し安定化させることをいう。

(4) 政府は公共投資の歳出を減らし□□□□を行うことで，景気の過熱にブレーキをかける。

練習問題

問題1　国民経済計算

　SNA 分類のうち，所得の受取や処分，資金の調達や資産の運用の意思決定を行う主体を，一般政府，金融機関，非金融法人企業，対家計民間非営利団体，ならびに家計に区分して，一国の経済状況を把握する分類はどれでしょうか。

ヒント：p.2〜4 を読もう！

(1)　生産消費別分類　　　　(2)　資金調達別分類

(3)　制度部門別分類　　　　(4)　経済活動別分類

問題2　公的部門

　GDP とは，国内で一定期間に生産された財・サービスの付加価値の合計金額を示します。その内訳を支出主体別でみると，公的部門，家計部門ならびに企業部門があります。次のうち公的部門にあてはまらないものはどれでしょうか。

ヒント：p.4〜6 を読もう！

(1)　公営企業　　　　　　　(2)　生活協同組合

(3)　社会保障基金　　　　　(4)　一般政府

問題3　市場の失敗

　市場で財・サービスの取引を行うことが，市場が機能せずに均衡する価格設定に至らない場合や不公正な分配が生じる場合に，公共部門である政府が民間の経済活動を補完する必要が出てきます。次のうち市場の失敗にあてはまらないものはどれでしょうか。

ヒント：p.8〜9 を読もう！

(1)　不完全競争　　　　　　(2)　外部性

(3)　財政的不均衡　　　　　(4)　情報の非対称性

問題4　完全競争市場

　資本主義経済体制では，市場を通じて民間の経済活動が行われています。企業と家計が経済主体となり，市場で特定の財・サービスに価格が与えられ，その価格に対して，企業が財・サービスを生産するか否かを決定し，消費者が財・サービスを購入するかどうかを決めます。次のうち資本主義経済体制下の市場にあてはまらないものはどれでしょうか。

ヒント：p.8〜9 を読もう！

(1)　労働市場　　　　　　　(2)　生産消費市場

(3)　資本市場　　　　　　　(4)　財・サービス市場

問題5　財政の3機能

　完全競争市場であったとしても効率的な資源配分が達成できないとき，市場の失

敗が生じます。そこでは，政府が民間の経済活動を補完する形で財・サービスを提供することが求められます。どのような役割が求められるか，次の中からあてはまらないものを選んでください。　　　　　　　　ヒント：p.9～13を読もう！

(1) 所得再分配機能　　　(2) 資源配分機能

(3) 資本格差是正機能　　(4) 経済安定化機能

問題6　レポート①

第1章の内容をもとに，次のテーマでレポート（1,000字以上）を作成してください。

(1) 一国の経済状況を把握する国民経済計算を，説明せよ。

(2) 財政の3機能について説明せよ。

(3) 市場の失敗を是正するために，政府が果たす役割を説明せよ。

問題7　レポート②

市場における財・サービスの取引で，市場が機能せずに均衡する価格設定に至らない場合や不公正な分配が生じる場合に，政府の介入が求められます。第1章を読んで，不公正が生じる場合に政府はどのような介入が求められるかを整理し，レポート（1,000字以上）を作成してください。

練習問題解答

問題1　正解（3）　　　問題2　正解（2）　　　問題3　正解（3）

問題4　正解（2）　　　問題5　正解（3）　　　問題6　正解省略

問題7　正解省略

地方財政の資源配分

予習 望ましい資源配分には，どのような条件があるのでしょうか？

パレート効率性

消費者は最適な購入をどう決めるのでしょうか？

消費者のパレート効率性

生産者は最適な供給をどう決めるのでしょうか？

生産者のパレート効率性

公共財と私的財

- 競合性と排除性：純粋公共財，準公共財，準私的財，純粋私的財
- 生産と負担：直営方式，企業形態化，民間委託，民営化

私的財と公共財の最適供給

私的財の資源配分がパレート最適であるとき，私的財の総消費量が社会的費用の公共財と等しくなる（サミュエルソン条件）。

公共財の最適供給

学びのポイント

1. 最適な資源配分について考えてみよう。 ────────▶ p.18
2. 消費者の最適な購入と供給者の最適な生産を考えてみよう。 ───▶ p.20
3. 私的財と公共財の定義について知ろう。 ──────────▶ p.23
4. 公共財の最適な供給について知ろう。 ────────────▶ p.25

　財・サービスの取引で，市場が機能せずに，価格が均衡する設定に至らない場合や不公正な分配が生じる場合に，市場には不完全競争，外部性の発生，情報の非対称性が生じます。このような場合，政府は民間の経済活動を補完し，社会資本の整備や公共サービスの提供等の財・サービスが最適に配分されるように介入します。それでは，最適な資源配分の基準とはどういうものでしょうか。消費者にとって最適な購入，生産者にとって最適な供給とは，どのような条件でしょうか。また，政府が供給する財・サービスとして「**公共財**」がありますが，公共財とはどういう財・サービスでしょうか。本章では，もっとも望ましい資源配分と政府が供給する財・サービスについて考えます。

レクチャー**2.1**　**資源配分と厚生水準**

● 厚生水準とパレート効率性

　もっとも望ましい資源配分は，「**パレート効率性**」で評価されます。パレート効率性とは，他の経済主体の厚生水準を低下させることなしには，ある特定の経済主体の「**厚生水準**」を上げることができない資源配分をいいます。厚生水準とは，効用（満足度）の水準を示します。つまり，他の人々が満足した資源配分を維持したままで，ある人の資源配分を良くできないことを，パレート最適な状態といいます。これは，限られた資源をもっとも価値の高い用途に充てた状態をいいます。

　図2.1を用いて，教育サービスと介護サービスの最適な資源配分を考えます。図上段で，すべての労働と資本を用いて，教育サービスを生産する場合はF_x点までが生産可能です。逆に，介護サービスに労働と資本を投じた場合，生産可能なのはF_y点です。F_x点とF_y点を結んだ曲線が，供給が可能なサービスの組合せを示す「**生産可能性フロンティア**」です。フロンティアより外側のB点の組合せでは，生産要素が不足し，サービスが供給できず，内部のA点では生産要素が余ります。F_xF_y上で効率的な生産が実現します。

　それでは，生産可能なフロンティア上にあるサービスのどの組合せが，社会全体の効用を最大にするのでしょうか。図2.1から社会全体の効用を示す厚生水準は，Wです。W_1上の組合せでは，すべて同一の厚生水準は8です。W_2上では厚生水準が10，W_3上では厚生水準が12で，外側ほど財・サービスの生

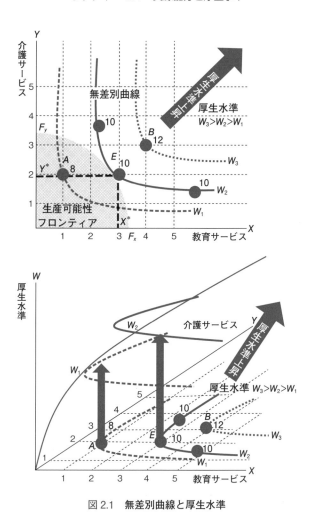

図 2.1　無差別曲線と厚生水準

産が増え，社会全体の厚生水準は高まります。教育サービスを X 軸に，介護サービスを Y 軸に，厚生水準を W 軸で表したのが図の下段です。厚生水準を横に切断したとき，同一の厚生水準をもつサービスの組合せとなる切り口部分を「**無差別曲線**」といいます。生産可能性フロンティアと無差別曲線の組合せが，社会全体の効用がもっとも高い資源配分です。つまり，教育サービスが3で介護サービスが2の組合せが，社会全体の効用がもっとも高い厚生水準10になります。A 点は財・サービスの生産が可能ですが E 点の厚生水準のほう

が高く，B 点は生産可能性フロンティアを超えるので，生産できません。

● 消費者のパレート効率性

　消費者にとって，パレート効率な資源配分の条件はどういうものでしょうか。ここではもっとも単純な社会を想定します。消費者は A と B，財・サービスは X と Y の 2 財とし，社会全体で生産される量は $\bar{X}$ と $\bar{Y}$ とします。図 2.2 の「エッジワースのボックス・ダイアグラム」で示すように，消費者 A と消費者 B のパレート効率な資源配分は，消費者 A の無差別曲線と消費者 B の無差別曲線の交点です。

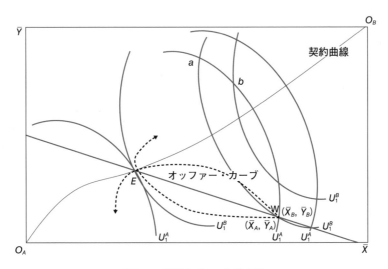

図2.2　消費のパレート効率性

　消費者 A の原点を O_A とし消費者 B の原点を O_B とした場合に，各消費者が財 X と財 Y から得られる効用水準は，消費者 A では無差別曲線 U_1^A，消費者 B では無差別曲線 U_1^B で表されます。効用水準は，無差別曲線が外側に行くほど高まります。消費者 A と消費者 B の間で，財 X と財 Y のパレート最適な資源配分を考えます。無差別曲線 U_1^A と無差別曲線 U_1^B の交点のうち，a 点の財 X と財 Y の組合せから b 点に移動した場合に消費者 A の効用水準は上昇します。しかし，b 点はパレート最適ではありません。パレート最適は，無差別曲線 U_1^A と無差別曲線 U_1^B の接する E 点です。無差別曲線 U_1^A と無差別曲線 U_1^B の接

点をつないだ $O_A\,O_B$ を「契約曲線（contract curve）」といいます。$O_A\,O_B$ 線上のすべてが，パレート効率性の条件を満たします。無差別曲線の傾きを，「**限界代替率（marginal rate of substitution）**」といいます。限界代替率とは，消費者 A や消費者 B が，X 財の消費 1 単位と交換してもよいと考える Y 財の消費量です。パレート効率性を満たした資源配分では，消費者 A と消費者 B の限界代替率は等しいことから，次のようになります。

$$MRS_{XY}^A = MRS_{XY}^B$$

　パレート効率性の条件を満たさない初期時の配分を，$(W_A,\ W_B)$ とします。一定の条件のもと市場で与えられた財の価格の変化と予算制約を満たしながら，消費者は効用最大化を求めて財の購入を決めます。各財の価格と資源配分の組合せは，需要量と供給量が一致する均衡点で落ち着きます。価格調整のもとでパレート効率的な資源配分に達すれば，消費者 A と消費者 B の無差別曲線で接する価格比は，望ましい資源配分の比率になります。この均衡を「**競争均衡（ワルラス均衡）**」といい，次のように表されます。

$$MRS_{XY}^A = \frac{P_X}{P_Y} = MRS_{XY}^B$$

　競争均衡の資源配分がパレート効率な資源配分であるとする命題を「**厚生経済学の第 1 基本定理**」といいます。厚生経済学の第 1 基本定理では，「価格競争市場でパレート効率的な資源配分が達成される」と仮定し，完全競争市場の価格調整を通じてパレート効率な資源配分が達成されます。財の価格比の変化に対して財の需要量の変化は，「**オファー・カーブ（offer curve）**」で示されます。

● 生産者のパレート効率性

　次に，生産者のパレート最適な資源配分を考えます。労働と資本の生産要素をどのように配分すれば，パレート効率的に生産できるでしょうか。ここでは，労働 N と資本 K を用いて，財 X と財 Y を生産する社会を想定します。財 X と財 Y の生産関数は

$$X = f(N_X,\ K_X) \qquad Y = g(N_Y,\ K_Y)$$

になります。完全競争市場で，企業は与えられた労働賃金率 w と資本サービス価格 r を，費用が最小化するように労働 N と資本 K を需要します。生産量が一定のもとで，労働投入量を1単位増やしたときのあきらめなくてはならない資本量を，「**技術的限界代替率（marginal rate of technical substitution）**」といいます。パレート効率性を満たした資源配分では，財 X と財 Y の技術的限界代替率は等しく，次のように表されます。

$$MRTS_{NK}^{X} = \frac{w}{r} = MRTS_{NK}^{Y}$$

資源制約の中で，財 X を1単位多く生産するのに，財 Y の生産の何単位分をやめるかを示したのが「**限界変形率（marginal rate of transformation）**」です。限界変形率とは，財 Y に対する財 X の生産の増加分を示します。これは，財 X の生産が財 Y の生産と比べてどれだけ難しいか（容易であるか）を表します。限界変形率は図 2.1 の上段において，生産可能性フロンティアの接線の傾きで表されます。効率的な生産を行うために，財 Y を減少させ財 X を増加させる場合に，財 Y から財 X に労働投入量と資本サービス量を移動させることで生産された財では，$dX = MP_{N}^{X}\,dN$, $dY = MP_{N}^{Y}\,dN$, $dX = MP_{N}^{X}\,dK$, $dY = MP_{N}^{Y}\,dK$ が成立します。前式に後式の dN, dK を代入した場合に，労働投入量と資本サービス量の限界生産力は，次のようになります。

$$MRT_{XY} = \frac{MP_{N}^{X}}{MP_{N}^{Y}} \qquad\qquad MRS_{XY} = \frac{MP_{K}^{X}}{MP_{K}^{Y}}$$

MP_{N}^{X} と MP_{N}^{Y} は，財 Y に対する財 X の労働生産量の限界生産力です。MP_{K}^{X} と MP_{K}^{Y} は，財 Y に対する財 X の資本サービス量の限界生産力です。消費のパレート効率と生産のパレート効率の組合せは，次のようになります。

$$MRT_{XY} = \frac{P_X}{P_Y} = MRS_{XY}$$

限界変形率とは，生産者が X 財を追加的に供給する場合に，あきらめる Y 財の供給量です。限界代替率は，消費者が X 財の追加的な購入で，あきらめてもよい Y 財の量です。限界代替率が限界変形率を超える場合，X 財の生産を増加させることで，社会全体の生産物が効率的な組合せになり，限界費用が消費者の価値に等しくなります。つまり，パレート効率性が達成されます。パレート効率性が市場で成立しない場合に，公共財としての供給が求められます。

復習

(1) ▭とは，限られた資源をもっとも価値の高い用途に充てた状態をいう。

(2) 財・サービスの供給が，可能な組合せの曲線を▭という。

(3) 生産量が一定のもとで，労働投入量を1単位増やしたときにあきらめなくてはならない資本量を▭という。

(4) 資源が制約される中で，財 X を1単位多く生産するのに，財 Y の生産を何単位分取りやめるかを示したものを▭という。

レクチャー **2.2　公共財の最適供給**

● 私的財と公共財のパレート効率性

公共財のパレート効率性の条件を考えます。消費者 A と消費者 B と，私的財 X と公共財 Y の2財の社会を想定し，純粋私的財と純粋公共財を仮定します。

消費者 A は私的財 X_A と公共財 Y_A，消費者 B は私的財 X_B と公共財 Y_B を消費します。私的財 X は，$X = X_A + X_B$ が成立します。公共財 Y は，すべての人が同一水準で等しく消費します。すなわち $Y = Y_A = Y_B = \cdots = Y_n$ が成立します。消費者 A の厚生水準が無差別曲線 $I_A I_A$ で与えられた場合，消費者 B の効用が最大化するパレート最適な資源配分を考えます。図2.3上段から，公共財は等量消費であることから，消費者 A と消費者 B の公共財は Y_0 で，私的財は X の生産可能曲線 GG と公共財 Y_0 との接点 E_0 に対応する X_0 になります。消費者 A は，公共財 Y_0 と無差別曲線 $I_A I_A$ の接点 E_A である X_A を私的財として消費します。消費者 B が，私的財全体から消費者 A の消費量を引いた $X_B = X_0 - X_A$ を，私的財として消費します。図2.3下段から，消費者 B の私的財 X_B と公共財 Y_0 の組合せは WW 曲線です。WW 曲線と消費者 A の無差別曲線 $I_B I_B$ の接点 E_B が，消費者 B の効用が最大化になるパレート最適な資源配分です。公共財に対して，パレート最適な資源配分である私的財では，生産可能曲線上 E_0 の傾き MRT 及び消費者 A と消費者 B のパレート最適な資源配分である E_A と E_B の傾き MRS_A と MRS_B は，

$$MRS_A + MRS_B = MRT$$

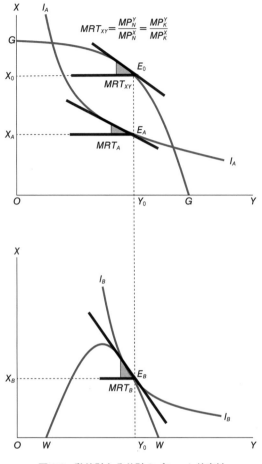

図 2.3　私的財と公共財のパレート効率性

$$\sum_{i=1}^{n} MRS_i = MRT$$

です。左辺の私的財の総量が，右辺の公共財と等しくなります。私的財の資源
配分がパレート最適な場合，総消費の私的財の総量が社会的費用である公共財
と等しくなります。これを「サミュエルソン条件」といい，次のように表します。

$$\sum_{i=1}^{n} MB_i = MC$$

● **公共財の最適供給**

　図2.4上段では，消費者Aと消費者Bの限界便益曲線をOAとOBとし，費用曲線をOCとします。図2.4上段から，公共財の最適供給とは，消費者Aと消費者Bの限界便益の合計Y^*Xから総費用を引いた純便益XCが最大になるY^*が最適供給量です。つまり，消費者AはY^*A，消費者BはY^*Bという便益を受け，社会全体の便益はY^*Xです。総便益Y^*Xから総費用Y^*Cを引いたXCが純便益になります。

　図2.4下段の消費者の費用を考えた場合に，社会全体の需要曲線Xは消費

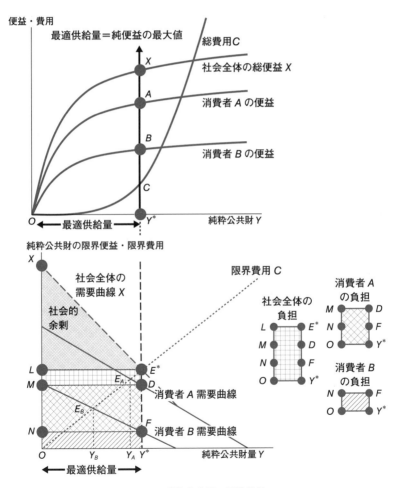

図2.4　純粋公共財の最適供給

者 A と消費者 B の合算です。社会全体の需要曲線 X と限界費用 C の交点 E^* に相当する Y^* が最適供給量になり，社会全体の最適供給量を生産するのに，社会全体の負担は LOY^*E^* です。消費者 A の負担は MOY^*D，消費者 B の負担は NOY^*F であり，消費者 A が消費者 B よりも負担が大きくなります。応益性の原則に従って，純粋公共財を供給した場合に，消費者 A の供給量は OE^* との交点 E_A に相当する Y_A，消費者 B の供給量は OE^* の交点 E_B に相当する Y_B が最適供給量です。純粋公共財は等量消費に反した完全競争市場では，公共財は Y^* ではなく，より低い水準の Y_A と Y_B で供給されます。このように，純粋公共財は，過少供給されることから，最適な供給が求められます。

● 公共財とは

　財・サービスの供給において市場の失敗が生じている場合には，民間企業の代わりに，政府が公共財として財・サービスを供給します（**図2.5**）。市場の供給は，財・サービスを特定の人が消費した場合に，他の人の消費可能な量が減少し，消費者間に「**競合性**」が，供給される財・サービスに対価を払わない人に「**排除性**」が生じます。競合性とは，ある人が消費した場合に他の消費を妨げることをいい，非競合性とは，ある人が消費しても他の消費を妨げないことをいいます。排除性とは，対価を払わない人の消費を排除できることをいい，非排除性とは，対価を払わなくても消費から排除できないことをいいます。

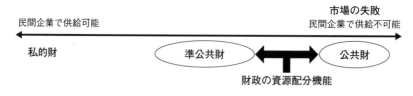

図2.5　公共財と私的財

　図2.6から，公共財は，非競合性と非排除性をもつ「**純粋公共財**」です。外交，国防，司法のように国際的及び国全体に便益が及ぶ財・サービスを，国際公共財や国家公共財といいます。公園のように，不特定かつ複数の人が同時に消費できる非競合性と，対価を払わなくても消費ができる非排除性の財・サービスを公共財といい，すべての人々が等しく消費する「**等量消費**」の性質をも

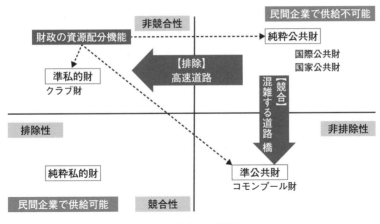

図2.6　競合性と排除性

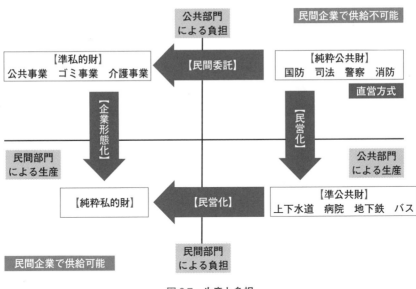

図2.7　生産と負担

ちます。公共財の場合，民間企業で市場に委ねられると過少供給に，かつ，対価の徴収ができないためサービスへの「ただ乗り」のおそれがあります。競合性と排除性の財を「**純粋私的財**」といいます。たとえば，学習塾等の授業料の徴収は，対価を払わない受益者を排除し，入試制度による選別は競合が生じ，私的財としての性質をもちます。競合性及び排除性の純粋私的財は，市場で提

供される財・サービス全般を含む民間企業の供給が主です。部分的に競合性及び排除性を有する中間的な財を「**準公共財**」「**準私的財**」といいます。競合性が強いが排除性が弱い「**コモン財**」は，利用者全員が便益を受けられますが，利用者の増加によって，混雑費用が高まり競合性は上昇します。たとえば一般道路や橋です。排除性は強いが競合性が弱い「**クラブ財**」は，料金を課すことで財・サービスの提供を選別します。たとえば水道事業，電気事業やガス事業です。

　図 2.7 では財・サービスの供給を生産と負担から考えます。国防，警察・消防等の純粋公共財は財源を税から得ることで，公共部門が生産します。純粋私的財は民間部門で財源を確保し，民間企業で生産します。中間財の準公共財や準私的財の供給は多岐にわたります。純粋公共財は直営方式ですが，公共事業等の準私的財は民間に委託され，上下水道等の準公共財は民営化しています。準私的財が企業形態化し，準公共財が民営化し，私的財に移行します。

レクチャー**2.3**　**公共支出の効率性と公平性**

● 公共支出の効率性と公平性

　完全競争市場は，投資に応じた公共財の需給が望ましい水準でパレート効率を達成しますが，不完全市場では，本来社会的に望ましい水準の需給に達しません。政府は，公共財の需給がパレート効率で達成するように，「**効率的**」な介入が求められます。公共財には，社会全体で便益を享受する「**正の外部性**」を有する財・サービスがあります。たとえば，予防接種です。ある地域での予防接種率が 1 単位上がれば，個人，家族，社会全体の感染を防ぎ，労働生産性が向上し，経済成長といった社会全体の便益に「**帰着**」します。

　図 2.8 で，横軸を公共財の供給量，縦軸を限界費用・限界便益とします。限界費用 S と需要曲線（私的限界便益）D^* の交点 W^* が，市場で供給されます。外部便益が生じる場合，私的限界便益に外部便益を合算した社会全体の需要曲線 D^{**} との交点 X^* が社会全体の最適供給量です。市場取引では，正の外部性に相当する限界便益の増加分が考慮されていません。社会全体の最適供給量の実現のために，社会的限界費用と私的限界費用の差分の新たな負担に対して，「**補助金**」政策がとられます。完全競争市場では，財・サービスの価格が限界

コラム2.1　価 値 財

　公共財の一つに「**価値財（merit goods）**」があります。価値財とは，将来的に
被る不利益を事前に回避するために，温情主義的見地から供給する財・サービス
です。たとえば，低所得世帯で，子どもに教育を受けさせることで，より高い所
得を将来得られるにもかかわらず，今の生活を優先して子どもを働かせてしまう
場合があります。過少な教育投資の理由に，「**借入制約**」が挙げられます。本人
や親の所得水準の制約から，資金調達が困難な場合に，本来望ましい最適水準に
比べて，教育投資が過少となり，ローンの整備や奨学金の拡充による借入制約の
緩和が必要とされます。

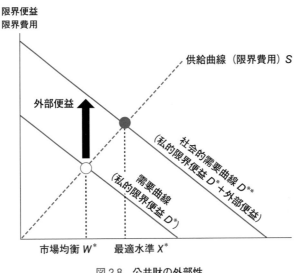

図 2.8　公共財の外部性

費用と一致する需給が最適な資源配分になります。しかし，公共財は初期に巨
額の投資費用が生じます。たとえば，水道事業です。水道事業の整備費用は，
利用者の人数が一定数を超えるまで1人あたり「**平均費用**」は小さくなる「**規
模の経済**」が生じます。平均費用と限界費用が一致する需給では，必然的に赤
字となり，採算がとれないことから，赤字分に対して公的な負担が支持されま
す。しかし，完全競争であったとしても，社会的に公平に公共財の市場均衡が
達成されなくては，不公平が生じます。公平に公共財を供給するために，誰に
でも同じ機会が与えられる「**機会の平等**」と，誰しもが同じ結果が得られる

「**結果の平等**」があります。「機会の平等」は，労働市場で同じ条件で競争に参加できる環境が保障される状態をいいます。家庭環境や経済状況に関わらず，政府が一定水準の教育を提供することで，「機会の平等」を確保します。一方，「結果の平等」は，完全競争市場によって所得格差が広がった場合，所得再分配を重視する考え方です。しかし，事後的な所得再分配への過度な期待は，教育を受けない選択を促し，労働への意欲を喪失させ，経済活動の効率性を妨げます。

復習

(1) 純粋公共財とは，□□□□と非排除性の性質を有している。

(2) □□□□とは，ある人が消費した場合に他の人の消費を妨げる性質をいう。

(3) □□□□とは，消費者Aや消費者Bが，X財の消費1単位と交換してもよいと考えるY財の消費量である。

(4) 公共財Yの消費は，すべての人々が同一水準で等しく消費する□□□□である。

練習問題

問題1　生産可能性フロンティア

生産可能性フロンティアと無差別曲線に関する記述のうち，誤っている文章を選択してください。　　　　　　　　　　　　　　　　ヒント：p.18〜20を読もう！

(1) 生産可能性フロンティアの内部で生産される場合は，生産要素が余り無駄となる。

(2) 社会全体の厚生を表す無差別曲線は，原点に近いほど効用が高まる。

(3) 無差別曲線上には同じ効用をもつ財・サービスの組合せが無数にある。

(4) 効用が異なる2本の無差別曲線は交わることはない。

問題2　競 争 均 衡

財 X と財 Y がパレート効率的な資源配分に達すれば，消費者 A と消費者 B の無差別曲線の接線の価格比は望ましい資源配分が実現できている比率となり，この均衡を競争均衡といいます。正しい競争均衡は次のうちどれでしょうか。

ヒント：p.20〜22を読もう！

(1) $\dfrac{MRS_{XY}^A}{MRS_{XY}^B} = \dfrac{P_X}{P_Y}$　　　　　　(2) $\dfrac{MRS_X^A}{MRS_Y^B} = \dfrac{P_X}{P_Y}$

(3) $MRS_{XY}^A = \dfrac{P_X}{P_Y} = MRS_{XY}^B$　　　　(4) $MRS_{XY}^A = \dfrac{P_X}{P_Y} = -MRS_{XY}^B$

問題3　生産者のパレート効率性

完全競争市場で，労働賃金率 w と資本サービス価格 r の生産要素価格で，費用が最小化する労働 N と資本 K を需要します。生産者のパレート最適な資源配分で，誤っている内容のものを選んでください。　　　　　　ヒント：p.21〜22を読もう！

(1) 消費者 A や消費者 B が，X 財の消費1単位と交換する Y 財の消費量を限界代替率という。

(2) 生産量が一定のもとで，労働投入 N を1単位増やすときにあきらめる資本 K を技術的限界代替率という。

(3) 資源が制約される中で，財 X を1単位多く生産するのに，財 Y の生産を何単位分取りやめるかを示したものを限界生産率という。

(4) パレート効率性を満たす場合，消費者 A と消費者 B の限界代替率は等しい。

問題4　公共財の供給

総消費である私的財の総量が社会的費用である公共財と等しいサミュエルソン条件の限界変形率と限界代替率の関係を，次の中から選んでください。

ヒント：p.23〜30 を読もう！

(1) $\displaystyle\sum_{i=1}^{n} MRT_i = MRS$ 　　　　(2) $1 + MRT_i = MRS_i$

(3) $\displaystyle\sum_{i=1}^{n} MRS_i = MRT$ 　　　　(4) $MRT_i = MRS_i$

問題 5　公 共 財

純粋公共財の説明にあてはまらない用語を次の中から選んでください。

ヒント：p.26〜30 を読もう！

(1) 同質性　　　　(2) 非競合性

(3) 等量消費　　　(4) 非排除性

問題 6　レポート①

第 2 章を踏まえ，次のテーマでレポート（1,000 字以上）を作成してください。

(1) 家計は 2 財を消費する場合に，効用を最大化する組合せをどのように選ぶのか。

(2) 企業は 2 財を供給する場合に，利潤を最大化する生産とはどういうものか。

(3) 公共財のパレート効率性の条件とは何か。

問題 7　レポート②

政府が介入する公共財の最適供給に求められる条件について，レポート（1,000 字以上）を作成してください。

練習問題解答

問題 1　正解（2）	問題 2　正解（3）	問題 3　正解（3）
問題 4　正解（3）	問題 5　正解（1）	問題 6　正解省略
問題 7　正解省略		

地方財政の機能と分権化

予習 地方公共団体はどのような役割を果たしているのでしょうか？

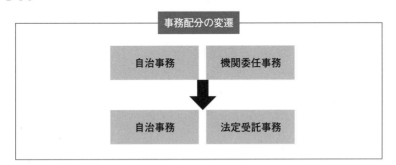

事務配分の変遷

| 自治事務 | 機関委任事務 |

↓

| 自治事務 | 法定受託事務 |

地方公共団体への国の関与

- 事務の実施と具体的な水準と法令で義務づけている事務
- 事務の実施を法令で義務づけている事務
- 基準を法令で規定する事務
- 関与がない事務

地方分権制度の変遷

第1次地方分権改革：機関委任事務の廃止，国の関与の縮小，権限移譲
第2次地方分権改革：税源移譲，国の関与の縮小，地方交付税の見直し
地方分権一括法：制限税率の撤廃，認可制から協議制への移行等
新分権一括法：自治行政権，自治財産権，自治立法権

学びのポイント

　地方公共団体は行政サービスを提供するために，国や他の地方公共団体と調整をしたり，議会で運営方針を決めたり，税や社会保険料の徴収や督促を行います。行政サービスを需要する住民は，学校や職場を往復したり，買い物をしたり，行政区域を越えて生活を送っています。住民の需要の動向を踏まえて，効率的に行政サービスを提供するには，政府間の「**事務配分**」のあり方，つまり，どの行政主体がどのようにサービスを提供するのが望ましいかが問われます。本章では，地方公共団体のサービスの提供について考えていきます。

レクチャー**3.1**　**事務配分の規定**

● 地方自治制度の変遷

　中央政府と地方政府は，また，都道府県（「**広域自治体**」）や市町村（「**基礎自治体**」）の役割は，どのように変遷してきたのでしょうか。第2次世界大戦以前の政府機構は中央集権主義が原則でした（**表3.1**）。戦後，1946（昭和21）年の地方制度改革で，①地方団体の自主性及び自立性の強化，②地方行政の運営への住民参加の拡大，③業務事務の執行における公正の確保，が基本となりました。

　1949（昭和24）年の「**シャウプ勧告**」では，①「**行政責任明確化の原則**（principle of clear-cut responsibility）」，②「**能率の原則**（principle of efficiency）」，③「**市町村優先の原則**（principle of local preference）」を，事務配分の原則としています。行政責任明確化の原則とは，事務を特定化して担当する政府を定めることです。能率の原則とは，特定の事務を実施する場合に，規模，財源，能力でもっとも効率的に実行できる政府が事務を担うことです。市町村優先の原則では，行政責任明確化の原則及び能率の原則に反しない限り，下位政府を優先にすべきとしています。

　1950（昭和25）年の「**神戸勧告**」では，国の事務基準を，①国の存立に必要な事務，②全国的でかつ総合的な企画事務，③行政区域内では有効に処理し得ない事務，④全国的に統制を要する事務，⑤地方公共団体では非効率な事務，としています。地方公共団体の事務は，市町村優先の原則のもとで道府県の事務基準を，①市町村行政区域を越えて処理する事務，②市町村行政区域では処理が非効率な事務，としています。現在，地方自治法では，国が重点的に担う

表 3.1　戦後の地方自治制度の変遷

（出所）総務省「地方自治制度の歴史」をもとに作成

時期		改正	内容
創設期 1946〜 1951 年	1946 年	東京都制，府県 制，市制，町村 制改正	住民の選挙権・被選挙権を拡充 都道長官・府県知事・市町村長の公選 議会の権限強化 議会の解散権を長に付与 選挙管理委員会・監査委員の制度の創設 直接請求制度の創設 市町村に対する許認可事項の大幅整理
	1947 年	地方自治法制定	東京都制・道府県制・市制・町村制を統合し，知事以 下の都道府県職員の身分を官吏から地方公務員へ
	1947 年	地方自治法施行	
	1950 年	地方自治法改正	直接請求の手続の整備
定着・発展期 1951〜 1974 年	1956 年	地方自治法改正	都道府県と市町村間の地位・機能の明確化 議会の定例会と常任委員回数の制限 都道府県の部局の制限 内閣総理大臣，都道府県知事の適正な事務処理の確保 　措置に関する規定 指定都市制度創設
	1963 年	地方自治法改正	地方財務会計制度の整備，地方開発事業団の創設
	1974 年	地方自治法改正	東京都特別区長公選制の採用 都と特別区の事務配分，都の配属職員制度の廃止 複合事務組合の創設
成熟・転換期 1975〜 1992 年	1991 年	地方自治法改正	機関委任事務制度の見直し（職務執行命令訴訟制度・ 　長の罷免の廃止） 議会運営委員会等の設置 公の施設の管理委託制度の充実
推進期第 1 期 1993〜 2000 年	1993 年	地方自治法改正	地方 6 団体の意見具申権
	1994 年	地方自治法改正	中核市制度及び広域連合制度の創設
	1997 年	地方自治法改正	外部監査制度の導入
	1998 年	地方自治法改正	特別区を「基礎的な地方公共団体」として位置づけ 特別区の自主性・自立性の強化 都から特別区への事務の移譲（清掃事務等）
	1999 年	地方自治法改正	機関委任事務制度の廃止と自治事務及び法定受託事務 　の創設 （1）機関委任事務制度を廃止するため，関連規定を削 　　除・改正 （2）地方公共団体の役割と国の配慮に関する規定の創 　　設 （3）自治事務及び法定受託事務の定義の創設 （4）条例制定権，議会の検査・調査，監査委員の監査 　　等の規定の整備 （5）手数料の条例化，国の財源措置義務規定の整備

地方公共団体に対する国または都道府県の関与のルール
（1）関与の基本原則：関与の法定主義，関与の必要最小限の原則
（2）関与の基本類型の設定
（3）地方自治法に基づき行うことができる関与についての規定の整備
（4）法定受託事務に係る処理基準の設定
（5）関与の手続ルールの整備
国・都道府県の関与についての係争処理制度の創設
（1）国地方係争処理制度の創設
（2）自治紛争調停制度を拡充し，自治紛争処理制度として再構成
（3）関与に関する訴訟制度の創設
都道府県と市町村の新しい関係
（1）都道府県の処理する事務を再構成
（2）条例による事務処理の特例制度の創設
地方行政体制の整備
（1）議員定数制度の見直し
（2）議案提出要件及び修正動議の発議要件の緩和
（3）中核市の要件緩和
（4）特例市制度の創設

推進期第2期 2001年～	2002年	地方自治法改正	直接請求の要件緩和等（解散・解職の直接請求の署名収集要件の緩和等） 住民訴訟制度等の充実（訴訟類型の再構成（被告：長や職員個人→執行機関）等） 中核市の指定要件の緩和 地方議会制度の充実（議員派遣についてその根拠及び手続を明確化等
	2003年	地方自治法改正	指定管理者制度の導入 都道府県の局部数の法定制度の廃止
	2004年	地方自治法改正	地域自治区の創設 都道府県の自主的合併手続等の整備 議会の定例会の招集回数の自由化 条例による事務処理特例の拡充 財務会計制度の見直し（長期継続契約の対象範囲拡大，支出命令の簡素化）
	2006年	地方自治法改正	出納長・収入役制度の廃止等（出納長・収入役の廃止，市町村の助役を副市町村長へ） 監査委員定数の増加の自由化 地方6団体への情報提供制度の導入 吏員の廃止 財務会計制度の見直し（クレジットカード納付，行政財産の貸付範囲の拡大等） 議会制度の見直し（臨時会の招集請求権を議長へ付与，委員会の議案提出権の創設等） 中核市要件の緩和

推進期第 3 期 2011 年〜	2011 年	地方自治法改正	議員定数の法定上限の撤廃 議決事件の範囲の拡大 行政機関等の共同設置の対象の拡大 全部事務組合等の廃止 地方分権改革推進計画に基づく義務づけの廃止 直接請求制度の改正（請求代表者の資格制限の創設等）
	2012 年	地方自治法改正	条例による通年会期の選択制度の導入 臨時会の招集権を議長へ付与 議会運営に係る法定事項の条例委任等 議会の調査に係る出頭等の請求要件の明確化（議員修正） 政務調査費制度の改正（議員修正） 議会と長との関係の見直し（再議制度，専決処分制度等） 直接請求の要件緩和（解散・解職に必要な署名数要件の緩和） 国等による違法確認訴訟制度の創設 一部事務組合等からの脱退手続きの簡素化等
	2014 年	地方自治法改正	指定都市制度の見直し（区の分掌事務に係る条例制定，総合区制度の創設，指定都市都道府県調整会議の設置） 中核市制度と特例市制度の統合 新たな広域連携（連携協約，事務の代替執行）の制度の創設 認可地縁団体が所有する不動産に係る登記の特例

べき役割を，①国際社会における国家としての存立にかかわる事務，②全国的に統一して定めることが望ましい国民の諸活動もしくは地方自治に関する基本的な準則に関する事務，③全国的な規模でもしくは全国的な視点に立って行わなければならない施策及び事業の実施，④その他国が本来果たすべき役割，としています。地方公共団体の役割については，住民の福祉の増進を図ることを基本として，地域における行政を自主的かつ総合的に実施する，としています。地方公共団体の事務は，地域における事務及びその他の事務で法律又はこれに基づく政令により処理することとされるものを処理する，としています。市町村を包括する広域の地方公共団体として，都道府県は，①広域事務，②市町村に関する連絡調整事務，③市町村が処理することが適当でないと認められる補完事務，としています。市町村は，基礎的な地方公共団体として，地方公共団体が処理する事務のうち，都道府県が処理するとされる以外の事務，と規定されています。

● 地方公共団体の規定

　地方公共団体は，日本国憲法第92条で「地方公共団体の組織及び運営に関する事項は，地方自治の本旨に基いて，法律でこれを定める」としています。地方自治は，「**団体自治**」「**住民自治**」で構成されます。団体自治は，地方公共団体の責任と権限で，中央政府とは独立して自治を行います。住民自治は，地方公共団体の構成員である住民が，自らの責任で自治を行います。地方公共団体は，議決権のある議会を介して，住民の代表として行政活動を審議します。一方で，地方公共団体は，中央政府の行政任務の執行機関として，中央政府からの委任，命令，指導で事務の執行に関与します。地方公共団体は一定の地域住民を自己統治しますが，同時に中央政府の行政任務の執行機関でもあります。

● 地方公共団体の事務

　1999（平成11）年に成立した地方分権一括法で，住民の福祉の増進を基本

地方分権一括法（1999年地方自治法改正以前）			
自治事務		機関委任事務	
区分	国の関与	区分	国の関与
公共事務：普通地方公共団体の固有の事務 団体委任事務：政令により中央政府等から委任された事務 それ以外の事務：公共事務及び団体委任事務以外	助言・勧告，資料提出要求，是正措置要求個別法に基づく関与	普通公共団体の事務と法律及び政令によって国等の事務の管理・執行	包括的な指揮監督，認可権・訓令権，監視権・取消停止権等手段方法の法令の規定不要，助言・勧告，資料提出の要求，是正措置の要求，職務執行命令

地方分権一括法（1999年地方自治法改正以降）			
自治事務		法定受託事務	
区分	国の関与	区分	国の関与
法定受託事務以外	助言・勧告，資料提出の要求，是正措置の要求，協議その他個別法に基づく関与としての同意，許可・認可・承認指示については一定の下場合に限定し代執行	第1号事務：国が本来果たすべき役割だが適正な処理を確保のために，法律や政令で都道府県，市町村，特別区が処理 第2号事務：都道府県が本来たすべき役割だが適正な処理のために，法律や政令で市町村，特別区が処理	助言・勧告，資料提出の要求，許可・認可・承認，指示，代執行，協議

図3.1　地方分権一括法

に地域行政を自主的・総合的に実施することを原則に，地方公共団体の事務は
「自治事務」と**「機関委任事務」**から**「自治事務」**と**「法定受託事務」**に見直
されました（**図 3.1**）。国政選挙，旅券の交付，国の指定統計，国道の管理等
の法定受託事務は，本来国が果たすべき事務で，国が適正な処理を特に確保す
る必要がある事務として，法律・政令で事務処理を義務づけています（**図
3.2**）。国の関与は，是正の指示及び代執行など強い関与が認められています。

自治事務	法定受託事務
地方公共団体の処理する事務のうち，法定受託事務を除いたもの	国（都道府県）が本来果たすべき役割に係る事務であって，国（都道府県）においてその適正な処理を特に確保する必要があるもの
【法律・政令によって事務処理の義務づけ】 介護保険サービス，国民健康保険の給付，児童福祉・老人福祉・障害者福祉サービス	**【必ず法律・政令により事務処理が義務づけられる】** 国政選挙，旅券の交付，国の指定統計，国道の管理，戸籍事務，生活保護
【法律・政令に基づかずに任意で実施】 各種助成金等（乳幼児医療費補助等）の交付，公共施設（文化ホール，生涯学習センター，スポーツセンター等）の管理	**【是正の指示，代執行等，国の強い関与が認められている】**
【原則，国の関与は是正の要求まで】	

図 3.2　自治事務と法定受託事務

表 3.2　地方公共団体への国の関与

	事務の実施と具体的な水準と法令で義務づけている事務	事務の実施を法令で義務づけている事務（事務処理基準を規定）	法令・予算等で地方公共団体の実施を想定する事務や実施する場合の基準を法令で規定する事務	国の関与がない事務
国の関与の程度	強い　←　　　　　　　　　　　　　　　　　　→　弱い			
公共資本	直轄事業負担金支払い 公営住宅の供給	道路の管理 河川の管理	土地改良 下水道の整備	普通河川の管理 庁舎の整備
教育	小中学校の教職員 高校教職員	小中学校設置 重要文化財保護	私学助成　幼稚園 図書館　公民館 学校給食	地域文化振興 国際交流
社会保障	国民健康保険 後期高齢者医療 介護保険 生活保護 児童扶養手当 児童手当	児童相談　児童保護 職業訓練	健康づくり 僻地医療 母子家庭自立支援	乳幼児医療費助成
その他	警察官　消防員	ごみ処理 戸籍 住民基本台帳	地域振興 （法律に係るもの）	地域振興 （法律に係るもの以外）

　自治事務とは，地方公共団体の処理する事務のうち，法定受託事務以外のもの
を指します。たとえば，法律・政令で事務処理が義務づけられる事務には，介
護保険や国民健康保険の給付があります。法律・制令に基づかず任意で行う事
務には，乳幼児医療費助成等の交付や公共施設の管理があります。国の関与は，
原則として，是正の要求までになります。表 3.2 は地方公共団体への国の関与
の度合いを示しています。国の関与には，①「**事務の実施と具体的な水準と法
令で義務づけている事務**」，②「**事務の実施を法令で義務づけている事務**」，③
「**法令・予算等で地方公共団体の実施を想定する事務や実施する場合の基準を
法令で規定する事務**」，④「**国の関与がない事務**」があります。たとえば直轄
事業の支払いや公営住宅の供給は，事務の実施と具体的な水準を法令で義務づ
けています。道路や河川の管理は，事務の実施のみを義務づけています。土地
改良や下水道の整備は，法令・予算等で地方公共団体の実施を想定し，基準の
設定が求められています。普通河川の管理や庁舎の整備は，国の関与がありま
せん。

● **地方公共団体の役割**

　表 3.3 は，国，都道府県，市町村の役割分担を，事務の実施主体に注目して
区分した表です。国は，全国的に統一して定めることが望ましいサービスもし

表 3.3　国，都道府県，市町村別行政サービス

（出所）総務省「地方税の意義と役割」をもとに作成

	国	都道府県	市町村
公共事業	高速道路 国道（指定区間） 一級河川	国道（その他）　都道府県道 一級河川（指定区間）　二級 河川　港湾　公営住宅　市街 化区域　調整区域	都市計画（用地地域，都市施 設） 市町村道　準用河川 港湾　公営住宅　下水道
教育	大学 私学助成（大学）	高等学校・特殊教育学校 小・中学校教員の給与・人事 私学助成（幼稚園〜高校） 公立大学	小・中学校の設置　幼稚園
社会保障	社会保険 医師等免許 医薬品許可免許	生活保護（町村の区域） 児童福祉　保健所	生活保護（市区域） 児童福祉 上水道　ごみ・し尿処理 保健所（特定の市）
その他	防衛　外交	警察　職業訓練	戸籍　住民基本台帳

表 3.4　国, 県, 市町村の役割分担

大項目	小項目	関係法令	国	地方公共団体
警察	警察	警察法	警察制度の企画・立案 県警警察の基本経費国庫支出	警察活動
		少年法　風俗法等		少年の健全育成 防犯普及啓発
		道路交通法等	基準設定	交通違反指導・取締り・交通管制　運転免許・交通安全
社会保障	高齢者福祉	介護保険法	要介護状態区分認定 事業の設備・運営の基準	介護保険の実施 事業者・施設の指定・許可
	児童福祉	児童福祉法等	施設の設備・運営の最低基準	施設の設置　入所・通所措置
	地域保健	地域保健法	基本方針	保護の実施 施設の設置・認可
	生活保護	生活保護法	基本方針の策定	保健所, 市町村保健センター
教育	初等中等教育	学校教育法 教育職員免許法	基準設置（学校設置・教育課程・教員免許・学級編制等） 教科書検定実施	小中高等学校の設置・運営 教員免許状の授与 学級編制　教科書採択
		義務教育費国庫分負担法等	小中学校の教職員給与 施設建設費の国庫負担	小中学校教員給与の県費負担 県費負担教職員の任命
	高等教育	学校教育法等	国立大学の設置・運営 大学等の設置認可	公立大学の設置・運営
労働	労働	職業能力開発促進法	職業能力開発大学校 事業種痘支援制度の枠組み	高等技術専門学校 事業主職業訓練の認定・支援
産業経済	中小企業支援	中小企業対策法 新事業創出促進法	基本方針の策定 支援制度の枠組み	企業等の計画承認 低利融資・助言等の各種支援
		信用保証協会法		県信用保証協会
	商業・商店街振興	商店街振興組合法 中心企業支援法	基本方針の策定 支援制度の枠組み	組合設立認可 各種支援策実施 活性化計画策定
農林水産	農地保全・整備	農地法	農地転用の許可　許可基準	農地転用許可
		土地改良法	国営土地改良事業	県営・団体営土地改良事業
		農地改良助長法	協同農業普及事業の運営指針制定 交付金交付	協同農業普及事業の実施
環境	公害防止	大気汚染防止法	規制基準の設定	条例の上乗せ基準 工場への指導
	廃棄物対策	廃掃法	処理業・処理施設設置基準	処理業, 処理施設許可 ごみ処理
建設	道路整備	道路法	国道の路線指定, 新設・改築・管理 道路構造の基準	県道・市町村道の路線認定, 国道（指定区間外）・県道・市町村道の新設・改築・管理
	都市計画	都市計画法	都計区域指定の要件・指定の同意, 都市計画決定の同意	都計区域の指定, 都市計画決定

くは地方自治に関する基本的な準則に関する事務を担います。基礎自治体である市町村は，住民にもっとも身近な日常生活に関わる行政サービスを，都道府県は市町村では完結しない広域的行政サービスを担います。このとき運営主体と財源が異なる場合があります。たとえば，国道，都道府県道，市町村道は財源と管理の主体が共通です。ただし，都道府県道と市町村道は，国が補助金や負担金を交付し，国が建設・管理する国道を，地方公共団体が直轄事業負担金で担います。義務教育は，国，都道府県，市町村が関わります。中央政府の文部科学省が，義務教育大綱の決定，教科書の検定，義務教育施設の基準の設定，義務教育に関する各種の国庫支出金など財政的な支援を行います。教職員の採用や給与などの人事的な面は都道府県が，小中学校の建設と運営は市町村が担います。中央政府，広域自治体，基礎自治体の事務は重層的であると同時に，基礎自治体が規模に応じて事務配分が決められ，広域自治体の事務の役割も担っています。表 3.4 は，国，県，市町村の役割分担に関し，国が定める法制度の中で，どのような役割を果たしているかを整理したものです。地方公共団体は，国の法制度や方針及び基準の設定に基づいて，事務を実施しています。

復習

(1) 　　　　とは，地方公共団体がその責任と権限において，国である中央政府とは独立して，当該地域の行政を行うことをいう。

(2) 事務配分の基本原則は，①　　　　，②能率の原則，③地方公共団体優先の原則である。

(3) 　　　　とは，国が本来果たすべき役割に係る事務であって，国が適正な処理を特に確保する必要がある事務として，必ず法律・政令により事務処理が義務づけられている。

レクチャー **3.2** 地方分権改革

● 地方分権制度の変遷

　表 3.5 は，1990〜2000 年代の地方分権改革を示しています。「**第 1 次地方分権改革**」は，機関委任事務の廃止，公共施設等の規格規制への国の関与の縮小，国から地方への権限移譲が行われました。1999（平成 11）年の「**地方分権一**

表 3.5　地方分権改革の変遷

第1次地方分権改革	1993 年 6 月	地方分権の推進に関する決議
	1995 年 5 月	地方分権推進法成立
	1999 年 7 月	地方分権一括法成立
	2001 年 7 月	地方分権改革推進会議発足
	2002 年 6 月	骨太の方針（閣議決定）（毎年）➡ 三位一体改革（国庫補助負担金改革，税源移譲，交付税改革）
第2次地方分権改革	2006 年 12 月	地方分権改革推進法成立
	2007 年 4 月	地方分権改革推進委員会発足（～2010.3）
	2011 年 4 月	国と地方の協議の場法成立
	2011 年 4 月	第 1 次一括法成立（義務づけ・枠づけの見直し）
	2011 年 8 月	第 2 次一括法成立（義務づけ・枠づけの見直し，都道府県から市町村への権限移譲）
	2013 年 3 月	地方分権改革推進本部発足（本部長：内閣総理大臣）地方分権改革有識者会議発足 第 3 次一括法成立（義務づけ・枠づけの見直し，都道府県から市町村への権限移譲）
	2013 年 3 月	第 4 次一括法成立（国から地方，都道府県から指定都市への権限移譲）「地方分権改革の総括と展望」取りまとめ
提案募集方式導入	2015 年 6 月	第 5 次一括法成立（国から地方，都道府県から指定都市などへの権限移譲，義務づけ・枠づけの見直し
	2016 年 5 月	第 6 次一括法成立（国から地方，都道府県から市町村への権限移譲，義務づけ・枠づけの見直し）

括法」では，①市町村税の制限税率の撤廃，②法定外普通税の認可制から協議制への移行，③法定外目的税の創設（協議制），④地方債の許可制と協議制への移行，⑤機関委任事務の廃止，⑥国・地方係争処理委員会の設置，が行われました。2000（平成 12）年に，「平成の大合併」の中で，「自治行政権」「自治財産権」「自治立法権」を備えた「**新分権一括法**」が成立しました。2002（平成 14）年の骨太の方針で，①国から地方への税源移譲，②国庫補助負担金の削減による国の関与・規制の縮小，③地方交付税の見直し，を柱とする「**三位一体改革**」が行われました。2006（平成 18）年以降の「**第 2 次地方分権改革**」では，「**第 1 次地方分権一括法**」から「**第 9 次地方分権一括法**」にわたる一括法が進められています。

　表 3.6 では，第 4 次地方分権一括法の概要を示しています。第 1 次地方分権改革が，機関委任事務制度の廃止，事務の再構成，国の関与の法定化等の事務

表 3.6　**第 4 次地方分権一括法**

第 4 次地方分権一括法
国から地方公共団体への事務・権限の移譲等を推進するとともに，第 30 次地方制度調査会答申（平成 25 年 6 月 25 日）で示された都道府県から指定都市への事務・権限の移譲等を推進するため，「事務・権限の移譲等に関する見直し方針について」（平成 25 年 12 月 20 日閣議決定）を踏まえ，関係法律の整備を行うもの。

国から地方公共団体への 事務・権限の移譲等	都道府県から指定都市への 事務・権限の移譲等
• 看護師など各種資格者の養成施設等の指定・監督等（10 条等） • 商工会議所の定款変更の認可（38 条） • 自家用有償旅客運送の登録・監査等（44 条）	• 県費負担教職員の給与等の負担，県費負担教職員の定数の決定，市町村立小中学校等の学級編制基準の決定（5 条等） • 病院の開設許可（17 条） • 都市計画区域の整備，開発及び保全の方針（都市計画区域マスタープラン）に関する都市計画の決定（45 条）

表 3.7　**2021（令和 3）年の対応方針**
（出所）内閣府「令和 3 年の地方からの提案等に関する対応方針」をもとに作成

地方公共団体の事務負担の軽減に資するもの
農村地域産業導入基本計画における記載事項の簡素化 下水道法に基づく計画の策定及び変更手続きの簡略化 土地改良法に基づく市町村応急工事計画に係る手続きの見直し 地籍調査事業計画の変更手続きの廃止
デジタル化等による効率化・利便性向上に資するもの
住民基本台帳ネットワークシステムの利用可能事項の拡大 医師法，歯科医師法及び薬剤師法に基づく届出のオンライン化とそれに伴う都道府県経由事務の見直し 障害児入所給付費の支給事務等におけるマイナンバー情報連携の対象の拡大
その他
保育所等の居室面積基準に係る特例期限の延長 児童扶養等手当の受給資格要件の明確化

の権限委譲が中心であるのに対して，第 2 次地方分権改革は，地方への規制の緩和，国から地方公共団体への事務・権限の移譲，都道府県から市町村への事務・権限の移譲，国と地方の協議の場の法制化が進められています。近年では，2014（平成 26）年に「地方分権改革に関する提案募集の実施方針」により地方分権改革に関する「**提案募集方式**」が導入され，地方公共団体に対する事務・権限移譲や規制緩和に関する地方からの提案が受けつけられるようになりました。

　表 3.7 で示すように，2021（令和 3）年の「令和 3 年の地方からの提案等に

関する対応方針」では，現場の課題に基づく地方からの提案に対応し，都道府県から市町村への事務・権限の移譲，規制緩和（義務づけ・枠づけの見直し）を推進しています。

● オーツの地方分権定理

　地方公共団体の公共財の供給の有効性は，国に財源と権限を集中させる中央集権と地方公共団体が一定の権限と財源で運営を行う地方分権から説明できます。「オーツ（Oates, W. E.）の地方分権定理」では，中央集権的な公共財の供給の資源配分が非効率で，地方分権が中央集権よりも望ましいとしています。

　地方公共団体 A と地方公共団体 B の 2 つの地方公共団体を考えます。ここでは同一の地方公共団体に居住する住民は，同じ選好をもつとします。図 3.3 上段では，横軸を公共財の数量，縦軸を費用と便益とします。地方公共団体 A の住民の便益は地方公共団体 B の住民よりも大きいですが，地方公共団体 A の住民も地方公共団体 B の住民も共通して，公共財を生産する費用は数量に応じて便益が増えます。地方分権を実施した場合に，地方公共団体 A は住民の純便益が最大になる（$OA-OC$ 線上の最大点）公共財の数量を W_A で供給し，相当する純便益は GF です。地方公共団体 B も同様に，住民の純便益の最大値（$OB-OC$ 線上の最大点）である公共財の数量を W_B で供給し，相当する純便益は KJ です。中央集権の純便益（ED と IH）よりも大きくなります。

　消費者余剰からも考えます。消費者を地方公共団体 A の住民と地方公共団体 B の住民の 2 つの消費者とし，単一の公共財を享受し，限界費用 X は一定とします。地方公共団体 A の住民が公共財を享受する限界便益 MP は，地方公共団体 B の限界便益 RU より高くなります。地方公共団体 A の住民の公共財へのニーズが，地方公共団体 B を上回ります。中央集権の公共財の供給は，全国的に統一して生産され W^* とします。地方公共団体の住民 A が公共財を享受する便益は OW^*LM，地方公共団体 B は OW^*TR で，総費用は OW^*QV となります。限界便益と限界費用から，地方公共団体 A の住民の純便益は $VQLM$，地方公共団体 B は（$VSR-QST$）です。地方分権で考えた場合に，地方公共団体 A の住民と地方公共団体 B の住民は公共財に異なる選好をもつとし，地方公共団体 A が地方公共団体 B よりも公共財のニーズが高いとします。Q 点では地方公共団体 A の限界便益が限界費用を超えており，W^* を増加させ

ることで地方公共団体Aの住民の社会厚生を改善します。地方公共団体Bは，
Q点では限界費用が限界便益を上回ることから，W^*を減少させることで地方
公共団体Bの住民の社会厚生を改善させようとします。地方分権の純便益が
最大になる公共財は，地方公共団体Aの住民はW_Aまで，地方公共団体Bは

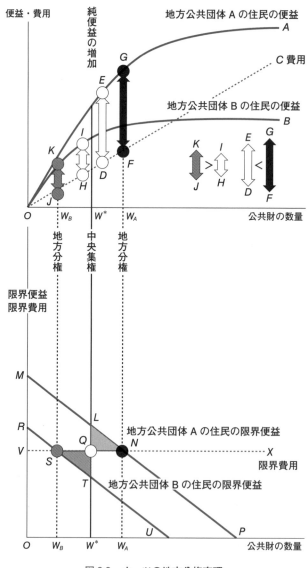

図3.3　オーツの地方分権定理

W_B です。地方公共団体 A の住民の純便益は VNM，地方公共団体 B は VSR です。中央集権の純便益と比べ，地方公共団体 A の住民は公共財の供給が過少で，地方公共団体 B は過大です。地方分権の純便益が大きいことから，中央集権では（$SQT+LQN$）分の厚生ロスが生じるため，地方分権が望ましくなります。厚生ロスは財・サービスの性質で異なります。住民の生活の必需品であれば，住民の選好の差は低いことから，国が公共財の供給水準を統一したとしても厚生ロスは小さくなります。また公共サービスへの住民のニーズが多様であれば，地方公共団体間の住民の選好が異なり，国による統一的な供給水準では厚生ロスが大きくなります。資源配分機能で便益が行政区域を越えて国家規模で発生する場合，国が中心に画一的な政策体系のもとでパターナリズムを目指してトップダウンで補助金を財源に行うことが望ましいでしょう。一方で，分権化された地方公共団体間で，住民の選好に応じて効用を最大にする公共財の供給の競争が自主財源，地方公共団体から国へのボトムアップの政策が進められます。

コラム 3.1　道　州　制

　道州制とは，行政区画として道と州を置く行政制度です。都道府県より広域な行政区分として道と州を設け，都道府県よりも高い地方自治を目指します。一般的には都道府県制度を廃止して，複数の都道府県で再編し広域自治体をつくり，地域の自主性や自立性を高めた行政制度を指します。たとえば，東北地方では青森，秋田，岩手，宮城，山形，福島の 6 県を「東北州」とし，東北地方の法律や制度で地域の特性を生かした政策を展開します。

　表 3.8 には道州制の主な論点を示しています。古くは 1927（昭和 2）年に行政制度審議会で「州庁設置案」として，全国を 6 つの州に分けて官選の長を置く考えが示されました。その後 1952（昭和 27）年には，地方制度に関する調査審議を行う地方制度調査会が設けられ，都道府県制度の再編の提案が出されました。2007（平成 19）年には「道州制ビジョン懇談会」が設置され，2013（平成 25）年には「道州制に関する基本的考え方」が出されました。地方自治制度の構造改革を目指した「道州制のあり方」では，地方分権を加速させ国と地方公共団体で役割分担を明確にすることで，効率的な政府の実現が提案されています。具体的には，47 都道府県の廃止と道州の設置，複数の都道府県単位による区域の設置，県の事務の市町村への移譲，国の事務の道州への移譲が提案されています。

表 3.8　**道州制に係る主な論点（これまでの議論のポイント）**
（出所）大阪府「道州制について」をもとに作成

	地方制度調査会	道州制ビジョン懇談会	全国知事会	自民党道州制推進本部	関西広域連合道州制のあり方研究会
	道州制のあり方に関する答申について（H18.2.28）	道州制ビジョン懇談会中間報告（H20.3.24）	道州制に関する基本的考え方（H25.1.23）	道州制推進基本法案（骨子案）（H26.2.18）	道州制のあり方について（最終報告）（H26.3.24）
道州の位置づけ	・広域自治体として，都道府県に代えて道又は州を置く ・道州と市町村の二層制	—	・都道府県に代わる広域自治体 ・道州と市町村の二層制	・都道府県に代わる新たな広域的な地方公共団体	・全国統一的な制度ではなく，府県を越える広域自治体を各地域で必要性，形態等を議論し，実施することが重要
道州の区割り	・各府省の地方支分部局管轄区域に準拠した９・11・13道州の３案	・法律で全国を複数ブロックに区分	・国と地方双方で区域を検討	・一の都道府県の区域より広い区域	・当該地域の意見の反映
大都市のあり方	・大都市圏域に適した仕組み，事務配分の特例及び税財政制度等の設置 ・東京の特例を検討	—	・基礎自治体と現行の大都市制度，大都市圏域を整理	・首都及び大都市の在り方については，道州制国民会議へ諮問	・大都市のあり方，道州の位置づけ，国と道州の関係を明確化
国と地方の役割分担	・国（特に各府省の地方支分部局）の事務を道州に移譲 ・道州に広域事務役割を移譲 ・都道府県事務を市町村に移譲	・国：国境管理，国家戦略の策定，国家的基盤の整備，全国的基準の制定 ・道州：基礎自治体の越えた広域行政，道州事務の規格基準の設定，基礎自治体の財政格差等の調整 ・基礎自治体：地域サービス	・国：外交，防衛，司法など ・道州：広域的な事務や高度技術や専門性が必要な事務等 ・都道府県事務を市町村に移管	・国：国家的危機管理，国民の生命，身体及び財産の保護 ・道州：国及び都道府県から移譲承継された事務を処理 ・基礎自治体：市町村の事務及び都道府県から移譲承継された住民サービス事務を処理	道州 ・広域な企画立案・総合調整 ・基礎自治体補完型 ・府県連合型

復習

(1) 1999（平成 11）年に施行された[　　　]で，市町村民税の制限税率の撤廃や法定外普通税の認可制から協議制への移行が行われた。

(2) 1999（平成 11）年には，①国から地方への税源移譲，②国庫補助負担金の削減による国の関与・規制の縮小，③地方交付税の見直し，を 3 本柱とした[　　　]が行われた。

(3) 2000（平成 12）年に，「自治行政権」「自治財産権」「自治立法権」を備えた[　　　]が成立した。

練習問題

問題1　地方公共団体の規定

地方公共団体の組織に関する規定に該当しない説明を，下記から選んでください。

ヒント：p.34〜38 を読もう！

- （1）団体自治とは，地方公共団体がその責任と権限において，国である中央政府とは独立して，当該地域の行政を行うことをいう。
- （2）企業自治とは，地方公共団体の構成員である企業が自らの責任で行う。
- （3）地方公共団体は意思決定をもつ政府であり，議決権のある議会をもち，住民の意見を代表するものが行政活動を審議する。
- （4）地方公共団体は中央政府の行政任務を執行する機関として，自らの意思決定の活動を果たし得ない役割ももつ。

問題2　事務配分の種類と内容

地方公共団体の事務配分で誤った説明を，下記の中から選んでください。

ヒント：p.38〜40 を読もう！

- （1）法定受託事務には，国が本来果たすべき役割に係る事務であって，国が適正な処理を特に確保する必要がある。
- （2）法定受託事務で法律・制令によって事務処理が義務づけられるものには，介護保険サービスの給付や国民健康保険サービスの給付がある。
- （3）自治事務で法律・制令に基づかず任意で行う事務として，乳幼児医療費助成などの各種助成の交付や公共施設の管理がある。
- （4）法定受託事務には国政選挙や旅券の交付がある。

問題3　地方公共団体への国の関与

地方自治法第1条では，地方公共団体の役割と国の配慮に関する規定を設けることにより，国及び地方公共団体が分担すべき役割を明確にしています。次の項目の中で，地方公共団体への国の関与に含まれないものを選択してください。

ヒント：p.38〜42 を読もう！

- （1）事務の実施と具体的な水準と法令で義務づけていること
- （2）政策の実施を首長のもとで義務づけている事務
- （3）法令・予算等で地方公共団体の実施基準を法令で規定する事務
- （4）国の関与がない事務

問題4　地方分権制度の変遷

地方分権化に関する下記の記述で，誤っているものを選択してください。

ヒント：p.42～45 を読もう！

(1) 第 1 次地方分権改革では，機関委任事務の廃止，公共施設や道路の規格規制への国の関与の縮小，国から地方への権限移譲が行われた。

(2) 地方分権一括法では，市町村税の制限税率の撤廃や法定外普通税の認可制から協議制への移行，法定外目的税の創設（協議制）が定められた。

(3) 第 2 次地方分権改革では，国から地方への税源移譲，国庫補助負担金の削減による国の関与・規制の縮小，地方交付税の見直しが行われた。

(4) 三位一体改革では，地方債の許可制と協議制への移行と機関委任事務の廃止が行われた。

問題 5　地方分権定理

オーツの地方分権定理について，誤っている説明を選択してください。

ヒント：p.45～47 を読もう！

(1) 地方公共団体の住民の純便益は，限界便益と限界費用から導出される。

(2) 地方公共団体間の住民の選好が異なることから，国による統一的な供給水準では厚生ロスが大きくなる。

(3) 地方分権が実施された地域の住民の純便益は，中央集権による統一的な純便益よりも低くなる。

(4) 地方分権定理では中央集権的な公共財の供給の資源配分が非効率であることから，地方分権が中央集権よりも望ましいとしている。

問題 6　レポート①

第 3 章を踏まえ，下記をテーマにレポート（1,000 字以上）を作成してください。

(1) 中央政府と地方公共団体の役割を政府間の事務配分から説明せよ。

(2) 地方公共団体における国の関与について説明せよ。

(3) 地方分権制度の変遷について説明せよ。

問題 7　レポート②

第 3 章を読む前と読んだ後を比較して，どのような考えを得ることができたかをテーマにレポート（1,000 字以上）を作成してください。

練習問題解答

問題 1　正解（2）	問題 2　正解（2）	問題 3　正解（2）
問題 4　正解（4）	問題 5　正解（3）	問題 6　正解省略
問題 7　正解省略		

地方財政の行政区分

予習 地方公共団体はどのように区分されているのでしょうか？

行政区分：さまざまなサービスを提供する行政はどのように区分が
されているのでしょうか？

> **普通地方公共団体**：都道府県　市町村
> 　　　　　　　　　（政令指定都市　中核市　特例施行市　町村）
> **特別地方公共団体**：特別区　総合区　行政区　公営企業団体　開発事業団

権限移譲：行政区分が異なると，権限や役割も異なるのでしょうか？

> **事務権限の移譲　関与の特例　行政組織上の特例　決定の手続き**

行政区域：効率的にサービスを提供するには行政はどの程度の規模
がよいのでしょうか？

> **公共サービスの提供**
> ⇒スピルオーバー・混雑現象・異なる住民の選好・政府間競争が発生
> ⇒行政区域を検討

> 広域行政と市町村合併

学びのポイント

　少子高齢化を伴う人口減少の中で，安定した財源の確保と効率的なサービスの提供は，将来の持続可能な公共サービスを行う上で重要な課題です。地方公共団体が住民のニーズに応じたサービスを提供する場合に，どの地方公共団体が，どのような公共サービスを提供するのが望ましいのでしょうか。本章では，地方公共団体の効率的なサービスについて考えていきます。

レクチャー4.1　行政区分

● 普通地方公共団体と特別地方公共団体

　地方公共団体は，地方自治法第1条で，「**普通地方公共団体**」と「**特別地方公共団体**」に区分されます。**表4.1** では，普通地方公共団体と特別地方公共団体の定義を示しています。

　普通地方公共団体とは，ある一定の地域とその地域に住んでいる住民を基礎としている地方公共団体をいい，「**都道府県**」「**市町村**」になります。都道府県とは，広い範囲で活動を行う広域自治体で，市町村は自治制度がある最小機関の行政区画である基礎自治体です。市町村は，「**政令指定都市**」「**中核市**」「**一般市**」「**町村**」に分けられます。

　特別地方公共団体とは，特定の目的で設置される組織で，「**特別区**」「**財産区**」「**地方公共団体組合**」「**地方開発事業団**」に分けられます。政令指定都市は，人口50万以上で都道府県に準じた権限をもちます。中核市は，人口20万以上

表4.1　普通地方公共団体と特別地方公共団体

普通地方公共団体			
政令指定都市	中核市	一般市	町村
人口50万以上	人口20万以上	人口5万以上	
都道府県に準じた権限をもつ	政令指定都市に準じた権限をもつ	都道府県の条例で市の要件を満たす	都道府県の条例で町村の要件を満たす
特別地方公共団体			
特別区	財産区	地方公共団体組合	地方開発事業団
大都市の一体性確保を目指し自治権をもつ普通地方公共団体	自治権をもち普通地方公共団体の財産や公共施設を管理・処分	普通地方公共団体と特別区が共同・広域で処理	普通地方公共団体が地域の総合的開発計画に基づき共同実施

で政令指定都市に準じた権限をもちます。一般市は人口5万以上で都道府県の条例で市の要件を満たし，町村は都道府県の条例で町村の要件を満たします。また，特別地方公共団体の特別区と財産区は，自治権をもちます。特別区は，大都市の統一性の確保から導入され，原則，市の規定が適用されます。財産区は，公的施設の管理・処分の機能に特定されます。たとえば，財産区は市町村で所有する山林等の施設の管理・処分を行います。普通地方公共団体や特別区等の地方公共団体が，共同で行政サービスを行う「**一部事務組合**」や「**広域連合**」等の地方公共団体組合があります。

一部事務組合は，普通地方公共団体と特別区が協議で規約を定め，ごみ焼却処理等の事務の一部を共同で処理します。一部事務組合に都道府県が加入する場合は総務大臣の許可を，加入しない場合は知事の許可で一部事務組合の設立が認められます。広域連合とは，普通地方公共団体や特別区で，広域での対応が適当である事務を，広域計画を策定し執行します。たとえば，介護保険事業です。地方開発事業団とは，普通地方公共団体が共同で，総合的開発計画に即して事業を実施します。たとえば，上下水道等があります。**表4.2**では，「**行政区**」「**総合区**」「**特別区**」の相違を示しています。行政区では，原則として，市の内部組織で一般職の行政区長を市長が任命し，与えられた裁量の範囲で職

表 4.2 行政区・総合区・特別区

	位置	担当	業務	権限
行政区	政令指定都市の内部組織	区長	市長権限の事務で条例が定めるものを補助執行	
総合区	政令指定都市の内部組織	市長が市会の同意による総合区長	政策・企画立案まちづくり業務を市長権限の条例で執行	職員任命権予算意見具申権
特別区（東京都）	特別地方公共団体	選挙による特別区長	政策・企画立案市が処理	職員任命権予算編成権条例提案権

	身分	選任	任期	市長との関係	リコール
行政区	一般職	市長が職員から任命		市長の監督指揮を受ける	なし
総合区	特別職	市長が議会の同意を得て選任	4年	市長の監督指揮を受ける	あり
特別区（東京都）	特別職	公選	4年		あり

責を果たします。総合区では，政令指定都市の市長の権限に属する事務のうち，区域内に関する事務の処理を，行政区に代わって総合区を設け，市長が議会の同意を得て選任する総合区長に事務を執行させます。区長は議会の同意を得て選任される特別職であり，市の内部組織にとどまりますが，自ら行政事務を執行でき，予算案の意見を述べ，職員を任命できます。総合区と特別区を比較した場合，市の内部組織にとどまる総合区に比べ，基礎自治体として独立した特別区は，区ごとに議会，教育委員会や保健所が設置され，区長や区議を住民が直接選挙で決められます。ただし，特別区は，区ごとに政策・企画立案・事務処理が行われるために，区間格差が生じるおそれがあります。

● 都 区 制 度

　東京都は「**都区制度**」に従って，都が区と一体的に処理する事務以外は，市で処理する業務は特別区で実施します。図4.1は，都区制度の概要です。

　「**事務配分の特例**」で，都の事務は，都道府県が処理する事務，特別区の連絡調整に関する事務，市町村の事務を，都が一体的に処理します。東京都と特

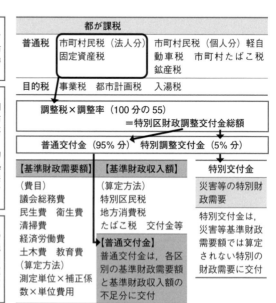

図4.1　東京都の都区制度

別区の間の財政調整の仕組みを,「都区財政調整制度」といいます。人口が集中する大都市地域における行政を,広域自治体である都と,基礎自治体である複数の特別区が,分担して処理する都区制度に対応した財政上の制度です。上下水道等の基礎自治体が行う事務を,特別区で一体的に処理する場合,基礎自治体の財源を都に配分します。これは,特別区間の税源の偏在に対して基礎自治体の税の一部を都が都税として徴収し,都区の協議で一定割合を特別区財政調整交付金として特別区に交付し,都区間及び特別区間の財政調整を図ります。

● 権限の移譲

　地方分権化によって,広域自治体から基礎自治体への「関与の特例」「行政組織上の特例」「決定の手続き」「事務権限の移譲」の権限の移譲が行われています。表4.3は,特例の仕組みを示しています。関与の特例とは,大都市としての自主的・一元的な執行を図るための事務を処理する場合に,知事の承認,許可,認可等の関与が必要な事務に対して関与をなくしたり,知事の関与の代わりに直接各大臣の関与が認められます。関与の特例では,政令指定都市は行政分野の大半が,中核市は福祉に関する事務が認められます。行政組織上の特例とは,区の設置等の特例が設けられ行政組織の強化を図れます。たとえば,市域をいくつかの区に分け区役所を設置できます。財政上の特例とは,地方交付税の算定上の措置や地方道路譲与税の増額等の措置がなされ,財政基盤の強化が図られます。図4.2は,事務権限の移譲を示します。一般市では原則,都

表 4.3　特例の仕組み

区分	政令指定都市	中核市
関与の特例	知事の承認,許可,認可等が必要な事務に知事の関与をなくすか,直接大臣の関与	福祉に関する事務のみ政令指定都市と同様の関与
行政組織上の特例	区の設置	なし
財政上の特例	地方交付税算定措置 (基準財政需要額算定補正) 地方道路譲与税の増額　宝くじの発売	地方交付税算定措置 (基準財政需要額算定補正)
決定の手続き	政令で指定	市の申出で政令で指定 市の申出時に,市議会の議決と都道府県の同意及び議会の議決必要

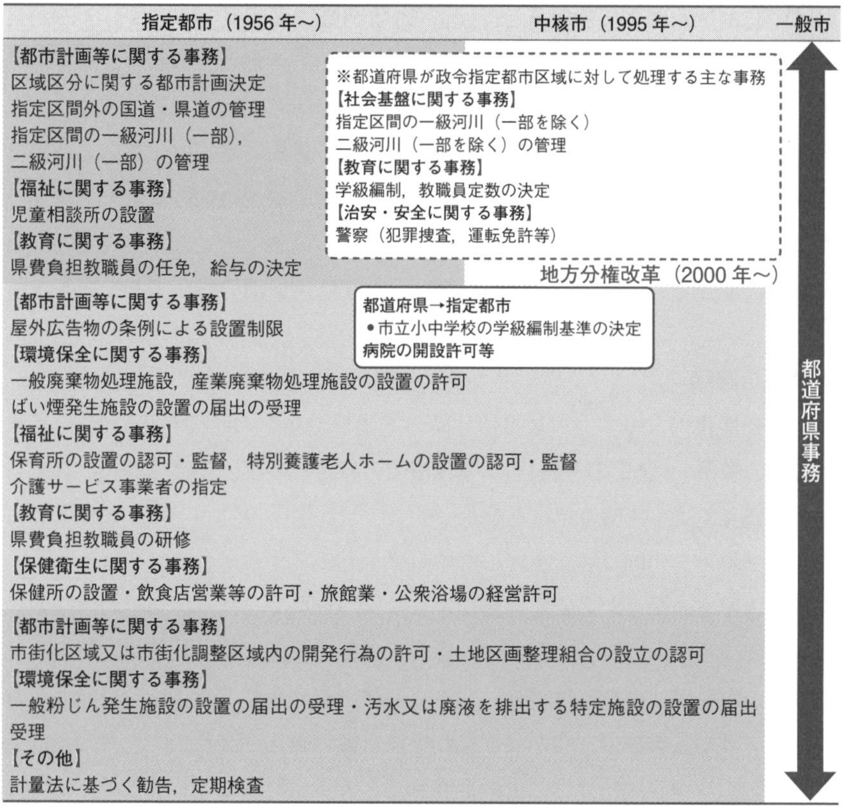

指定都市（1956年～）	中核市（1995年～）	一般市

【都市計画等に関する事務】
区域区分に関する都市計画決定
指定区間外の国道・県道の管理
指定区間の一級河川（一部），
二級河川（一部）の管理
【福祉に関する事務】
児童相談所の設置
【教育に関する事務】
県費負担教職員の任免，給与の決定

※都道府県が政令指定都市区域に対して処理する主な事務
【社会基盤に関する事務】
指定区間の一級河川（一部を除く）
二級河川（一部を除く）の管理
【教育に関する事務】
学級編制，教職員定数の決定
【治安・安全に関する事務】
警察（犯罪捜査，運転免許等）

地方分権改革（2000年～）

都道府県→指定都市
●市立小中学校の学級編制基準の決定
　病院の開設許可等

【都市計画等に関する事務】
屋外広告物の条例による設置制限
【環境保全に関する事務】
一般廃棄物処理施設，産業廃棄物処理施設の設置の許可
ばい煙発生施設の設置の届出の受理
【福祉に関する事務】
保育所の設置の認可・監督，特別養護老人ホームの設置の認可・監督
介護サービス事業者の指定
【教育に関する事務】
県費負担教職員の研修
【保健衛生に関する事務】
保健所の設置・飲食店営業等の許可・旅館業・公衆浴場の経営許可

【都市計画等に関する事務】
市街化区域又は市街化調整区域内の開発行為の許可・土地区画整理組合の設立の認可
【環境保全に関する事務】
一般粉じん発生施設の設置の届出の受理・汚水又は廃液を排出する特定施設の設置の届出受理
【その他】
計量法に基づく勧告，定期検査

都道府県事務

図4.2　事務権限の移譲

道府県事務の事務ですが，政令指定都市が行える事務として，区域外に関する都市計画の決定等の都市計画等に関する事務等が移譲されています。また，政令指定都市と中核市は，屋外広告物の条例に関する設置制限等の都市計画等に関する事務の権限が移譲されますが，施行時特例市や一般市では，原則，都道府県事務になります。事務権限の移譲に伴って，業務を滞りなく進められるように，実務上の権限移譲に関与の特例等があります。

復習

(1) ⬚⬚⬚とは，一定の地域とその地域に住む住民を基礎とする自治体をいう。

(2) 特定の目的を達成するために設置されている組織である特別地方公共団体には，特別区，財産区，⬚⬚⬚，地方開発事業団がある。

(3) ⬚⬚⬚とは，原則，市としての規定が適用されるが，大都市の一体性・統一性の確保から導入されている。

(4) ⬚⬚⬚とは，普通地方公共団体と特別区が協議で規約を定め，それに基づいて，ごみ焼却処理や消防などの事務の一部を共同で処理する。

(5) 地方分権化によって，広域自治体から基礎自治体へ⬚⬚⬚「関与の特例」「行政組織上の特例」「決定の手続き」などの権限の移譲が行われた。

コラム 4.1　広域化

　人口減少，需要の変化，人材の確保・技術継承への課題に対し，地域の実情に応じた**広域化**が検討されています。広域化の検討の流れはいくつかのフェーズに分かれ，各事業体の現状・実態の把握や課題整理，広域連携パターンの検討や効果額算定等，広域化の可能性を検討していきます。図 4.3 では水道事業の広域化の流れを示しています。

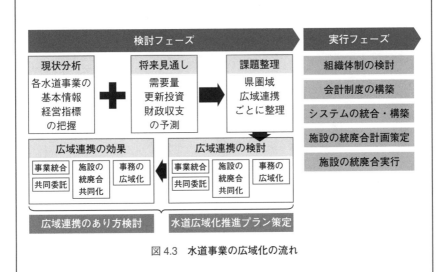

図 4.3　水道事業の広域化の流れ

レクチャー **4.2** 最適な行政区域

● 便益の範囲と行政区域

　図4.4のように，公共財の便益の範囲が国境を越える「**国際公共財**」や国全体に及ぶ「**国家的公共財**」は，国が中心的な役割を果たします。公共財の便益の広がりが，特定の地域に限定される「**地方公共財**」は，地方公共団体が中心に供給します。たとえば，外部性が低い福祉・衛生や警察・消防等です。地方公共団体の行政区域を越えて，便益が発生する地方公共財があります。これを「**スピルオーバー**」といいます。スピルオーバーが生じる道路等の外部性の高い公共財は，資源配分の歪みが生じ，財政上の是正が求められます。たとえば，公園は近隣の地域の住民も利用します。公園が立地する行政区域と，公園を利用する住民の行政区域が異なる場合，行政区域を越えて便益のスピルオーバーが発生します（**図4.5**）。公共財の便益は受けないのに負担する住民が意思決定を行えば，公共財は過少供給になり，公共財の便益を受けるのに負担が少ない住民が意思決定を行えば，過大に公共財が供給されます。

　図4.6で示すように，横軸を公共財を利用する人口規模，縦軸を1人あたり便益と1人あたり費用とした場合，1人あたり費用はU字型を描きます。これは，「**規模の経済**」が働き，人口規模が大きいほど1人あたりの費用は低下し

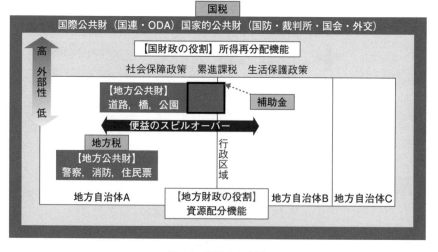

図4.4　便益と公共財

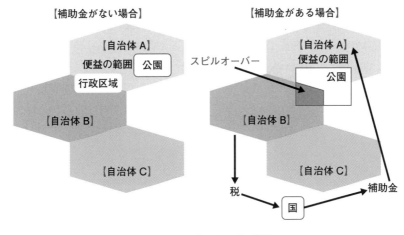

図 4.5　スピルオーバー効果

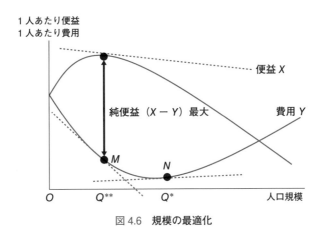

図 4.6　規模の最適化

ます。一定の規模を超えた場合に，公共財の供給が不足し，新たな施設の購入費が発生しコストがかさみます。人口規模が Q^* のとき，1 人あたり費用が最小になるのは N 点です。しかし，N 点は住民にとって最適ではありません。1 人あたり便益は一定ではなく，人口規模に応じて逓減します。1 人あたり便益と 1 人あたり費用から導出される純便益 $(X-Y)$ が最大になるのは，人口規模が Q^{**} で 1 人あたり費用が M 点です。このような 1 人あたり純便益が最大となる地方公共団体の規模を実現するには，人口規模 Q^{**} まで人口規模の調整を図ることが重要です。行政区域が大きく，公共財を利用する住民が多ければ，

利用者1人あたりの費用が小さくなります。しかし，利用者の規模が大きいと混雑現象が発生し，新たに公共財を生産するための施設が必要となり，人員を増やすためのコストがかさみます。このように，混雑現象と規模の経済は，「トレードオフ」の関係にあります。

● 地方公共団体の規模の最適化

地方自治法第2条では，「地方公共団体は，常にその組織及び運営の合理化に努めるとともに，他の地方公共団体に協力を求めてその規模の適正化を図らなければならない」としています。地方公共団体の「**行政区域**」の最適規模の決定には，「**住民の選好**」「**便益と負担**」「**混雑現象**」「**政府間競争**」の影響を考慮することが重要です。中央主権と比べ地方分権は，地域住民のニーズに即した公共財の提供が実現されます。しかし，行政区域が広いと住民の選好も多様になり，選好に即した公共財の提供が難しくなります。

● 市町村大合併

市町村合併は，「**明治の大合併**」（1888（明治21）〜1889（明治22）年），「**昭和の大合併**」（1953（昭和28）〜1961（昭和36）年），「**平成の大合併**」（1999（平成11）年以降）が行われてきました。明治の大合併では市町村数が7万1,314団体から1万5,859団体の77.8％に，昭和の大合併では9,868団体から3,472団体の64.9％まで減少し，平成の大合併では減少幅は47％弱にとどまりました。その実績の違いは目的に起因します。平成の合併によって，市町村数は減少し，平均人口及び平均面積は増えましたが，地方自治法上の市の人口要件である5万人に達しない市町村が，全体の約7割を占めるようになりました。また，平地及び中山間の市町村の7割弱が合併したのに対し，都市で合併したのは4割でした。平成の大合併は，**表4.4**の「**市町村の合併の特例に関する法律**」「**市町村の合併の特例等に関する法律**」「**改正・新合併特例法**」に基づいて行われました。いずれの法律も，人口要件を緩和し，合併準備段階及び合併後の市町村に，「**合併算定替**」「**合併特例債**」の財政措置が行われました。合併算定替とは，普通交付税の算定で，合併後10年度間は合併前の旧市町村が別々に存在するものとみなし，各普通交付税を合算した総額が交付されます。合併特例債とは，建設計画に基づく事業経費の95％まで借入れができ，毎年度返

表 4.4　市町村合併の特例

	市町村の合併の特例に関する法律（昭和 40 年法律第 6 号）	市町村の合併の特例に関する法律（平成 16 年法律第 59 号）	市町村の合併の特例に関する法律（平成 16 年法律第 59 号）
	1995〜2004 年度（2005 年度は経過措置）	2005〜2009 年度	2010〜2019 年度
一般市の人口要件	緩和（5 万人→ 3 万人）	緩和（5 万人→ 3 万人）	5 万人
普通交付税	合併算定替（10 年間＋激変緩和 5 年）	合併算定替（段階的 5 年＋激変緩和 5 年）	合併算定替（段階的 5 年＋激変緩和 5 年）
特別交付税	合併準備経費　合併移行経費	合併準備経費　合併移行経費	合併準備経費　合併移行経費
地方債	合併推進債（充当率 90%，交付税算入率 50%）合併特例債（充当率 95%，交付税算入率 70%）	合併推進債（充当率 90%，交付税算入率 40%）	地域活性化事業債（充当率 90%，交付税算入率 30%）
補助金	合併準備補助金		

済する元利償還金の 70％を国が普通交付税で負担する財政措置です。一方で，国庫補助負担金改革，税源移譲，地方交付税改革の三位一体改革が進められ，地方交付税が抑制され，地方財政が悪化したことから，合併は十分進みませんでした（表 4.5）。

レクチャー **4.3**　**人口減少と広域圏**

● 大都市圏と地方圏の相違

　国立社会保障人口問題研究所によれば，2010 年の 1 億 2,806 万人をピークに，2030（令和 12）年以降は全都道府県で総人口が減少し，2053（令和 35）年には 1 億人を割ると推計されています。人口減少の動向は，「**大都市圏**」と「**地方圏**」で異なり，2040（令和 22）年に大都市圏の 7％の減少に対し，地方圏では 20％程度の減少が見込まれ，特に，東京圏に総人口の 30％以上が集まる「**東京一極集中**」が続くとされています。高度経済成長期の 1960〜70 年代に，大都市圏と地方圏の所得格差によって，雇用を求めて地方圏から大都市圏への人口移動による大都市の過密現象や，通勤ラッシュ，交通渋滞，大気汚染等の

表 4.5　市町村合併の推移

西暦	和暦	市	町	村	計	制度
1888 年	明治 21 年	―	(71,314)		71,314	
	「明治の大合併」「市制町村制」施行。行政上の目的（教育，徴税，土木，救済，戸籍の事務処理）に合った規模に町村単位（江戸時代から引き継がれた自然集落）を調整する。町村合併標準提示（明治 21 年 6 月 13 日 内務大臣訓令第 352 号）に基づき，約 300～500 戸を標準規模として町村合併を実施。					
1947 年	明治 22 年　4 月	39	(15,820)		15,859	市制町村制施行（法律第 1 号）
1947 年	昭和 22 年　8 月	210	1,784	8,511	10,505	地方自治法施行（法律第 67 号）
1953 年	昭和 28 年 10 月	286	1,966	7,616	9,868	町村合併促進法施行（法律第 258 号）
	「昭和の大合併」戦後，新制中学校の設置管理，市町村消防や自治体警察の創設の事務，社会福祉，保健衛生関係が市町村の事務とされ，効率化を図るために規模の合理化が必要。1953 年の町村合併促進法（第 3 条「町村はおおむね，8000 人以上の住民を有するのを標準」）及びこれに続く昭和 31 年の新市町村建設促進法により，「町村数を約 3 分の 1 に減少することを目途」とする町村合併促進基本計画の達成を図る。					
1956 年	昭和 31 年　4 月	495	1,870	2,303	4,668	新市町村建設促進法施行（法律第 164 号）
1956 年	昭和 31 年　9 月	498	1,903	1,574	3,975	町村合併促進法失効
1961 年	昭和 36 年　6 月	556	1,935	981	3,472	新市町村建設促進法一部失効
1962 年	昭和 37 年 10 月	558	1,982	913	3,453	市の合併の特例に関する法律施行（法律第 118 号）
1965 年	昭和 40 年　4 月	560	2,005	827	3,392	市町村の合併の特例に関する法律施行（法律第 6 号）
1975 年	昭和 50 年　4 月	643	1,974	640	3,257	市町村の合併の特例に関する法律の一部を改正する法律施行（法律第 5 号）
1985 年	昭和 60 年　4 月	651	2,001	601	3,253	市町村の合併の特例に関する法律の一部を改正する法律施行（法律第 14 号）
1995 年	平成　7 年　4 月	663	1,994	577	3,234	市町村の合併の特例に関する法律の一部を改正する法律施行（法律第 50 号）
1999 年	平成 11 年　4 月	671	1,990	568	3,229	地方分権の推進を図るための関係法律の整備等に関する法律一部施行（法律第 87 号）
	「平成の大合併」地方分権の推進等の中で，与党の「市町村合併後の自治体数を 1,000 を目標とする」という方針を踏まえ，自主的な市町村合併を推進。					
2003 年	平成 14 年　4 月	675	1,981	562	3,218	地方自治法等の一部を改正する法律一部施行（法律第 4 号）
2004 年	平成 16 年　5 月	695	1,872	533	3,100	市町村の合併の特例に関する法律の一部を改正する法律施行（法律第 58 号）
2005 年	平成 17 年　4 月	739	1,317	339	2,395	市町村の合併の特例等に関する法律施行（法律第 59 号）
2006 年	平成 18 年　3 月	777	846	198	1,821	市町村の合併の特例に関する法律経過措置終了
2010 年	平成 22 年　4 月	786	757	184	1,727	市町村の合併の特例法に関する法律施行（法律第 10 号）
2014 年	平成 26 年　4 月	790	745	183	1,718	―

大都市問題を招きました。大都市圏とは，東京・神奈川・埼玉・千葉の東京圏，愛知・岐阜・三重の名古屋圏，大阪・兵庫・京都・奈良の大阪圏の3大都市圏をいい，これ以外を地方圏といいます。1980年代は，東京一極集中が起き，国際金融センターが形成され，都市銀行等の金融機関の支店が集約され，各企業の本社が東京に移転し，集積の利益による外部経済と共に，都心部のオフィス需要が増え，地価高騰を招き，通学・通勤ラッシュ等の外部不経済が起きました。大都市の過密現象に対して工場の立地への工場等制限法が施行され，都心から郊外への居住地移転といったスプロール現象が発生し，都心の人口が減少するドーナツ化現象が起きました。1990年代後半には工場等制限法の廃止と都市特別措置法の施行による規制緩和への転換で都心回帰現象が起き，地方の中核都市では大型小売店等の郊外への移転で中心市街地の空洞化が生じました。市街地活性化を目指して，1998（平成10）年には都市計画法が改正され，大規模小売店舗立地法，中心市街地活性法のまちづくり3法が制定されました。

● 地方圏の過疎化

　高度経済成長期の1960～70年代の大都市圏への人口移動による地方圏の人口減少を「第1次過疎」といいます。第1次過疎では，世帯主が農閑期に都心部に働きに行く東日本の出稼ぎ型，家族全員で都心部に移転する西日本の挙家離村型がありました。

　1980年代の東京一極集中による地方圏の人口減少を，「第2次過疎」といいます。第2次過疎では，社会減少に加え，中山間地域の域内の死亡率が出生率を上回り自然減少が生じましたが，農村地域の社会機能は維持されていました。2010年代には限界集落問題が取り沙汰され，「第3次過疎」が起きました。集落とは，一定の土地に数戸以上が集まり，住民相互の生活扶助で冠婚葬祭や資源管理等を共同で行う基本単位をいいます。第3次過疎では，高齢化率50%以上の「限界集落」を中心に，農村地域の社会機能の維持が困難となり，集落消滅が指摘されました。表4.6では，「過疎法」等の過疎化対策を示しています。1970年代に「過疎地域対策緊急措置法」が制定され，生活水準及び生産機能の維持が困難となる年率2%を超える人口減少が続く過疎地域に対して，人口の過度な減少の防止，地域社会の基盤強化，住民福祉の向上と地域格差の是正を図りました。過疎市町村は，表4.7のような過疎対策事業債に加え，国

表 4.6　過 疎 対 策

（出所）総務省「過疎対策について」より抜粋

法律名	過疎地域対策緊急措置法（昭和45年4月24日法律第31号）	過疎地域振興特別措置法（昭和55年3月31日法律第19号）	過疎地域活性化特別措置法（平成2年3月31日法律第15号）	過疎地域自立促進特別措置法（平成12年3月31日法律第15号）			
制定経緯	議員立法（全会一致）	議員立法（全会一致）	議員立法（全会一致）	議員立法（全会一致）			
期間	昭和45年度～昭和54年度	昭和55年度～平成元年度	平成2年度～平成11年度	平成12年度～平成32年度（※法制定当初の期限（～平成21年度）から11年間延長）			
目的	○人口の過度の減少防止○地域社会の基盤を強化○住民福祉の向上○地域格差の是正	○過疎地域の振興○住民福祉の向上○雇用の増大○地域格差の是正	○過疎地域の活性化○住民福祉の向上○雇用の増大○地域格差の是正	○過疎地域の自立促進○住民福祉の向上○雇用の増大○地域格差の是正○美しく風格ある国土の形成			
法制定（改正）時の過疎地域の要件　人口要件かつ財政力要件	人口要件　昭和35年～昭和40年（5年間）人口減少率10%以上	人口要件　昭和35年～昭和50年（15年間）人口減少率20%以上	人口要件（以下のいずれか）①昭和35年～昭和60年（25年間）人口減少率25%以上　②昭和35年～昭和60年（25年間）人口減少率20%以上かつ昭和60年の高齢者（65歳以上）比率16%以上　③昭和35年～昭和60年（25年間）人口減少率20%以上かつ昭和60年若年者（15歳以上30未満）比率16%以下	人口要件（以下のいずれか）〈H12.4.1～〉①昭和35年～平成7年（35年間）人口減少率30%以上　②昭和35年～平成7年（35年間）人口減少率25%以上かつ平成7年高齢者比率24%以上　③昭和35年～平成7年（35年間）人口減少率25%以上かつ平成7年若年者比率15%以下　④昭和45年～平成7年（25年間）人口減少率19%以上（①～③は、昭和45年から25年間で人口が10%以上増加している団体は除く。）	〈H22.4.1～〉（※新たに追加）①昭和35年～平成17年（45年間）人口減少率33%以上　②昭和35年～平成17年（45年間）人口減少率28%以上かつ平成17年高齢者比率29%以上　③昭和35年～平成17年（45年間）人口減少率28%以上かつ平成17年若年者比率14%以下　④昭和55年～平成17年（25年間）人口減少率17%以上（①～③は、昭和55年から25年間で人口が10%以上増加している団体は除く。）	〈H26.4.1～〉（※新たに追加）①昭和40年～平成22年（45年間）人口減少率33%以上　②昭和40年～平成22年（45年間）人口減少率27%以上かつ平成22年高齢者比率32%以上　③昭和40年～平成22年（45年間）人口減少率28%以上かつ平成22年若年者比率12%以下　④昭和60年～平成22年（25年間）人口減少率19%以上（①～③は、昭和60年から25年間で人口が10%以上増加している団体は除く。）	〈H29.4.1～〉（※新たに追加）①昭和45年～平成27年（45年間）人口減少率32%以上　②昭和45年～平成27年（45年間）人口減少率27%以上かつ平成27年高齢者比率36%以上　③昭和45年～平成27年（45年間）人口減少率28%以上かつ平成27年若年者比率11%以下　④平成2年～平成27年（25年間）人口減少率21%以上（①～③は、平成2年から25年間で人口が10%以上増加している団体は除く。）
	財政力要件　● S41-S43 財政力指数 0.4 未満	財政力要件　● S51-S53 財政力指数 0.37 以下　●公営競技収益 10億円以下	財政力要件　● S61-S63 財政力指数 0.44 以下　●公営競技収益 10億円以下	財政力要件　● H8-H10 財政力指数 0.42 以下　●公営競技収益 13億円以下	財政力要件　● H18-H20 財政力指数 0.56 以下　●公営競技収益 20億円以下	財政力要件　● H22-H24 財政力指数 0.49 以下　●公営競技収益 40億円以下	財政力要件　● H25-H27 財政力指数 0.5 以下　●公営競技収益 40億円以下
公示市町村数（過疎市町村／全市町村）	当初（S45.5.1）776／3,280　最終 1,093／3,255	当初（S55.4.1）1,119／3,255　最終 1,157／3,245	当初（H2.4.1）1,143／3,245　最終 1,230／3,229	当初（H12.4.1）1,171／3,229　追加（H14.4.1）1,210／3,218　法延長前（H22.3.31）718／1,727	法延長当初（H22.4.1）776／1,727　（H25.4.1 現在）775／1,719	法改正当初（H26.4.1）797／1,719	法改正当初（H29.4.1）817／1,718

表 4.7　過疎対策事業債の対象事業

産業振興施設等	○地場産業，観光，レクリエーションに関する事業を行う法人に対する出資 ○産業の振興を図るために必要な市町村道及び市町村が管理する都道府県道並びに農道，林道・漁港施設・港湾施設 ○地場産業の振興に資する施設 ○中小企業の育成又は企業の導入若しくは起業の促進のために市町村が個人又は法人その他の団体に使用させるための工場及び事務所 ○観光，レクリエーションに関する施設 ○農林漁業の経営の近代化のための施設 ○商店街振興のために必要な共同利用施設	厚生施設等	○下水処理のための施設 ○一般廃棄物処理のための施設 ○火葬場 ○消防施設 ○高齢者の保健又は福祉の向上又は増進を図るための施設 ○障害者又は障害児の福祉の増進を図るための施設 ○保育所，児童館 ○認定こども園 ○市町村保健センター及び母子健康包括支援センター ○診療施設 ○簡易水道施設
交通通信施設	○市町村道及び市町村が管理する都道府県道・橋りょう ○農林道 ○電気通信に関する施設 ○交通の便に供するための自動車，渡船施設 ○住民の交通手段の確保又は地域間交流のための鉄道施設及び鉄道車両並びに軌道施設及び軌道車両 ○除雪機械	教育文化施設	○公立の小学校，中学校及び義務教育学校並びに市町村立の幼稚園，高等学校，中等教育学校及び特別支援学校 ○公立の小学校，中学校若しくは義務教育学校又は市町村立の中等教育学校の前期課程若しくは特別支援学校の学校給食施設・設備 ○公立の小学校，中学校若しくは義務教育学校又は市町村立の高等学校，中等教育学校若しくは特別支援学校の教職員住宅
	○自然エネルギーを利用するための施設 ○集落再編整備		○市町村立の専修学校及び各種学校 ○図書館 ○公民館その他の集会施設 ○地域文化の振興等を図るための施設
過疎地域自立促進特別事業 （いわゆるソフト対策事業）			○地域医療の確保，住民の日常的な移動のための交通手段の確保，集落の維持及び活性化その他の住民が将来にわたり安全に安心して暮らすことのできる地域社会の実現を図るため特別に地方債を財源として行うことが必要と認められる事業（基金の積立てを含む）

※下線は平成 29 年 4 月 1 日より追加。

庫補助金の補助率のかさ上げ，都道府県代行制度，税制特例措置，地方税の課税免除等の減収補塡措置があります。

　過疎集落生活圏では，持続可能な集落の維持・活性化に向け，基幹集落を中心にネットワークを形成する「**定住自立圏構想**」「**連携中枢都市圏構想**」等の広域連携が推進されています（**図 4.7** 参照）。定住自立圏構想とは，地方圏から三大都市圏への人口流出を防ぐため，人口 5 万人程度以上の中心市と近隣市

町村が連携・協力する政策です。連携中枢都市圏構想とは，中心都市が近隣の市町村と連携し，コンパクト化やネットワーク化によって，圏域全体の経済成長と生活関連機能サービスの向上を目指し，圏域内で社会経済を維持する政策です。

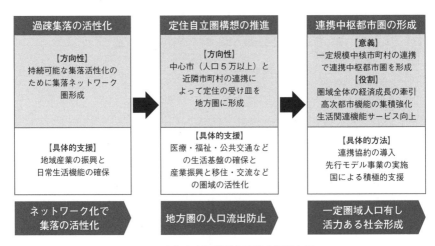

図 4.7　**定住自立圏構想と連携中枢都市圏**
(出所) 総務省「過疎対策について」及び「連携中枢都市圏構想の推進」をもとに作成

復習

(1) 大都市の過密現象によって，都心から郊外への転出という〔　　　　〕が起き，都心の人口が減少するドーナツ化現象が生じた。

(2) 〔　　　　〕の施策に，過疎対策事業債による支援や国庫補助金のかさ上げがある。

(3) 〔　　　　〕とは，中心都市が近隣の市町村と連携し，コンパクト化とネットワーク化によって経済成長の牽引や生活関連機能サービスの向上を行う政策である。

(4) 〔　　　　〕とは，人口5万人程度以上の中心市と近隣市町村が連携・協力し，生活機能の強化，結びつきやネットワークの強化，圏域のマネジメント能力の強化を行う政策である。

練習問題

問題1　行政区分

地方自治法第1条の三で示された普通地方公共団体と特別地方公共団体に関する記述のうち，誤っているものを選択してください。　　　ヒント：p.54〜59を読もう！

- (1) 地方開発事業団は，普通地方公共団体同士が共同で，総合的開発計画に基づいて事業を実施する。
- (2) 特別地方公共団体には，「特別区」「財産区」「地方公共団体組合」ならびに「地方開発事業団」がある。
- (3) 広域連合は，普通地方公共団体と特別区が協議で規約を定め，それに基づいてごみ焼却処理や消防などの事務の一部を共同で処理する。
- (4) 総合区とは，政令指定都市の市長の権限に属する事務のうち，区域内の事務を処理させるために，行政区に代わって設置される地域をいう。

問題2　総合区と特別区

特定の目的を達成するために設置されている総合区及び特別区の説明にあてはまらない内容を，下記の中から選んでください。　　　ヒント：p.54〜59を読もう！

- (1) 総合区とは，政令指定都市の市長の権限に属する事務で，区域内に関するものを処理させるために行政区に代わって設置された地域をいう。
- (2) 行政区の区長は，市の内部組織で一般職の区長を市長が任命し，与えられた裁量の範囲で職責を果たす。
- (3) 基礎自治体として独立した総合区は，区ごとに議会，教育委員会や保健所が設置され，区長や区議を住民が直接選挙で決めることができる。
- (4) 特別区では，区ごとに政策・企画立案・事務処理が行えるために，区間格差が生じる可能性がある。

問題3　最適規模の決定要因

行政単位で財・サービスを提供する地方公共団体の最適規模の影響を与える要因を，下記からすべて選択してください。　　　ヒント：p.60〜68を読もう！

- (1) 便益の範囲
- (2) 混雑現象
- (3) 住民の選好
- (4) 政府間競争

問題4　規模の最適化

地方公共団体の最適規模を決定するのに影響を与える要因にあてはまらない記述を選んでください。　　　ヒント：p.60〜68を読もう！

- (1) 人口規模が大きいほど1人あたり費用は上昇する。

(2) 縦軸には 1 人あたり便益と 1 人あたり費用とした場合に，1 人あたり費用は U
字型を描く。

(3) 1 人あたり便益は一定ではなく，人口規模に応じて逓減する。

(4) 1 人あたり便益は一定であれば，費用最小化の点で 1 人あたり純便益が最大す
る。

問題 5 過 疎 対 策

過疎集落生活圏における持続可能な活性化対策に含まれないものを選択してくだ
さい。   ヒント：p.63〜68 を読もう！

(1) 連携中枢都市圏構想   (2) 家族計画

(3) 決過疎対策緊急措置法   (4) 定住自立圏構想

問題 6 レポート①

第 4 章を踏まえ，下記をテーマにレポート（1,000 字以上）を作成してください。

(1) 広域的な交通体系の整備，公共施設の一体的整備や相互利用，行政区域を越
えた土地利用など広域的なまちづくりの取組みについて説明せよ。

(2) 市町村の行財政基盤の確立を目的に実施した平成の大合併の財政的な優遇措
置について説明せよ。

問題 7 レポート②

第 4 章を読む前と読んだ後を比較して，どのような考えを得ることができたかを
テーマにレポート（1,000 字以上）を作成してください。

練習問題解答

問題 1 正解（3）   問題 2 正解（3）   問題 3 正解（1）〜（4）
問題 4 正解（1）   問題 5 正解（2）   問題 6 正解省略
問題 7 正解省略

第 **5** 章
地方財政の計画

予習 地方公共団体の予算はどのように立てられているのでしょうか？

地方公共団体は，翌年の計画をどのように決めるのでしょうか？

地方財政計画
(1) 地方交付税制度から財源保障　(2) 国と地方の財政調整
(3) 地方公共団体の行財政運営の指針

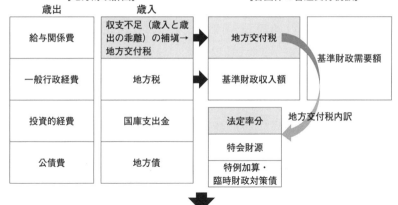

【地方財政計画】　　　　　　　　　　　【各団体の普通交付税額】

歳出　　　　歳入

給与関係費	収支不足（歳入と歳出の乖離）の補填→地方交付税
一般行政経費	地方税
投資的経費	国庫支出金
公債費	地方債

地方交付税

基準財政収入額

基準財政需要額

法定率分　　地方交付税内訳

特会財源

特例加算・臨時財政対策債

翌年度の地方公共団体の標準的な行政水準に係る歳入歳出総額の見込額を提出

一定水準の地方公共団体サービスの提供

学びのポイント

　国民の日常生活に密接に関連する福祉・衛生，学校教育，警察・消防，道路や河川，水道・下水道等の公共サービスの提供には，地方公共団体が重要な役割を担っています。地方公共団体は，安定的に公共サービスを提供していくために，毎年，翌年度の歳入・歳出の見込みを算出し，地方財政計画を立て，国会に提出し，計画的に公共サービスを提供することが求められています。本章では，地方公共団体がどのように地方財政計画を立て，どこから財源を確保し，公共サービスをどのように提供しているかについて学びます。

レクチャー **5.1** 地方公共団体の役割

● 消費者主権の原則

　地方公共団体が，消費者の「選好」を踏まえて，財・サービスを供給することを，一般に「消費者主権の原則」といいます。消費者主権の原則に従えば，防衛や外交などのすべての国民が消費するサービスは中央政府で，特定の地域の住民に限られる日常生活に身近なサービスは，地方公共団体が提供することが望ましいです。特定の地域の財・サービスが生産・販売・消費され，GDPの成長や国民所得の増加といった経済成長につながるならば，国全体の問題であるため，中央政府が取り扱います。しかし，国民所得を各地域の所得の合計としてとらえ，各地域の経済成長を促すならば，地方公共団体の問題となります。たとえば，過疎地域の産業振興は，特定の地域の重要な政策です。経済成長の促進には，民間投資の増加が求められ，資金調達が必要となります。資金は，必ずしもその地域で調達しなければならないとは限りません。他の地域での調達も可能であり，資金の調達は全国的に関連し合っています。資金調達は中央政府の政策にあたります。一方で，投資は地方公共団体の管轄です。特定の地域の民間投資を刺激するために，税の減免措置がとられます。また，公共投資によって造られる施設は，特定の地域の企業に影響を与え，特定の地域の住民が利用します。特定の地域の選好を把握する必要があるために，投資は地方公共団体の果たすべき役割になります。

● 地方公共団体の規模

　我が国の事務配分は，中央政府である国が中枢管理的な業務を担い，地方公

共団体が行政事務を執行する形をとります。地方公共団体は，行政事務に関する支出の約6割（56.0%）を担い，国は約4割（44.0%）であることから，支出する経費が国より上回ります。図5.1では目的別歳出の内訳を示しています。

　地方公共団体は，住民の身近な日常生活に関連する行政サービスを提供しています。たとえば，歳出全体の5.4%を占める衛生費は，保健所やごみ処理等の費用で，76%が地方公共団体で，24%が国の支出です。全体の7.0%を占める幼稚園，小・中学校等の学校教育費の88%が地方公共団体の支出で，国が12%です。一方で，年金関係と防衛費は国が100%を支出しています。

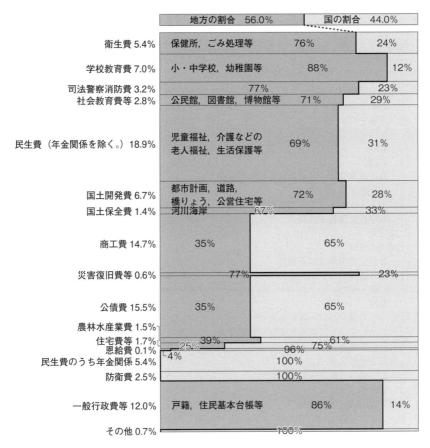

図 5.1　国と地方公共団体の目的別歳出の内訳
（出所）総務省「令和4年版地方財政白書」より

表 5.1　地方財政計画

（出所）総務省「令和 4 年版地方財政白書」より

区分		令和2年度(A)	令和元年度(B)	増減額(A)−(B)(C)	増減率(C)/(B)
歳入	地方税	409,336	401,633	7,733	1.9
	地方譲与税	26,086	27,123	△ 1,037	△ 3.8
	地方特例交付金	2,007	4,340	△ 2,333	△ 53.8
	地方交付税	165,882	161,809	4,073	2.5
	国庫支出金	152,157	147,174	4,983	3.4
	地方債	92,783	94,282	△ 1,500	△ 1.6
	うち臨時財政対策債	31,398	32,568	△ 1,171	△ 3.6
	うち財源対策債	7,700	7,900	△ 200	△ 2.5
	使用料（*）及び手数料（*）	15,761	16,083	△ 322	△ 2.0
	雑収入	43,776	43,887	△ 111	△ 0.3
	復旧・復興事業一般財源充当分	△ 86	△ 90	4	△ 4.4
	全国防災事業一般財源充当分	△ 335	△ 312	△ 23	7.4
	計	907,397	895,930	11,467	1.3
	一般財源	634,318	627,072	7,246	1.2
	（水準超経費を除く交付団体ベース）	617,518	606,772	10,746	1.8
歳出	給与関係経費	202,876	203,307	△ 431	△ 0.2
	退職手当以外	187,553	187,685	△ 132	△ 0.1
	退職手当	15,323	15,622	△ 299	△ 1.9
	一般行政経費	403,717	384,197	19,520	5.1
	補助	227,126	214,845	12,281	5.7
	単独	147,510	144,504	3,006	2.1
	国民健康保険・後期高齢者医療制度関係事業費	14,881	14,848	33	0.2
	まち・ひと・しごと創生事業費	10,000	10,000	0	0.0
	地域社会再生事業費	4,200	—	4,200	皆増
	公債費	116,979	119,088	△ 2,109	△ 1.8
	維持補修費	14,469	13,491	978	7.2
	うち緊急浚渫推進事業費	900	—	900	皆増
	投資的経費	127,614	130,153	△ 2,539	△ 2.0
	直轄・補助	66,477	69,077	△ 2,600	△ 3.8
	単独	61,137	61,076	61	0.1
	うち緊急防災・減災事業費	5,000	5,000	0	0.0
	うち公共施設等適正管理推進事業費	4,800	4,800	0	0.0
	うち緊急自然災害防止対策事業費	3,000	3,000	0	0.0
	公営企業繰出金	24,942	25,394	△ 452	△ 1.8
	企業債償還費普通会計負担分	15,138	15,383	△ 245	△ 1.6
	その他	9,804	10,011	△ 207	△ 2.1
	不交付団体水準超経費	16,800	20,300	△ 3,500	△ 17.2
	計	907,397	895,930	11,467	1.3
	（水準超経費を除く交付団体ベース）	890,597	875,630	14,967	1.7
	地方一般歳出（*）	758,480	741,159	17,321	2.3

（注）令和元年度における重点課題対応分については，一般行政経費（単独）に含めて計上している。

● 地方財政計画

　ここまで学んできたように，地方財政とは地方公共団体が行う経済活動を指しますが，地方公共団体の財政運営を規定しているのが，「**地方財政法**」です。地方財政法では，行政責任明確化に従って，国と地方公共団体が実施する事務は区分され，原則として，財源は実施主体が負担します。ただし，国から委任された地方公共団体の事務は，全部または一部の財源を国が負担します。地方公共団体は，行政サービスを一定の水準で提供することが求められ，法令による基準の設定や実施が義務づけられます。一方，国は財源を保障しています。毎年度，翌年度の地方公共団体の標準的な行政水準に係る歳入歳出総額の見込額に関する書類が，国会に提出されます。これを，「**地方財政計画**」といいます。**表 5.1** は地方財政計画を示しています。地方財政計画では，①地方交付税制度の関係から地方財源を保障し，②国家財政及び地方財政との調整を行い，③各地方公共団体の行財政運営の指針を示しています。予算には，①歳入歳出予算，②継続費，③繰越明許費，④債務負担行為，⑤地方債，⑥一時借入金，⑦歳出予算の経費の金額に関する定めがあります。予算は，年度開始前の 3 月に，議会の議決を経て定められます。「**補正予算**」とは，予算作成後で発生した事由で，当初予算への追加や変更を行う予算です。国の制度改正や，当初予算の作成段階では見込めなかった事業に対して，事業費目と財源を追加します。

表 5.2　国と地方公共団体の予算編成

国の予算		地方公共団体の予算	
7〜8 月	概算要求基準の提示 概算要求の基本的方針が閣議で決定		
8 月下旬	概算要求の提出（各省庁→財務省）		
3〜12 月中旬	予算編成作業（財務省）	9〜12 月 （予算編成時）	1．地方公共団体の歳入・歳出見込みと収支不足を見積もり
12 月下旬	財務省原案の内示（財務省→各省庁） 政府案閣議決定（財務省→内閣）		2．収支不足補填に，法定率分と一般会計からの特例加算等で地方交付税総額決定
1 月	政府案を提出（内閣→国会）	1〜7 月 （予算決定後）	1．予算編成で決定した交付税総額の配分に，基準財政需要の算定基準（単位費用，測定単位，補正係数）を毎年改定
3 月末まで	衆議院及び参議院で議決・成立		2．改定した算定基準で基準財政収入と基準財政需要を算定し普通交付税を配分
4 月 1 日	予算執行		

表5.2に，国と地方公共団体の予算編成を示します。6月中旬の経済財政諮問会議で「**骨太の方針**」を閣議決定し，7月に財務省が「**概算要求基準**」を公表し，8月末に概算要求を各省庁が財務省に提出します。

9〜12月に財務省が各省の要求をヒアリングして査定を行い，12月上旬には経済財政諮問会議への予算編成の基本方針を閣議決定し，下旬には政府予算案を確定し，翌年1月に国会に提出し審議され，3月末には成立します。総務省は，国の予算編成作業と並行して，地方財政計画の策定を進め，翌年度の地方財政全体の収支が算定され，地方交付税総額のマクロベースが決定されます。国の予算の概算決定に先立ち，総務省と財務省の折衝が繰り返され，地方債の増発や国の一般会計の加算等の財政措置が講じられます。

● 地方公共団体の会計

国や地方公共団体では，歳入・歳出計算書やそれに付随する資料が監査委員による決算審査を経て，議会に提出されます。議会の議決を経て，法令に基づきあらかじめ徴収した税金を予算として，配分・執行します。決算書には，予算科目である款・項・目・節ごとに予算金額と決算金額が示されます。**図5.2**で示すように，地方公共団体の会計には，「**地方自治法による区分**」と「**決算**

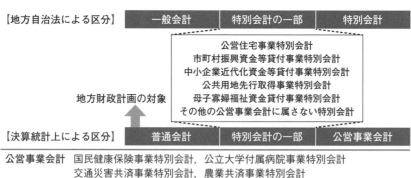

図5.2　地方公共団体の会計
（出所）総務省「令和4年版地方財政白書」をもとに作成

統計上による区分」があります。地方自治法による区分では「**一般会計**」「**特別会計**」と「**特別会計の一部**」に分かれています。一般会計とは，地方公共団体の基本的な経理で構成された会計です。単一会計で処理することが困難であるために，別に独立した会計として，特別会計があります。特別会計には，特定事業に特化した収入支出を示す「**公営企業会計**」と「**公営事業会計**」があります。決算統計上による区分では「**普通会計**」「**公営事業会計**」と特別会計の一部に分かれています。特別会計の中には，一般行政活動に係るものと企業活動に係るものがあります。これらの会計を一定の基準に従って，一般行政部門と水道，交通，病院等の企業活動部門に分けています。前者を「普通会計」，後者を「地方公営事業会計」に区分します。公営事業会計は，現金収支のみ（現金主義）とする「**非法適用企業**」と減価償却費などの非支出費用（発生主義）を含む「**法適用事業**」があります。公営企業会計には，上水道・下水道等の公営企業会計があります。このように，普通会計とは，一般会計と，特別会計のうち公営事業会計以外の会計を統合した会計をいいます。通常，個々の地方公共団体の会計の範囲は異なります。財政比較が困難であるため，統一的に用いられる会計区分として普通会計があります。この普通会計が，地方財政計画の対象です。

復習

(1)　毎年度，内閣で翌年度の地方公共団体の標準的な行政水準に係る歳入歳出総額の見込額に関する＿＿＿＿＿が策定されている。

(2)　＿＿＿＿＿の算定基準（単位費用，測定単位，補正係数）は毎年改定される。

(3)　地方公共団体の会計には＿＿＿＿＿と「決算統計上による区分」がある。

(4)　公営事業会計には，現金収支のみ（現金主義）とする＿＿＿＿＿と減価償却費などの非支出費用（発生主義）を含む「非法適用事業」がある。

レクチャー **5.2**　地方公共団体の財源

● 地方公共団体の歳入

　歳入歳出には，年度はじめに計画された歳入・歳出の「**予算**」と，年度末に実施・集計された歳入・歳出の「**決算**」があります。地方公共団体の歳入は，

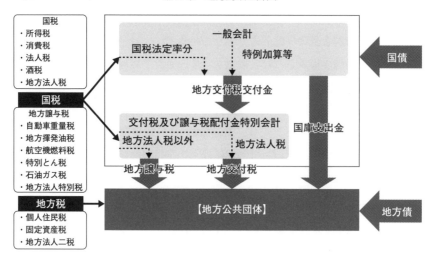

図 5.3　地方公共団体の主な財源とお金の流れ

「地方税」「地方譲与税」「地方交付税」「国庫支出金」「使用料・手数料」「地方債」「その他」で構成されています。図 5.3 には，地方公共団体の主な財源とお金の流れを示しています。地方税は，税収の使途が制限されることなく，地方公共団体が自由に使用できる「**普通税**」と，特定の目的に使用する「**目的税**」に区分されます。普通税は，地方税法の税目，及びその他の課税要件で規定する「**法定普通税**」と，地方公共団体の裁量で独自に課税が可能である「**法定外普通税**」に，区分されます。目的税でも，地方分権一括法によって，「**法定外目的税**」が認められています。地方税には，「**標準税率**」が定められており，標準税率を超えて課税する場合を「**超過課税**」といいます。地方譲与税とは，地方税を課すべき税源に対して，地方公共団体に代わって，国が徴収し，一定の基準で地方に譲与します。具体的には地方道路譲与税，石油ガス譲与税，自動車重量譲与税，航空機燃料譲与税，特別とん譲与税があります。国から地方公共団体に支給される補助金には，国庫支出金と地方交付税があります。国庫支出金は特定の事業に対して交付される補助金で，地方交付税は地方公共団体の財政力格差を考慮して配分される補助金です。地方債とは，地方公共団体が１会計年度を超えて行う借入れをいいます。

● 地方公共団体の歳入の構成比と推移

図5.4では，歳入純計決算額構成比を示しています。歳入額構成比から，普通会計の歳入純計決算額は130兆472億円（前年比26.0%増）です。地方税は法人関係二税が原因で，前年度に対し3,858億円減少（前年比0.9%減）しています。地方譲与税は法人関係の地方譲与税の減少等によって，地方特例交付金は幼児教育・保育の無償化に伴う子ども・子育て支援臨時交付金の廃止等によって減少しています。歳入の増加は，地方交付税，国庫支出金，地方債によるものです。

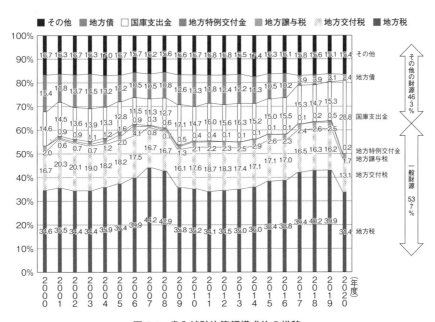

図5.4　歳入純計決算額構成比の推移
（出所）総務省「令和4年版地方財政白書」をもとに作成

国庫支出金は，特別定額給付金給付事業費補助金，新型コロナウイルス感染症対応地方創生臨時交付金，新型コロナウイルス感染症緊急包括支援交付金等の新型コロナウイルス感染症対策等で増えています。地方債は，臨時財政対策債が減少しましたが，減収補塡債の増加で増えています。地方税の構成比は，税源移譲で2007（平成19）年度には歳入総額の44.2%を占めるまで上昇しましたが，景気の悪化と地方法人特別税の創設で低下しました。2012（平成24）

コラム 5.1　地方税増加に向けた取組み

　皆さんの日常にはたくさんの公共サービスがありますが，国などが公共サービスを提供するにはお金が必要です。たとえば，学校で勉強するために，公立学校に通う児童生徒の 1 人あたりの教育費は小学校であれば約 99 万円，中学校は約 117 万円，高等学校（全日制）は約 123 万円になります（2019（令和元）年度決算）。国民 1 人あたりの医療費はどうでしょう。64 歳以下は約 2.7 万円，65〜74 歳は約 8.0 万円，75 歳以上では約 32.4 万円かかります（2019（令和元）年度決算）。町をきれいにするためのごみ収集の焼却費は 2.5 兆円，国民 1 人あたりでは約 2.0 万円になります（2020 年度決算）。犯罪防止には 3.3 兆円，火災を防ぐのに 2.1 兆円かかり，国民 1 人あたりではそれぞれ約 2.6 万円，約 1.7 万円になります（2020（令和 3）年度決算）。生活に必要な道路や水道管などは 19.4 兆円かかっていて，国民 1 人あたりでは約 15.4 万円になります。

年度に上昇に転じ，それ以降は上昇傾向にあったものの，2020（令和 2）年度に，法人関係二税の減少で大きく低下しています。地方交付税の構成比は，2001（平成 13）年度以降の交付税特別会計の借入金方式に代わって臨時財政対策債の発行，基準財政需要額の振替，三位一体改革による地方交付税改革で，2009（平成 21）年度に全体の 16.1％まで低下しましたが，2012（平成 24）年度以降は，地方税収の増加で増加傾向にあります。国庫支出金の構成比は，2003（平成 15）年度以降は三位一体の改革による国庫補助負担金の一般財源化と普通建設事業費支出金の減少で，2007（平成 19）年度には 11.3％まで低下しました。2008（平成 20）年度以降は，東日本大震災の影響で上昇傾向にあり，近年は 15％前後で推移していました。2020（令和 2）年度に，新型コロナウイルス感染症対策で上昇しています。地方債は，臨時財政対策債の増加等で，2010（平成 22）年度まで上昇しましたが，近年は臨時財政対策債が減少し，10％台で推移していました。一般財源の構成比の推移は，2006（平成 18）年度まで上昇し，2009（平成 21）年度には大きく低下し，2014（平成 26）年度以降は，再び上昇傾向になりました。2020（令和 2）年度に，地方税の減少や国庫支出金の増加等により，前年度と比べると大きく低下しています。

　図 5.5 は団体別の構成比を示しています。純計とは，都道府県と市町村を合算して重複部分を除いた歳入額の構成比を示しています。純計では，地方税が

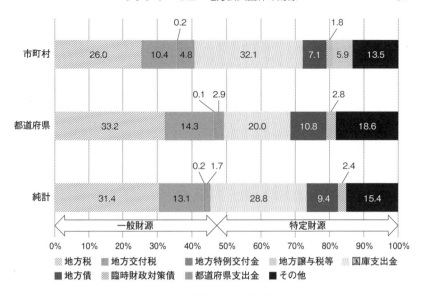

図 5.5　団体別歳入額構成比
（出所）総務省「令和 4 年版地方財政白書」をもとに作成

もっとも大きな割合（31.4％）を占めています。次いで，国庫支出金（28.8％）と地方交付税（13.1％）が続きます。地方税，地方交付税，地方特例交付金，地方譲与税等の一般財源は 46.4％です。都道府県では，地方税がもっとも大きな割合（33.2％）を占め，国庫支出金（20.0％）と地方交付税（14.3％）が続きます。地方税，地方交付税，地方特例交付金，地方譲与税等で占める一般財源が 50.5％です。市町村は，国庫支出金（32.1％）がもっとも大きく，地方税（26.0％）と地方交付税（10.4％）が続きます。

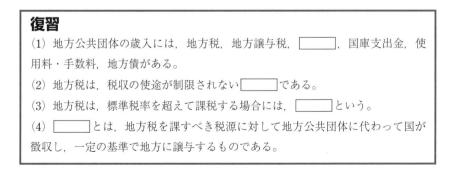

復習
（1）地方公共団体の歳入には，地方税，地方譲与税，□□□□，国庫支出金，使用料・手数料，地方債がある。
（2）地方税は，税収の使途が制限されない□□□□である。
（3）地方税は，標準税率を超えて課税する場合には，□□□□という。
（4）□□□□とは，地方税を課すべき税源に対して地方公共団体に代わって国が徴収し，一定の基準で地方に譲与するものである。

練習問題

問題1　地方財政計画

地方財政計画の役割に関する記述で，誤っている文章を選択してください。

ヒント：p.74〜77 を読もう！

(1) 地方交付税制度の関係からの地方財源の保障

(2) 国家財政及び地方財政との調整

(3) 地方公共団体の行財政運営の指針

(4) 地方公共団体の決算の検証

問題2　地方公共団体の予算編成

地方公共団体の予算に関する記述で，誤っている文章を選択してください。

ヒント：p.74〜78 を読もう！

(1) 特別交付税は7月，普通交付税は12月と3月に総務省が決定する。

(2) 国の予算の概算決定に先立ち，総務省と財務省の折衝が繰り返され，地方債の増発や国の一般会計からの加算等の財政措置が講じられる。

(3) 9〜12月は，歳入歳出の見込みから地方公共団体は収支不足を算出し，総務省と財務省の折衝を経て，地方交付税総額のマクロベースを決定する。

(4) 地方公共団体は歳出歳入の見込みを示す地方財政計画を作成し，国会に提出している。

問題3　地方公共団体の会計

地方公共団体の会計には地方自治法による区分と決算統計上による区分があるが，決算統計上による区分に適用される会計をすべて選択してください。

ヒント：p.76〜77 を読もう！

(1) 特別会計　　　　　(2) 普通会計

(3) 公営事業会計　　　(4) 一般会計

問題4　地方公営事業

地方公営事業会計に関する記述のうち，誤っている文章を選択してください。

ヒント：p.76〜77 を読もう！

(1) 法適用事業とは，現金収支のみ（現金主義）としている。

(2) 法適用事業は，減価償却費などの非支出費用（発生主義）を含む。

(3) 公営企業会計には上下水道事業がある。

(4) 特別会計には，公営企業会計や公営事業会計がある。

問題 5　地方公共団体の財源

地方税に関する記述のうち，誤っているものを選択してください。

ヒント：p.77〜81 を読もう！

(1) 地方税は，税収の使途が制限されることなく地方公共団体が自由に使用できる目的税と，特定の目的にしか使用できない普通税に区分される。

(2) 法定普通税は，地方税法の税目及びその他の課税要件で規定している。

(3) 地方税は標準税率を超えて課税する場合は超過課税という。

(4) 地方譲与税とは，地方税を課すべき税源に対して地方公共団体に代わって国が徴収し，一定の基準で地方に譲与するものである。

問題 6　レポート①

第 5 章を踏まえ，下記をテーマにレポート（1,000 字以上）を作成してください。

(1) 市町村及び都道府県の歳入構成比を説明せよ。

(2) 地方公共団体の地方自治法による区分と決算統計上による区分の違いについて説明せよ。

(3) 国と地方公共団体の事務を区分する行政責任明確化について説明せよ。

問題 7　レポート②

第 5 章を読む前と読んだ後を比較して，どのような考えを得ることができたかをテーマにレポート（1,000 字以上）を作成してください。

練習問題解答

問題 1　正解（4）	問題 2　正解（1）	問題 3　正解（1）（2）（3）
問題 4　正解（2）	問題 5　正解（1）	問題 6　正解省略
問題 7　正解省略		

地方税の原則

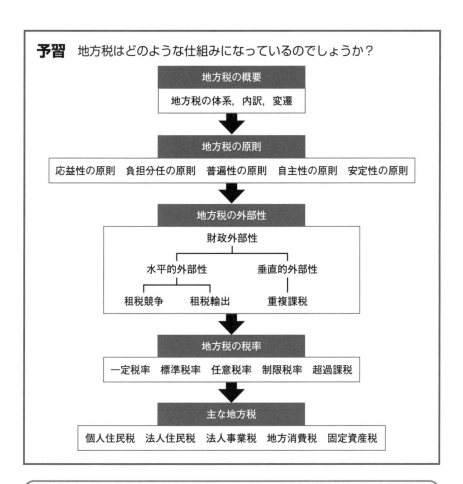

予習 地方税はどのような仕組みになっているのでしょうか？

地方税の概要

地方税の体系，内訳，変遷

地方税の原則

応益性の原則　負担分任の原則　普遍性の原則　自主性の原則　安定性の原則

地方税の外部性

財政外部性

水平的外部性　　　　　垂直的外部性

租税競争　　租税輸出　　　　重複課税

地方税の税率

一定税率　標準税率　任意税率　制限税率　超過課税

主な地方税

個人住民税　法人住民税　法人事業税　地方消費税　固定資産税

学びのポイント

福祉・衛生，学校教育，警察・消防，道路・河川，水道・下水道等といった，私たちの日常生活に身近な公共サービスの多くは，地方公共団体で提供されています。公共サービスを提供するための財源の一つに，「**地方税**」があります。地方税は，その地域に住む住民が共同で負担するために，道府県が課す道府県税と，市町村が課す市町村税に区分され，条例に基づいて課税されます。本章では，地方税の体系や財源構造について考えてみましょう。

レクチャー **6.1**　**地方税の構成**

● 地方税の体系

租税には，課税主体が国である国税と地方公共団体である地方税があります。**表6.1**には，国税と地方税の種類と分類を示しています。地方税は，都道府県が徴収する「**道府県税**」，市町村が徴収する「**市町村税**」があります。国税には，所得税，法人税，相続税等があります。地方税には，住民税，事業税，固定資産税等があります。

課税主体で区分した場合，「**所得課税**」「**消費課税**」「**資産課税**」に分類されます。所得課税は，個人や会社の所得にかかる税で，所得税や住民税があります。消費課税は，たばこ税や酒税のように，物品の消費やサービスの提供に対してかかる税です。資産課税は，資産の取得や保有に対してかかる税で，固定資産税や相続税等です。

租税主体に注目した分類には，「**直接税**」「**間接税**」があります。直接税とは，納税者と担税者が一致している税で，所得税や法人税，住民税等があります。納税者と担税者が異なる場合を間接税といい，消費税や酒税，たばこ税等があります。誰に課税するのかという租税主体とどういう事実に課税するのかという租税客体に注目した分類には，「**人税**」「**物税**」があります。人税とは租税主体を決め，租税主体に従属する租税客体に課税します。たとえば，所得税や住民税です。物税は租税客体を決め，租税客体に属する租税主体を決定します。たとえば，事業税や固定資産税です。

税金の使い道で区分した場合には，「**普通税**」「**目的税**」に分かれます。普通税とは，収入の使途を特定せず，一般経費に充てる税です。普通税は，地方税法によって税目が定められている「**法定普通税**」と，地方公共団体が一定の手

表 6.1　国税と地方税
（出所）財務省「「税」の種類に関する資料」をもとに作成

税の種類			普通税		目的税	
			直接税	間接税	直接税	間接税
国税		所得課税	所得税 法人税 地方法人税		復興特別所得税	
		消費課税	国際観光旅客税	消費税　酒税 たばこ税 たばこ特別税 地方揮発油税 揮発油税 石油ガス税 航空機燃料税 石油石炭税 自動車重量税 関税　とん税 特別とん税		電源開発促進税
		資産課税	相続税　贈与税	登録免許税　印紙税		
地方税	道府県税	所得課税	都道府県民税 都道府県法定外普通税 事業税		都道府県法定外目的税	
		消費課税	自動車税 鉱区税　狩猟者登録税	道府県たばこ税 地方消費税 軽油引取税 ゴルフ場利用税	狩猟税	
		資産課税	不動産取得税 固定資産税 （大規模償却資産）		水利地益税	
	市町村税	所得課税	市町村民税 市町村法定外普通税 法人市民税		市町村法定外目的税	
		消費課税	軽自動車税	市町村たばこ税 鉱産税		入湯税
		資産課税	固定資産税		事業所税 共同施設税 水利地益税 都市計画税	

続きと要件に従い設けられた「**法定外普通税**」に分類されます。目的税とは，特定の費用に充てる税です。たとえば，事業所税は都市環境の整備を目的に使途が決められています。目的税は，地方税法に税目が挙げられている「**法定目的税**」と，地方公共団体が一定の手続きをとり要件に従って課す「**法定外目的税**」で区分されます。

● **国税と地方税**

　国税と地方税を合わせた 2022（令和 4）年度の租税は，105 兆 7,586 億円（前年度 2.3％増）です（図 6.1 上）。国民所得に対する税額の割合を示す租税負担率は 28.2％（同 2.4 ポイント上昇）で，租税総額に占める割合は，国税 61.4％（同 60.1％）と地方税 38.6％（同 39.9％）です（図 6.1 上）。地方交付税，地方譲与税及び地方特例交付金などの，国から地方へ補助した後の租税の実質的な配分割合でみた場合は，国が 43.0％（同 41.0％）で，地方が 57.0％（同 59.0％）の割合になります。地方税の決算額は，40 兆 8,256 億円です。図 6.1 下をみると住民税がもっとも多く，次いで地方消費税，事業税が続き，これらで全入額の 62.4％を占めています。住民税及び事業税は，法人分が原因で減少しています。地方消費税は，2021（令和 3）年の地方消費税率の引上げで

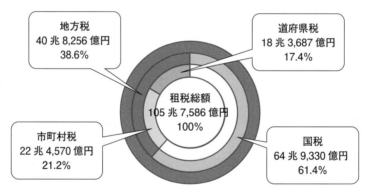

区分	収入額		構成比		増減率	
	令和2年度	令和元年度	令和2年度	令和元年度	令和2年度	令和元年度
	億円	億円	%	%	%	%
住民税	157,418	163,815	38.6	39.7	△ 3.9	0.9
個人分	133,487	131,348	32.7	31.9	1.6	1.7
法人分	23,606	32,164	5.8	7.8	△ 26.6	△ 1.4
利子割	325	303	0.1	0.1	7.4	△ 45.7
事業税	42,983	45,966	10.5	11.2	△ 6.5	3.3
個人分	2,160	2,114	0.5	0.5	2.1	2.0
法人分	40,823	43,851	10.0	10.6	△ 6.9	3.3
地方消費税	54,238	47,955	13.3	11.6	13.1	△ 0.4
地方税合計	408,256	412,115	100.0	100.0	△ 0.9	1.1

（注）住民税（個人分）は，配当割及び株式等譲渡所得割を含む。

図 6.1　国税・地方税と地方税の内訳
（出所）総務省「令和 4 年版地方財政白書」をもとに作成

増えています。法人関係二税（法人住民税及び法人事業税）は 6 兆 4,429 億円
（同 15.2％）に減少しています。

● 道府県民税と市町村税

　法人関係二税（道府県民税の法人分及び法人事業税）の減少と地方消費税の
増加によって，2020（令和 2）年の道府県税収入額は，18 兆 3,687 億円（前年
度 0.1％増）となっています。図 6.2 の上段は団体別税目別内訳，下段はその
推移を示しています。道府県税収入額の内訳をみた場合，もっとも割合が大き
いのは道府県民税 5 兆 5,025 億円（道府県総額 30％）で，次に地方消費税 5 兆
4,238 億円（同 29％），事業税 4 兆 2,983 億円（同 23％）が続きます。道府県
民税や事業税等等の普通税が，自動車税，軽油取引税，不動産取得税，道府県
たばこ税等の目的税よりも多いです。道府県税収入額の推移では，人口減少に
よって道府県民税は減少し，事業税は 2012（平成 24）年度以降は増加傾向で
したが，新型コロナウイルス感染症で減少に転じています。市町村税とは，市
町村の地方税の決算額と東京都の市町村税相当額の合算です。固定資産税が増
加しているが，市町村税（法人分）が減少しているため市町村税収入額は，22
兆 4,570 億円（前年度 1.8％減）です。市町村税収入のうち，もっとも大きな
税収が，市町村民税の 10 兆 2,393 億円（市町村税総額 45.6％）で，次いで，
固定資産税の 9 兆 3,801 億円（同 41.8％）です。各税目の収入額のうち，普通
税が 19 兆 6,194 億円で，目的税の 2 兆 1,467 億円よりも多いです。市町村民税
は，近年，増加傾向にありましたが，2020（令和 2）年度は，新型コロナウイ
ルス感染症で法人分が減少したことにより低下しています。

　図 6.3 は，全国平均を 100 とした都道府県別の人口 1 人あたりの地方税収額
の比較です。地方税計で比較した場合に，もっとも大きい東京都に対し，もっ
とも小さい長崎県が 72.2 で，約 2.2 倍の格差となっています。個人住民税，法
人関係二税，地方消費税，固定資産税の各税目を都道府県別で比較した場合に，
共通して東京都がもっとも高いです。地方税収は各税目とも都道府県ごとに偏
在性がありますが，その度合いは法人関係二税の格差が特に大きく，地方消費
税の偏在性は比較的小さいです。

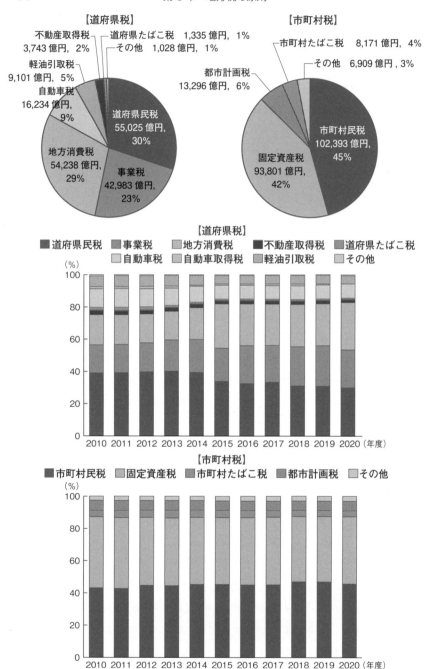

図6.2　道府県税と市町村税の内訳と推移
(出所) 総務省「令和4年版地方財政白書」をもとに作成

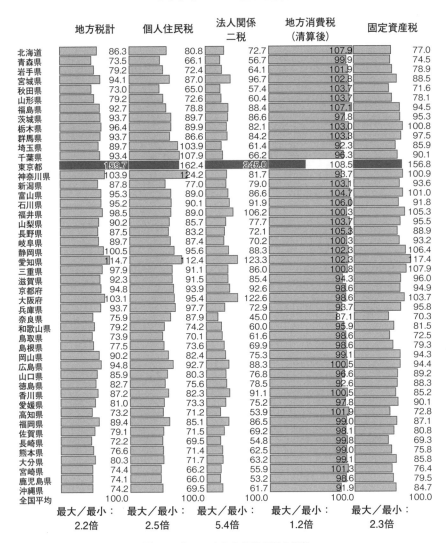

図 6.3　人口1人あたり税収額の指数
（出所）総務省「令和4年版地方財政白書」をもとに作成

レクチャー**6.2**　主な地方税

● 個人住民税

　住民税とは，道府県民税と市町村税の総称で，当該区域内に住所や事務所などをもつ個人及び法人などに課す税をいいます。一般に，「個人住民税」「法人

個人住民税	
課税主体	賦課期日（1 月 1 日）現在の住所地の市（区）町村及び都道府県
納税義務者	①市区町村・都道府県内に住所を有する個人（均等割・所得割） ②市区町村・都道府県内に事務所，事業所又は家屋敷を有する個人 （①に該当する者を除く）（均等割）
課税方式	賦課課税方式（市町村が税額を計算，確定）
標準課税	所得割　前年度の課税所得金額

所得割

標準税率	都道府県	市町村	合計
総合課税分	4%	6%	10%
分離課税分	2%	3%	5%

均等割

標準税額	
都道府県	1,500 円
市町村	3,500 円

所得控除	基礎控除 43 万円　　　配偶者控除 33 万円　　　　扶養控除 33 万円
税額控除	（二重負担を調整する主旨のもの） 配当控除　外国税額控除　配当割額控除　株式等譲渡所得割額控 （税源移譲に伴う調整） 調整控除　住宅借入金等特別控除 （その他） 住宅借入金等特別控除　寄附金税額控除

図 6.4　個人住民税の概要

（出所）総務省「個人住民税」をもとに作成

住民税」とよばれます。図 6.4 に個人住民税の概要を示します。

　個人住民税は，多くの住民が能力に応じて広く負担を分かち合うという「**地域社会の会費**」的性格をもち，個人が，1 月 1 日に居住する地方公共団体に納めます。また個人住民税は，応益の原則から 10％比例税率が採用され，原則として次の式のように計算されます。

　　個人住民税＝所得割（＝前年度課税所得金額×個人住民税率）＋均等割

　図 6.5 は，個人住民税の課税の仕方を示しています。預貯金利子等，配当等，株式譲渡所得等を受領する場合には，個人，法人共に利子割，配当割及び株式等譲渡所得割としての道府県民税が課税されます。個人住民税は，低所得者層の税負担を考慮し，生活保護基準額程度の所得に対して，均等割部分は 1976

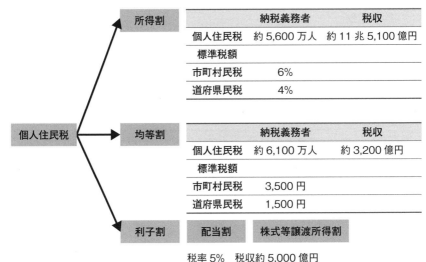

図 6.5　個人住民税の課税の仕方
（出所）総務省「個人住民税」をもとに作成

（昭和 51）年度に，所得割部分は 1981（昭和 56）年度に，非課税限度額制度
が設けられました。

● 法人住民税と法人事業税

　法人に課される税には，法人税，**法人住民税**，**法人事業税**があります。法人
税は国が徴収する国税ですが，法人住民税と法人事業税は地方公共団体が徴収
する地方税です。図 6.6 と表 6.2 に，法人住民税及び法人事業税の概要を示し
ています。法人住民税は，法人も地方公共団体が提供する公的サービスを享受
しているという考えから，法人は法人の事業所がある地方公共団体に納付義務
があるとします。そのため，法人税は地方税として扱われます。法人住民税は，
次の式のように計算されます。

　　　　法人住民税＝法人税割（＝法人税額×法人住民税率）＋均等割

　課税元でみると，東京 23 区のみに事業所のある法人は，例外的に都民税で
一括徴収されます。それ以外は原則，事業所のある法人は道府県民税と市町村
税のそれぞれで，地方公共団体が徴収し，法人は事業活動において，地方公共
団体の各種の公的サービスを受けていることから，必要な経費は分担すべきと

法人住民税	
課税主体	都道府県及び市町村
納税義務者	都道府県及び市町村に事務所又は事業所を有する法人
課税方式	申告納付
標準課税	法人割 連結申告法人以外の法人：法人税額 連結申告法人：個別帰属法人税 均等割

資本金等額	都道府県民税均等割	市町村民税均等割	
		従業員数 50人超	従業員数 50人以下
1,000万円 以下	2万円	12万円	5万円
1,000万円超 1億円以下	5万円	15万円	13万円
1億円超 10億円以下	13万円	40万円	16万円
10億円超 50億円以下	54万円	175万円	41万円
50億円超	80万円	300万円	

均等割（法人税割）
都道府県：3.2%（制限税率4.2%）
[1.0%（制限税率2.0%）]
市町村：9.7%（制限税率12.1%）
[6.0%（制限税率8.4%）]
※[ ]内，平成31年10月1日以後に開始する事業年度から適用

分割基準	2以上の都道府県に事務所又は事業所を有する法人は，課税標準を従業者数により分割して各都道府県又は各市町村に納付

図6.6　法人住民税の概要
（出所）総務省「地方法人課税等」をもとに作成

いう考え方に基づいて，課税されます。

　法人事業税を課税している地方公共団体は，都道府県です。法人事業税は，所得に法人事業税率を乗じて算出されます。

$$法人事業税額＝所得×法人事業税率$$

　法人事業税の特徴として，法人事業税は納付時の損金に算入できます。つまり，税金ですが費用として損金算入が認められます。また，資本金1億円以上の企業の場合，外形標準課税が適用され，所得割に加え付加価値割と資本割を

表 6.2　法人事業税の概要

（出所）総務省「地方法人課税等」をもとに作成

法人事業税	
課税主体	都道府県
納税義務者	都道府県に事務所又は事業所を設けて事業を行う法人
課税方式	申告納付 事業年度終了の日（中間申告の場合は 6 カ月を経過した日）から原則として 2 カ月以内に，事務所等の所在する都道府県に税額等を記載した申告書を提出し，その税額を納付する。 ①確定申告②中間申告③期限後申告④修正申告
課税客体	法人が行う事業 ただし，下記の事業への法人事業税は課されない。 ①林業，鉱物の掘採事業及び特定の農事組合法人が行う農業 ②国，地方公共団体等が行う事業 ③社会福祉法人，宗教法人，学校法人等の法人や人格のない社団等が行う事業で収益事業以外のもの

負担します。外形標準課税とは，法人の事業規模や活動量に応じて課税する考え方に基づいた方法です。これは，事務所の床面積，従業員数，資本金等ならびに付加価値などの外観から，客観的に判断できる基準を課税ベースとして，税額を算出する方式です。

● 消費課税の仕組み

「**消費課税**」は，市場で取引したときの消費財に課税される間接税をいいます。間接消費税には特定の消費財に対する「**個別消費税**」と，消費財一般に対する「**一般消費税**」があります。個別消費税とは，道府県たばこ税，軽油引取税，市町村たばこ税をいいます。一般消費税とは，「**地方消費税**」です。図6.7 に，地方消費税の概要を示しています。

　地方消費税は，1994（平成 6）年の税制改正で，地方税財源の充実強化等のために創設され，1997（平成 9）年 4 月に施行されました。国税である消費税と同じように，地方消費税は商品の販売及びサービス取引などの国内取引や，輸入取引に課税される道府県税です。税率には，「**標準税率**」と「**軽減税率**」があります。標準税率とは，地方公共団体が地方税を課税する際に，通常用いることとされる税率です。軽減税率とは，特定の商品の消費税を一般的な消費税よりも低くする税率をいいます。2019（令和元）年 10 月以降地方消費税率

項目	内容
課税主体	都道府県
納税義務者	（譲渡割）課税資産等の譲渡等を実施した事業者 （貨物割）課税貨物を保税地域（外国貨物を輸入申告前に蔵置する場所）から引きとる者
課税方式	国（税務署・税関）に消費税と合わせて申告納付
課税標準	消費税額

税率

適用時期	令和元年 10 月 1 日以降		令和元年 9 月 30 日以前
	標準税率	軽減税率	
消費税率	7.8%	6.24%	6.3%
地方消費税率	2.2%（消費税額分の 22/78）	1.76%（消費税額分の 22/78）	1.7%（消費税額分の 17/63）
合計	10.0%	8.0%	8.0%

清算　国から払い込まれた地方消費税額を最終消費地に帰属させるために，消費関連基準によって都道府県間清算

指標	ウェイト
小売年間販売額（商業統計）とサービス体個人事業収入額（経済センサス活動調査）の合算額	50%（1/2）
人口（国勢調査）	50%（1/2）

交付金	税収（清算後）の 2 分の 1 を市町村の交付 （交付基準）人口（国勢調査）と従業者数（経済センサス基礎調査）1：1 で按分 （2014 年 4 月以降，税率引上げ分に人口のみで按分
使途	（平成 26 年 4 月〜） 制度として確立された年金，医療及び介護の社会保障給付並びに少子化に対処するための施策に要する経費 その他社会保障施策（社会福祉，社会保険及び保健衛生に関する施策）に要する経費（税率引上げ分のみ）

図 6.7　地方消費税の概要
（出所）総務省「地方消費税」をもとに作成

は国税の消費税額の 78 分の 22 になりました。国の消費税率は 7.8％であることから，地方消費税を消費税率に換算すると 2.2％に相当し，消費者は消費税 7.8％と地方消費税 2.2％を合わせた 10.0％を負担します。軽減税率の場合も地方消費税率は消費税額の 78 分の 22 になります。ただし，国の消費税率が 6.24％であることから，地方消費税を消費税率に換算すると 1.76％に相当し，消費者は消費税と地方消費税を合算して 8.0％を負担します。地方消費税は，製造業者や卸売業者等の生産から流通に至る各段階の付加価値に課税されます。

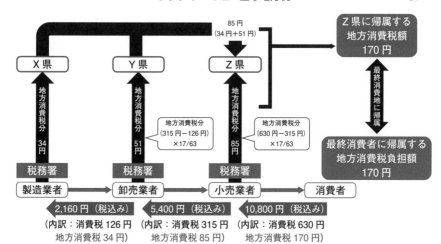

図 6.8 地方消費税の課税の仕組み（令和元年 9 月 30 日以前基準で計算）

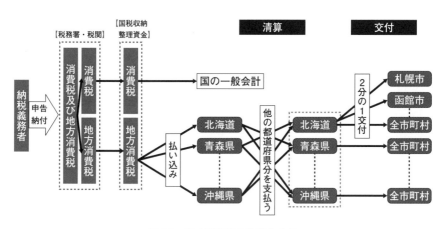

図 6.9 地方消費税の清算と交付
（出所）総務省「地方消費税」をもとに作成

　図 6.8 は，地方消費税の課税の仕組みです。納付額は，各段階の売上げにかかる税額から仕入れにかかった税額を差し引いた額になります。その納付額を売上げに加算することで，商品やサービスの最終消費者が，地方消費税を負担する仕組みになっています。このように，担税者から最終負担者へと負担が移る転嫁や最終負担者に税の負担が行き着く経済的帰着が生じています。納税義務者である事業者は，本店または主たる事務所を管轄する税務署に，消費税と地方消費税を一括して申告納付します。図 6.9 で示すように，事業者が税務署

に申告納付した地方消費税は，国から本店所在地等の都道府県に払い込まれます。本来の課税地である最終消費地に税収を帰属させるために，都道府県の間で消費に関連する指標に基づき，清算を行います。そうすることで，消費地と課税地が一致するように調整します。清算後は，地方消費税の2分の1相当額が県内の市町村に交付されます。消費に関連する指標としては，「小売年間販売額（商業統計調査)」「サービス業対個人事業収入額（サービス業基本調査)」「人口（国勢調査)」「従業者数（事業所・企業統計調査)」等が用いられています。消費税及び地方消費税の最終負担者は消費者であり，税収は最終消費地に帰属すべき（仕向地原則）という考えに基づいています。納税者の事務負担軽減の観点から，地方消費税の徴収は国に委託され，税務署から都道府県に地方消費税相当額が払い込まれます。しかし，実際には最終消費地と税収がいったん帰属する都道府県には，不一致が生じています。

● 固定資産税の仕組み

　「固定資産税」とは，1月1日（賦課期日）現在の土地，家屋及び償却資産の所有者に対して，固定資産の価格をもとに算定される税です。表6.3に固定資産税の概要を示しています。固定資産税は，資産価格に税率を乗じて算出されます。課税主体は市町村で，納税義務者は土地，家屋及び償却資産の所有者です。ただし，東京都23区は特例で都が課税します。固定資産税の対象は，土地や建物以外で事業に要する資産で，減価償却費が法人税法または所得税法の規定による所得の計算上，損金または必要な経費に算入されるものをいい，これを償却資産といいます。償却資産は土地や建物のように登記簿等への登録がないため，市町村は把握することができません。毎年1月末までに所有している資産等を記載した申告書を，所有者が地方公共団体に提出します。固定資産税の課税標準は，土地に関しては適正な時価になります。家屋であれば，再建築価格です。償却資産であれば，取得価格になります。標準税率は1.4%です。総務大臣の固定資産評価基準によって，市町村長が評価して価格を決めます。基準資産価格は，土地と家屋が3年ごとに，償却資産は毎年評価されます。固定資産税額の内訳をみた場合に，土地と家屋がそれぞれ4割を占め，2割が償却資産になります。

表 6.3　固定資産税
（出所）総務省「固定資産税等」をもとに作成

固定資産税	固定資産税は，賦課期日（毎年 1 月 1 日）現在の固定資産（土地・家屋・償却資産）の所有者に，資産価値（価格）をもとに納める税金。
納税義務者	納税義務者とは，賦課期日（毎年 1 月 1 日）現在，居住している市町村に固定資産（土地・家屋・償却資産）を所有するものをいう。 土地……登記簿または土地補充課税台帳に所有者として登記または登録されている方 家屋……登記簿または家屋補充課税台帳に所有者として登記または登録されている方 償却資産……償却資産課税台帳に所有者として登録されている方
納税方法	毎年 4 月上旬に納税通知書を通して税額が知らされる。年 4 回（4 月，7 月，12 月，翌年 2 月）に分けて納める。なお，1 年分を一括納金も可能である。
税額計算	税額＝標準課税額×税率
標準課税	地方税法第 349 条で固定資産の価格とされる。ただし，住宅用地のように課税標準の特例措置が適用される場合，価格と課税標準額が一致するとは限らない。
固定資産価格	総務大臣が定めた「固定資産評価基準」で評価され，市長が固定資産の価格を毎年 3 月 31 日までに決定する。
免税	免税とは，同一区内で所有する土地・家屋・償却資産の各資産の課税標準額の合計額が下記の額に満たない場合には課税されないことをいう。 土地……30 万円　家屋……20 万円　償却資産……150 万円
評価替え	評価替えとは，3 年ごとに見直す固定資産価格をいう。評価替え実施年度を「基準年度」とし，基準年度の翌年度を「第 2 年度」，翌々年度を「第 3 年度」，第 2 年度と第 3 年度を合わせて「据置年度」という。
縦覧	縦覧とは，4 月 1 日から固定資産税・都市計画税（第 1 期分）の納期限までの間，同一区内の土地・家屋の価格等を記載した「縦覧帳簿」を参照し，自己の土地・家屋の価格の適正であるかを判断する制度である。

復習

（1）地方税のうち，都道府県別人口 1 人あたり税収額は，□□□□がもっとも高い。

（2）道府県税は，道府県民税，□□□□，地方消費税で 8 割を占めている。

（3）市町村民税の内訳をみると，市町村民税と□□□□で 8 割以上を占めている。

（4）個人住民税とは，多くの住民が能力に応じて広く負担を分かち合うという□□□□的性格を踏まえている。

コラム6.1　固定資産税の特例措置と負担調整

　固定資産税は，土地・家屋に３年に１回，「評価替え」を行うことで価格の変化を反映させています。評価替えによる価格の上昇によって，課税標準額に急激な上昇が生じ，税負担が過度に重くならないように，負担調整措置で緩やかな上昇へと税負担を調整しています。図6.10は固定資産税の負担調整措置を示しています。負担調整措置では，負担水準の高い土地は税負担を引き下げまたは据え置き，負担水準の低い土地はなだらかに税負担を上昇させることで，負担水準のばらつきの幅を狭めていく仕組みがとられています。

負担水準	前年度の課税標準額／当該年度の価格（×住宅用地の特例率）
商業地等	商業地等とは，店舗，事務所，工場など住宅以外の家屋の敷地及び空地をいう（地方税法附則第17条第4号）。 • 負担水準が70％を超える場合，当年度の価格の70％が課税標準額となる。 • 負担水準が60％以上70％以下の場合，前年度課税標準額が据え置かれる。 • 負担水準が60％未満の場合，前年度課税標準額に当年度の価格の5％を加えた額が課税標準額となる。ただし，その額が，価格の60％を上回る場合には60％相当額となり，価格の20％を下回る場合には20％相当額となる。
住宅用地	• 負担水準が100％以上は，当年度の価格に特例率を乗じた額が課税標準額となる。 • 負担水準が100％未満では，前年度課税標準額に当年度の価格に特例率を乗じた額の5％を加えた額が課税標準額となる。ただし，その額が，当年度の価格に住宅用地の特例率を乗じて得た額を上回る場合には当年度の価格に住宅用地の特例率を乗じた額となり，当年度の価格に住宅用地の特例率を乗じて得た額の20％を下回る場合には20％相当額となる。

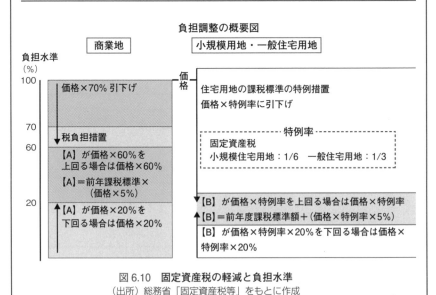

図6.10　固定資産税の軽減と負担水準
（出所）総務省「固定資産税等」をもとに作成

レクチャー**6.3**　租 税 原 則

● 地方税の租税原則

　「公平・中立・簡素」を軸とする現代の租税原則は，18世紀の「アダム・ス
ミスの4原則」と「アドルフ・ワグナーの9原則」に基づきます（図6.11）。
アダム・スミスの4原則とは「公平性の原則」「確実性の原則」「便宜性の原
則」「最小徴税費の原則」です。現代の地方税は，租税の原則である公平・中
立・簡素に加えて，「地方税の原則」として「応益原則」「負担分任の原則」
「普遍性の原則」「自主性の原則」「安定性の原則」を柱とします。租税の公平
性には「応能原則」と応益原則があります。応能原則とは，納税者の担税能力
に応じて租税を負担することです。応益原則とは，納税者の便益に応じて租税
を負担することです。地方税の原則は，応益原則に基づいています。地方公共
団体の公共財は，一定の地域に限定して提供されることから，財源負担は当該
地域の住民と企業で調達するという考えに基づき，固定資産税や事業税が徴収
されます。負担分任原則とは，公共財の提供には構成員で広く負担を分任する
ことをいいます。個人住民税は，所得税と比べて課税最低限が低いことからも，
納税者の対象範囲が広く，広く負担を分かち合います。普遍性の原則とは，各
地方公共団体で共通する税源に課税することをいいます。自主性の原則とは，

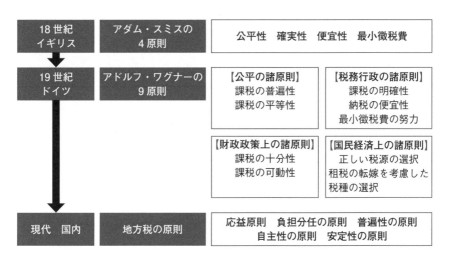

図 6.11　地方税原則

地方公共団体の行政サービスの提供は自主的な税収で調整することとし，超過課税の適用，法定外普通税や法定外目的税の設置が地方公共団体に認められます。安定性の原則とは，景気の変動に影響を受けない税目に課税することをいいます。

● 租税の外部効果

　「課税地原則」とは，いずれの地域に課税をするのかを示す考えです。課税地原則は，「源泉地主義」「居住地主義」「仕向地主義」に区分されます。

　源泉地主義とは，生産の行われた地域への課税を原則としています。たとえば，法人事業税と法人住民税です。特定の企業の生産拠点が地方公共団体Aにあり，地方公共団体Bに経営者が居住する場合に，源泉地主義であれば地方公共団体Aに課税されます。特定の企業に複数の事業所がある場合，事業所数と従業員数で課税所得を按分して，地方公共団体間で分割します。居住地主義とは，納税者の居住地に課税されることです。たとえば，個人住民税です。特定の個人が地方公共団体Aに居住し，地方公共団体Bに通学・通勤していれば，納税先は地方公共団体Aです。仕向地主義とは，最終消費地での課税です。特定の企業の生産拠点が地方公共団体Aにあり，地方公共団体Bで消費者が購入した場合に，仕向地主義であれば地方公共団体Bに課税されます。たとえば地方消費税です。

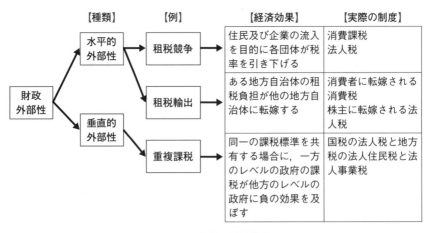

図6.12　租税の外部効果

　ここで問題となるのが「**租税の外部効果**」です。源泉地主義の場合，生産拠点への課税が義務づけられ，生産拠点の地方公共団体が他の地方公共団体と比べて高い課税を行えば，企業は拠点を変更し，高い税を逃れようとするかもしれません。これは，居住地主義や仕向地主義でも同じです。地方公共団体が独自の課税自主権を行使した場合に，特定の地方公共団体の地方税が，他の地方公共団体の住民の厚生に影響を与えることを「**財政外部性**」といいます。図6.12 で示すように，財政外部性には同じレベルの政府間で生じる「**水平的外部性**」と異なるレベルで生じる「**垂直的外部性**」があります。具体的には，水平的外部性では租税競争と租税輸出が，垂直的外部性では重複課税があります。

● 租 税 競 争

　ヒト・モノ・カネは，自由に地域間を移動します。「**租税競争**」とは，企業誘致のように工場等の資本配分をめぐり，地方公共団体間で競合する状態をいいます。たとえば，特定の地方公共団体が減税を行うことで，企業を誘致した地方公共団体では，雇用や税収は増加します。しかし，企業が流出した他の地方公共団体は，雇用と税収が減少し損失を被ります。このような外部コストが考慮されなければ，企業誘致の社会的費用は過少に評価されます。

　ここで地方公共団体 A と地方公共団体 B があり，経済全体の企業数は一定とし，標準的な税率と減税後の税率の 2 つの税率を選択するとします（**表6.4**）。まず，標準税率を課した場合，そこから得られる利得を地方公共団体 A と地方公共団体 B で，（100，100）とします。地方公共団体 B が標準税率を与件とした場合，地方公共団体 A が税率を引き下げれば，地方公共団体 B から地方公共団体 A に工場が移転し，地方公共団体 A では雇用が増え税収が増加しますが，減税によるコストが生じます。コストが，雇用増と税収増による便益を下回っていれば，地方公共団体 A は税率を下げることを選び，地方公共団体 A と地方公共団体 B の利得は，（70，20）になります。同じことが，地方

表 6.4　租 税 競 争

		地方公共団体 B	
		標準税率	減税
地方公共団体 A	標準税率	（100，100）	（20，70）
	減税	（70，20）	（50，50）

公共団体Bにもいえ，地方公共団体Aと地方公共団体Bの利得は（20，70）となります。地方公共団体Bの減税を受け，地方公共団体Aが税率を引き下げた場合，両方の地方公共団体が得る利得は減少し，地方公共団体Aと地方公共団体Bの利得は（50，50）になります。したがって，標準税率で得られた公共財の水準が達成されず，地方公共団体Aと地方公共団体Bの社会厚生水準は下がります。このように，一方の地方公共団体が減税することで，他方の地方公共団体も減税を行い，地方公共団体間で生じる競争を租税競争といいます。

● 租 税 輸 出

　水平的外部性には，「**租税輸出**」があります。地方税の税率を増やすことで，地方公共団体の住民への負担を，他の地方公共団体の住民に転嫁させることがあります。たとえば，消費者に転嫁される消費税や株主に転嫁される法人税です。ここでは地方公共団体Aと地方公共団体Bがあり，公共財 Q を地方公共団体Aが価格 P で供給し，地方公共団体Aと地方公共団体Bで消費するとします（図6.13）。地方公共団体Aが公共財を生産する場合，源泉地主義で税率 t_0 を課せば，税率 t_0 を公共財 Q の価格に上乗せして，消費者に負担を転嫁します。公共財の価格を W とした場合，地方公共団体Aと地方公共団体Bの需要の課税前の均衡点は I になります。地方公共団体Aの課税前の消費者余剰は CGI，地方公共団体Bは CEG となり，税率 t_0 が課税された場合に，課税後

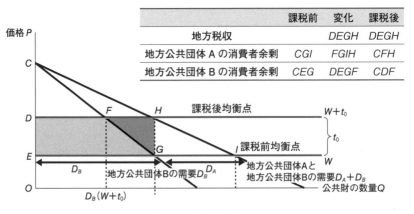

	課税前	変化	課税後
地方税収		$DEGH$	$DEGH$
地方公共団体 A の消費者余剰	CGI	$FGIH$	CFH
地方公共団体 B の消費者余剰	CEG	$DEGF$	CDF

図6.13　租 税 輸 出

均衡点は*H*に移動します。地方公共団体Aは，課税後の消費者余剰が*CFH*になり，*FGIH*分の消費者余剰を失います。一方，地方公共団体Bは，課税後の消費者余剰が*CDF*となり，*DEGF*分の消費者余剰を失います。地方公共団体Aは，*DEGH*分の税収を得ることとなり，地方公共団体Bは，消費者余剰の減少分だけ税負担を外部に輸出したことになります。そこには，地方公共団体Aの税率引上げに伴う負の外部性が生じています。租税輸出によって，租税負担の転嫁が生じ，公共財の費用の租税負担が減少し，公共財の供給が社会的最適水準より過剰になります。

● 重 複 課 税

　課税ベースが重複する「**重複課税**」は，「**垂直的外部性**」を招くおそれがあります。たとえば国税である法人税や，地方税である法人住民税と法人事業税の課税ベースは，法人企業の所得です。国税の所得税と地方税の個人住民税の課税ベースは，個人の所得です。それ以外にも，国税である酒税は，地方税の地方消費税と課税ベースが重複します。図6.14では国と地方公共団体の2つの主体が存在し，各主体が公共財*X*にそれぞれ課税する単純なモデルを想定します。企業が生産する公共財*Q*の限界費用を*W*とした場合に，国の税率がT_0で地方公共団体の税率がt_0とします。このとき，新たに地方公共団体が税

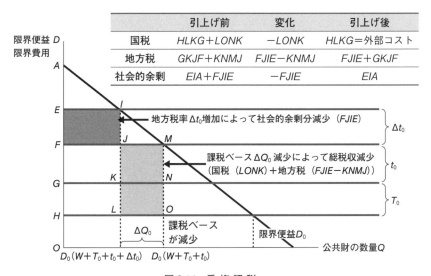

図6.14　重 複 課 税

を課税した場合に生じる垂直的外部性を考えます。課税前の市場均衡を M 点とします。地方公共団体が新たに税 Δt 単位を課した場合に，均衡点が M 点から I 点に移動します。地方税 Δt_0 が増えた分に応じて，課税ベースは ΔQ_0 だけ減少し，それによって税収部分が減少します。地方税率が t 単位上昇した場合に，国税は $HLKG$，地方税は $FJIE+GKJF$ となり，社会的余剰の変化は EIA となります。地方税は $FJIE-KNMJ$，国税は $-LONK$，社会的余剰は $-FJIE$ 分変化します。つまり，地方税の増税は，国税にマイナスの外部効果を及ぼします。地方の税率の引上げが，国に及ぼす負の外部効果（ $=-LONK$ ）が内部化されず，課税の費用が課税地域で過小評価され，地方の過剰な依存が生じます。

レクチャー 6.4 地方税の税率

● 税率の種類

　表 6.5 は，地方税の課税制限を示しています。課税制限には「**一定税率**」「**標準税率**」「**任意税率**」，それ以外があります。一定税率とは，地方公共団体が同一の税率でしか定められない課税制限をいい，同一権利に対しては同一負担とし，経済活動の歪みや，納税義務者や特別徴収義務者にかかる税法行政上の多大な負担を回避します。たとえば，地方消費税がそれにあたります。

　標準税率とは，地方公共団体が課税する場合に，通常よるべき税率をいい，税率の上限を設けた制限税率がある事業税等の税目と，制限税率がない不動産取得税や固定資産税等の税目があります。標準税率で制限税率がある税目であるゴルフ利用税は他の消費税との負担調整，自動車税は他の車体課税との調整から上限が設定されています。標準税率で制限税率がない税目については，議会の議決を経て条例を改正すれば，税率を上げ続けることが認められます。任意税率とは，税率設定を任意に地方公共団体に委ねる方法をいい，標準税率と同じように，制限税率がある都市計画税等の税目と制限税率がない水利地益税や共同施設税の税目があります。

● 超過課税

　標準課税よりも高い税率を課税することを「**超過課税**」といいます。表 6.6 に示すように，道府県民税では，個人均等割の 37 団体，所得割の 1 団体，法

表 6.5　地方税の税率

（出所）総務省「税率の種類」等をもとに作成

種類		概要	規定例	税目	
				都道府県税	市町村税
一定税率		地方自治体が同一の税率を定める	（地方消費税の税率）第72条の83　地方消費税の税率は，百分の二十五とする	道府県民税（利子割，配当割　株式譲渡割）自動車取得税　軽油引取税　鉱区税　地方消費税　狩猟税　たばこ税	市町村たばこ税　特別土地保有税　事業所税
標準税率	制限税率あり	通常の税率に，制限税率を定める	（法人税割の税率）第314条の4 法人税割の標準税率は，百分の十二・三とする。ただし標準税率を超える場合でも，百分の十四・七を超えることができない	道府県民税（法人税割）事業税（個人，法人）ゴルフ場利用税　自動車税	市町村民税（法人均等割，法人税割）軽自動車税　鉱産税
	制限税率なし	通常の税率を定める	（不動産取得税の税率）第73条の15　不動産取得税の標準税率は，百分の四とする	道府県民税（個人均等割，個人所得割，法人均等割）不動産取得税　固定資産税（道府県分）	市町村民税（個人均等割）市町村民税（個人所得割）固定資産税
任意税率	制限税率あり	税率設定の一部税率を制限している	（都市計画税の税率）第702条の4　都市計画税の税率は，百分の〇・三を超えられない		都市計画税
	制限税率なし	税率設定を地方自治体に委ねる	（宅地開発税）第703条の3（略）2 宅地開発税の税率は，宅地開発に伴い必要となる公共施設の整備費，当該公共施設の受益の状況等から市町村の条例で定める	水利地益税	水利地益税　共同施設税　宅地開発税
それ以外			（入湯税の税率）第701条の2 税率は，入湯客一人一日で，百五十円を標準とする		入湯税

人均等割の 35 団体，法人税割の 46 団体が超過課税を実施しています。法人事業税は 8 団体が超過課税を行っています。これらの規模は 3,510.2 億円です。その多くが，都道府県民税の法人均等割と法人税割です。市町村税では市町村税の個人均等割と所得割が 1 団体であるのに対して，法人均等割が 388 団体，法人税割が 999 団体で，超過課税を行っています。固定資産税では 153 団体，鉱産税では 30 団体，入湯税では 4 団体が超過課税を実施しています。これらの財政規模は，3,364.6 億円です。その多くを，市町村税の法人均等割や法人税割と固定資産税で占めています。このことから，超過課税は法人関係に偏っていることがわかります。

表6.6　超過課税

(出所) 総務省「超過課税の状況」をもとに作成

都道府県民税	個人均等割 (37団体)	岩手県，宮城県，秋田県，山形県，福島県，茨城県，栃木県，群馬県，神奈川県，富山県，石川県，山梨県，長野県，岐阜県，静岡県，愛知県，三重県，滋賀県，京都府，大阪府，兵庫県，奈良県，和歌山県，鳥取県，島根県，岡山県，広島県，山口県，愛媛県，高知県，福岡県，佐賀県，長崎県，熊本県，大分県，宮崎県，鹿児島県	市町村民税	個人均等割	1団体 (神奈川県横浜市)
				所得割	1団体 (兵庫県豊岡市)
	所得割 (1団体)	神奈川県		法人均等割	388団体
	法人均等割 (35団体)	岩手県，宮城県，秋田県，山形県，福島県，茨城県，栃木県，群馬県，富山県，石川県，山梨県，長野県，岐阜県，静岡県，愛知県，三重県，滋賀県，大阪府，兵庫県，奈良県，和歌山県，鳥取県，島根県，岡山県，広島県，山口県，愛媛県，高知県，福岡県，佐賀県，長崎県，熊本県，大分県，宮崎県，鹿児島県		法人税割	999団体
			固定資産税		153団体
			鉱産税		30団体
	法人税割 (46団体)	静岡県を除く46都道府県	入湯税		4団体 (北海道釧路市，三重県桑名市，大阪府箕面市，岡山県美作市)
法人事業税	8団体	宮城県，東京都，神奈川県，静岡県，愛知県，京都府，大阪府，兵庫県			

超過課税規模 (2016年決算)

都道府県民税	個人均等割 (37団体)	238.8億円	市町村民税	個人均等割	16.8億円
	所得割 (1団体)	26.1億円		所得割	0.7億円
	法人均等割 (35団体)	103.1億円		法人均等割	163.6億円
	法人税割 (46団体)	1,182.0億円		法人税割	2,827.7億円
法人事業税	8団体	1,600.2億円	固定資産税		351.2億円

都道府県合計	3,510.2億円
市町村合計	3,364.6億円
超過課税合計	6,514.8億円

軽自動車税	4.3億円
鉱産税	900万円
入湯税	2,200万円

● 制限税率

　「制限税率」とは，標準税率が定められている税について，これを超過して課税する場合の最高限度の税率をいいます。そのため，地方税法の定める標準税率を超えて課税することができません。標準税率を超えて課税できるのは超過課税です。超過課税の上限が制限税率にもなります。制限税率の意義とは，地方公共団体間での税負担の不均衡を抑えたり，国税や地方税の税負担の適正

化を図ることです。また，国や他の地方公共団体の税収入に多大な影響を与え
ることを抑制したり，特定地域の経済活動への過度の負担を抑制する働きがあ
ります。表 6.7 で示すように，地方分権改革以降，地方公共団体の自主性を高
めることや受益と負担の関係を明確にする観点から，制限税率の緩和の動きが
あります。

表 6.7　制限税率の動向
(出所) 総務省「税率についての課税自主権の拡大について」をもとに作成

年	改正内容	制限税率	動向
1950	地方税法制定時に制限税率が設定税目【道府県税】付加価値税【市町村税】個人市町村民税（均等割，所得割），法人市町村民税（均等割），固定資産税（昭和 26 年〜），鉱産税，木材引取		強化
1954	固定資産税の制限税率強化	3.0%→2.5%（約 1.88 倍→約 1.67 倍）	
1959	固定資産税の制限税率強化	2.5%→2.1%（約 1.79 倍→1.5 倍）	
1975	事業税に制限税率導入	標準税率の 1.1 倍	
1976	自動車税・軽自動車税に制限税率導入	標準税率の 1.2 倍	
1977	娯楽施設利用税に制限税率導入	標準税率の 1.3 倍	
1978	都市計画税の制限税率緩和	0.2%→0.3%	緩和
1984	法人市町村民税均等割の制限税率を統一	均等割額ごとに設定（1.25 倍〜約 1.69 倍）→ 1.2 倍	強化
1998	個人市町村民税の制限税率の廃止	廃止	緩和
2004	法人事業税の制限税率の緩和　固定資産税の制限税率の廃止	1.1 倍→ 1.2 倍　廃止	
2006	自動車税・軽自動車税の制限税率の緩和	1.2 倍→ 1.5 倍	

（右側に「地方分権改革」の縦書き表記）

復習

(1) 現代の地方税の原則には租税の原則の公平・中立・簡素に加えて，　　　　　「負担分任の原則」「普遍性の原則」「自主性の原則」「安定性の原則」がある。

(2) 　　　　　では，地方公共団体の行政需要は自主的な税収で調整できることが望ましいとし，超過課税の適用，法定外普通税や法定外目的税の設置がある。

(3) いずれの地域に課税をするかを示す考えに基づいた課税地の原則には，居住地主義，仕向地主義，　　　　　がある。

(4) 課税制限には一定税率，　　　　　，任意税率などがある。

練習問題

問題1　個人住民税の仕組み

個人住民税に関する記述のうち，誤っている文章を選択してください。

ヒント：p.91〜93を読もう！

(1) 課税主体が1月1日に居住する地方公共団体，納税義務者は個人とし，比例税率が適用される。

(2) 納めるべき税額は，前年の所得に応じて課税される「資本割」と所得金額に関わらず定額で課税される「平等割」の合算である。

(3) 個人住民税の非課税限度額制度とは，低所得者層の負担を考慮し，生活保護基準額程度の所得をできるだけ非課税とする制度である。

(4) 非課税限度額の基準は，均等割は前年の生活扶助基準額，所得割は前年の生活保護基準を勘案して設定されている。

問題2　固定資産税の仕組み

固定資産税の仕組みに関する記述で，誤っている文章を選択してください。

ヒント：p.98〜100を読もう！

(1) 固定資産税が課税されるものには，機械や備品などの固定資産がある。

(2) 固定資産税の課税主体は都道府県で，納税義務者とは土地，家屋及び償却資産の所有者である

(3) 固定資産税の課税において，土地や建物と違って機械や備品は，法人や個人事業主が所有する事業用の機械や備品が対象となる。

(4) 固定資産税は資産価格に税率を乗じた金額である。

問題3　消費課税の仕組み

消費課税に関する記述のうち，誤っている文章を選択してください。

ヒント：p.95〜98を読もう！

(1) 間接消費財には特定の消費財に対する個別消費税と消費財一般に対する一般消費財がある。

(2) 個別消費財には，道府県たばこ税や軽油引取税がある。

(3) 地方消費税は，生産から流通にいたる最終段階の付加価値に課税される。

(4) 都道府県間で清算後の地方消費税の2分の1が，市町村に交付される。

問題4　租税の外部効果

租税の外部効果に関する記述のうち，誤っている文章を選択してください。

ヒント：p.102〜103を読もう！

(1) 源泉地主義の場合，生産拠点への課税が義務づけられることから企業は拠点を変更することで高い税を逃れようとする。

(2) 財政外部性とは，特定の地方公共団体の地方税が，他の地方公共団体の住民の厚生に影響を与えることをいう。

(3) 財政外部性には同じレベルの政府間で生じる水平的外部性と異なるレベルで生じる垂直的外部性がある。

(4) 垂直的外部性には租税競争が，水平的外部性には重複課税がある。

問題5　地方税の税率

地方税の税率に関する記述に誤っているものを選択してください。

ヒント：p.106〜109を読もう！

(1) 一定税率とは，地方公共団体が同一の税率で定める課税制限である。

(2) 標準税率には，税率の上限を設けた制限税率がある。

(3) 任意税率とは，税率設定を任意に地方公共団体に委ねる方法をいい，制限税率がある税目と制限税率がない税目がある。

(4) 制限税率とは，地方税法の定める税率以下の税率によらなければならないものをいい，標準税率を超えて課税することができる。

問題6　レポート①

第6章を踏まえ，下記をテーマにレポート（1,000字以上）を作成してください。

(1) 租税の外部効果を説明せよ。

(2) 租税競争及び租税輸出について説明せよ。

(3) 地方税の税率について説明せよ。

問題7　レポート②

第6章を読む前と読んだ後を比較して，どのような考えを得ることができたかをテーマにレポート（1,000字以上）を作成してください。

練習問題解答

問題1　正解（2）	問題2　正解（2）	問題3　正解（3）
問題4　正解（4）	問題5　正解（4）	問題6　正解省略
問題7　正解省略		

国庫支出金と特定補助金

予習 国が使い道を決めて地方公共団体に交付する国庫支出金とは，どのようなものでしょうか？

国庫支出金とは，国が地方公共団体として使途を特定して交付する補助金。

国庫負担金	国庫委託金	国庫補助金

国庫支出金はなぜ必要なのでしょうか？

①財・サービスの水準を一定に保たせる財への補助
②財・サービスの便益にスピルオーバーが生じる財への補助
③国が政策上必要とする財・サービスへの奨励的補助

社会厚生が最適な補助金の提供とはどのような方法でしょうか？

定額補助金と定率補助金　特定補助金と一般補助金

国庫支出金の規模・構成割合・変遷

学びのポイント

1. 国庫支出金の種類や支出形態について知ろう。 ──────→ p.114
2. 国庫支出金の理論的意義について考えよう。 ──────→ p.114
3. 国庫支出金の規模とはどの程度かを考えよう。 ──────→ p.121
4. 国庫支出金の変遷について知ろう。 ──────────→ p.123

　国から地方公共団体への財源移転の一つに，「**国庫支出金**」があります。国庫支出金とは，地方公共団体が行う事務のうち，国が共同責任をもつ事務に対して，経費の一定割合を義務的に負担するものです。国が地方公共団体に対して，特定の事業を促進する目的で，使途を指定して交付します。近年では，地方の裁量度の高い分野について，国庫支出金のパフォーマンス指標の設定を求めるとともに，その配分にあたっては，地方公共団体ごとの取組み状況や達成度合い等に応じてメリハリをつけ，国庫支出金ごとに，地方公共団体への交付状況や達成状況の評価について「見える化」をするとともに，データに基づく団体間の比較により，先進・優良事例の積極的な展開なども進められてきています。本章では，中央政府から地方公共団体に交付される補助金の経済効果を評価するにあたり，地方政府の予算制約を所与とした場合，住民の効用を最大化する行政サービスの財政支出の最適な組合せを実現するのために，どのように補助金を提供すればよいかについて考えていくことにします。

レクチャー**7.1**　**国庫支出金の理論**

● 国庫支出金の種類

　表7.1には国庫支出金の種類を示しています。国庫支出金には，国が地方公共団体と共同で行う事務に対して，一定の負担区分に基づいて義務的に負担する「**国庫負担金**」，国からの委託事務で経費の全額を負担する「**国庫委託金**」，国が援助として交付する「**国庫補助金**」の3つがあります。

　国庫負担金とは，国と地方公共団体との間の経費負担の区分に基づき，国が一定割合を義務的に負担する補助金です。これは，地方公共団体の財政負担の軽減を図りながら，全国的に一定のサービス水準を維持するために，地方公共団体が法令の定めで実施しなければならない事務事業です。たとえば，保育園運営費負担金，生活保護費負担金，義務教育国庫負担金，公共事業費補助負担金，災害復旧事業補助負担金です。

　国庫委託金とは，国が直接実施すべき事務事業や国の利害に関係がある事務事業に対して，執行の便宜上，地方公共団体に委託し必要経費を交付します。たとえば，基礎年金等事務費交付金や外国人登録事務委託金です。国庫補助金とは，国が特定の事務事業の実施を奨励または助長するために交付するものや，

表7.1 国庫支出金の種類

項目	区分	対象経費
国庫負担金	国に一定の義務や責任のある事務や事業に対して義務的に助成する。	一般行政経費に係る国庫補助負担金	義務教育職員及び養護学校の小中学部教職員の給与等，義務教育諸学校及び養護学校小中学部の建物建設等，職業能力開発，地籍調査，生活保護，麻薬取締，各種措置費に要する経費
	建設事業に係る国庫負担金	都市計画事業，道路，河川，港湾，林道，漁港の新設及び改良，公営住宅及び福祉施設の建設，土地改良，地すべり防止事業，失業対策事業費に要する経費
	災害復旧事業費に係る国庫負担金	災害救助事業，道路，河川，港湾，林道，漁港の災害復旧に要する費用，都市計画事業による施設，公営住宅，学校，社会福祉施設，保険衛生施設等の災害復旧に要する経費
国庫委託金	国の事務や事業を特定の者に委託して行われる支出。研究委託や調査がある。		科学技術試験研究費委託，国会議員の選挙，検疫，統計・調査，外国人登録，未引揚法人の調査等要する経費
国庫補助金	国が特定の事務事業の実施を奨励し，又は助長するために交付するものと，地方団体の財政を援助するために交付する。	補助金：特定の事務や事業に対する交付，奨励的助成的な給付金などがある。不正や他の用途に使用すると罰則規定がある。	生活保護費補助金，児童保護費補助金，都道府県警察費補助金，在宅福祉事業費補助金，廃棄物処理施設整備費補助金，農業構造改善事業費補助金
	交付金：特定の目的に交付される。義務的な事業や助成的な事業がある。	国有資産所在市町村交付金，国民生活センター交付金，文化財保護法等交付金，地方道路調整臨時交付金，特定防衛施設周辺整備調整交付金，交通安全対策特別交付金，農業委員会交付金，協同農業普及事業交付金
	補給金：一定の経費について不足を補うために交付される。利子差額の補給や収支差の補給がある。	農業近代化資金利子補給金，住宅金融公庫補給金，交付地方債元利償還金等補給金，新産業都市等建設事業債調整分利子補給金，産炭鉱地域振興事業債調整分利子補給金

地方公共団体の財政を援助するために交付するものがあります。国庫補助金は，支出目的によって「**奨励的補助金**」と「**財政的補助金**」に区分されます。奨励的補助金は，国が政策上の見地から特定の施策を推進・奨励するために交付されます。財政的補助金は，地方公共団体に対して財政上特別の必要があると認

められる場合に交付されます。地方財政法第10条では，国庫負担金や国庫委
託金は，地方公共団体が法令に基づき，実施を義務づけられている事務に対し
て，国が地方公共団体に支出すると規定しています。地方財政法第16条は，
国庫補助金は，国が特別に必要であるとする施策に限り，地方公共団体に支払
うものとしています。これらを総称して，国庫支出金といいます。しかし，財
政学では，国から地方公共団体に向けた財政移転については，すべてを補助金
といいます。

● 補助金の必要性

　国から地方公共団体への補助金には，①財・サービスの水準を一定に保たせ
る財への補助，②財・サービスの便益にスピルオーバーが生じる財への補助，
③国が政策上必要とする財・サービスへの奨励的補助，があります。たとえば，
①は生活保護費負担金や義務教育費負担金，②は道路整備事業や環境保護事業，
③は水田利用再編対策費や電源立地促進対策費です。それではなぜ，このよう
な補助金が必要なのでしょうか。

　図7.1では，補助金の必要性を示しています。地方公共団体Aと地方公共
団体Bが隣接しているとします。地方公共団体Aの場所に，住民Aの負担で，
公園を建設したとします。この公園を，地方公共団体Aに居住する住民Aだ
けでなく，地方公共団体Aに隣接する地方公共団体Bに居住する住民Bも利

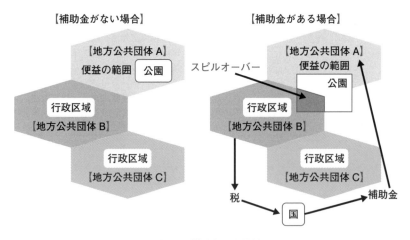

図7.1　補助金の必要性

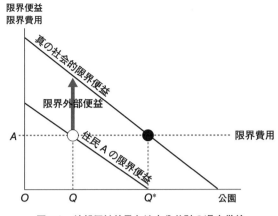

図7.2　外部便益効果と地方公共財の過少供給

用します。補助金がなければ，公園の建築の財源を，地方公共団体の住民A
で負担することとなり，建設する公園は小さくなります。しかし，隣接する地
方公共団体Bの住民Bも公園を利用するので，補助金で財源を負担した場合
に，大きな公園を建設できます。補助金がない場合，過少供給となる可能性が
あります。

　図7.2は外部便益効果と地方公共財の過少供給を示しています。地方公共団
体Aの限界費用をAとします。地方公共団体Aの住民の便益が，地方公共団
体Bにスピルオーバーしているのに，自地域の住民の便益だけを考えて地方
公共財の供給水準Qを決定した場合，限界外部便益分が供給されないことか
ら，社会的に望ましい水準より過少供給になります。この場合，限界外部便益
に等しいピグー補助金を中央政府が交付すれば，最適な供給水準Q^*が実現し
ます。

● 特定定率補助金

　図7.3では，横軸を補助対象の教育サービス事業とし，縦軸を介護サービス
事業とします。予算制約はABで表されます。Wは，地方公共団体の効用を示
す無差別曲線です。補助がない場合には，効用最大化を示す均衡点はE点と
なります。地域住民の効用を最大にするサービスの組合せは，教育サービスの
事業額がOQで，介護サービスの事業額がOFです。ここで，補助対象事業に
対して，AA^{**}の特定補助金（制約のある定額補助）が交付され，予算制約が

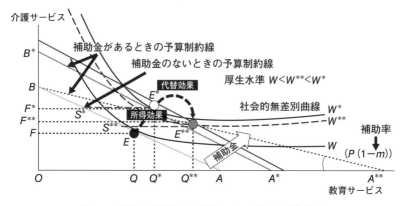

図7.3　特定定率補助金（制約のある特定定率補助金）

AB から $A^{**}B$ にシフトします。均衡点は E から E^{**} にシフトします。厚生水準は，W^{**} まで上昇します。補助事業が劣等財でない限り，事業額も増大して OQ^{**} となり，均衡点は OE^{**} となります。補助率 AA^{**}/OA^{*} の定率補助では，補助事業サービスの相対価格が OB/OA から OB/OA^{**} に低下します。所得効果と代替効果を通じて，事業額は OQ^{**} になり，均衡点は E^{**} までシフトします。厚生水準は W から W^{**} に上昇します。なお，補助金額は OQ^{**} であり，地方の負担額は OQ です。これは所得効果を表す E から E^{*} へのシフトと価格効果（代替効果）を示す E^{*} から E^{**} に分解できます。$S^{*}E^{*}$ の線分を上回っていることから，**特定定率補助金**は，一般補助金によって同じ厚生水準を実現する場合よりも，厚生水準が低いことがわかります。地方公共団体が合理的選択を行うという前提のもとでは，特定定率補助金は一般補助金と比べて，効用の一部が消失するため社会的公正を損ないます。特定定率補助金の上限額が小さい場合には，一般補助金としての機能が働き，所得効果のみが発生し，価格効果による厚生上の損失は生じません。したがって，個々の補助金に関しては地方政府に選択の幅をもたせることで，より高い厚生水準の達成が可能となり，特定定率補助金から一般補助金へと転換させていくことが望ましいとされています。

● **国庫支出金の支出形態**

　財政移転には「**特定補助金**」と「**一般補助金**」があります。使途を特定した

形での財政移転を特定補助金といい，使途を定めない財政移転を一般補助金といいます。特定補助金に相当するのが，国庫支出金であり，一般補助金の代表例は地方交付税交付金です。特定補助金と一般補助金の中間的な概念（使途の制限が緩い補助金）を，「**包括補助金**」といいます。補助の方法には，「**定率補助金**」と「**定額補助金**」があります。定率補助金とは，国が地方公共団体の支出の一定割合を，財政移転することをいいます。定額補助金は，国が地方公共団体に対して一定額を，財政移転することをいいます。補助金の交付の対象となる事務，または事業を行う者に，国が直接補助するものを「**直接補助**」といい，他の者を経由して間接的に補助するものを「**間接補助**」といいます。経由する段階が単一でなく，複数である場合もすべて間接補助といいます。国から地方公共団体への補助金が，定率か定額かにより，補助金の経済効果の現れ方が異なります。国庫支出金の多くは定率補助です。つまり，事業費を国と地方で，2分の1ずつ，あるいは5分の4と5分の1といった割合で負担します。定額補助では，不足する経費が生じた場合，地方公共団体が負担することになります。つまり，実際は事業費の算定が不適切であったり，補助対象が限定されたりして，その分の負担を地方公共団体が担うことになるために，超過負担は地方財政上の問題となっています。

　国庫補助金に関しては，たとえば，日本の地方自治を確立するためには1949（昭和24）年のシャウプ勧告に立ち返り，一部の奨励金を除き，特定補助金を極力廃止するべきという主張があります。特定補助金の問題点として，地方公共団体の自主性が失われることで，地方独自の政策形成能力の低下を招きやすいことが指摘されています。また，中央政府による補助金の恣意的配分によって，利益誘導型政治に陥りがちです。したがって，国から地方公共団体への財政移転としては，特定補助金よりも包括補助金のほうが，包括補助金よりも一般補助金のほうが望ましいとされています。しかし，必ずしも一般補助金がよいとは限らないという主張もあります。補助金を一定とした場合に，特定補助金より一般補助金のほうが住民の効用は高いものの，補助対象財の消費量は特定補助金のほうが多いことが示されています。すなわち，国が特定の財の消費量を増やすことを主眼としている場合には，特定補助金を政策手段として用いることが望ましいということになります。実際に，補助事業額及び補助金は国によって決められます。

復習

(1)「地方財政法」（昭和23年法律第109号）第10条では，地方公共団体が法令に基づき実施を義務づけられる◻︎◻︎◻︎◻︎に対して，国が自治体に支出すると規定している。

(2) 国が地方公共団体の財に対して補助金を与える場合，財・サービスの便益に◻︎◻︎◻︎◻︎が生じる財への補助がある。

(3) ◻︎◻︎◻︎◻︎とは，国が地方公共団体の支出の一定割合に財政移転を行う。

(4) ◻︎◻︎◻︎◻︎とは，補助金の交付の対象となる事務又は事業を行う者に，他の者を経由して間接的に補助する。

コラム7.1　マイナンバー制度

　マイナンバー制度は，2013（平成25）年5月に成立した「行政手続における特定の個人を識別するための番号の利用等に関する法律」等の関連4法により導入されました。マイナンバーは，行政手続等で特定の個人を識別するために，住民票をもつ日本国内の全住民に付番される12桁の番号で，マイナンバーカードは本人確認書類になります（図7.4）。たとえば，近くのコンビニで住民票の写しや課税証明書などの各種証明書が取得できます。また，ライブ会場の入場，携帯電話の契約，会員登録などにも使えます。さらに，民間サービスでの本人確認等での利用も想定されています。今後，各地方公共団体のICT化によって，マイナンバーシステム（マイナンバー制度と関連の各システム）が提供するさまざまな機能が積極的に活用されていくことでしょう。

図7.4　マイナンバーカードの普及を呼びかけるポスター
（出所）デジタル庁「マイナンバーカードの普及と健康保険証利用に関する関係府省庁会議（第8回）」より

レクチャー**7.2**　**国庫支出金の概要**

● 国庫支出金の規模と構成割合

　表 7.2 では，新型コロナウイルス感染症発生以前と以後の国庫支出金の規模と構成割合を示しています。新型コロナウイルス感染症発生以前（2017（平成29）年）の国庫支出金の決算額は 15 兆 5,204 億円で，歳入総額の 15.3％を占めます。国庫支出金の内訳をみると，生活保護費負担金が 2 兆 8,071 億円でもっとも大きな割合（国庫支出金総額の 18.1％）を占めます。次いで，普通建設事業費支出金が 1 兆 7,590 億円（同 11.3％），社会資本整備総合交付金が 1 兆 7,036 億円（同 11.0％），児童手当等交付金が 1 兆 3,605 億円（同 8.8％），障害者自立支援給付費等負担金が 1 兆 2,650 億円（同 8.2％）となっています。これらの合計で国庫支出金総額の 57.4％を占めています。国庫支出金の内訳を団体種類別にみると，都道府県では義務教育費負担金 1 兆 2,631 億円（国庫支出金総額の 20.8％），普通建設事業費支出金 1 兆 1,265 億円（同 18.5％）の順になっています。一方，市町村では生活保護費負担金 2 兆 6,667 億円（同 28.2％），児童手当等交付金 1 兆 3,605 億円（同 14.4％），障害者自立支援給付費等負担金 1 兆 1,875 億円（同 12.6％）の順になっています。

　2020（令和 2）年度の国庫支出金の決算額は 37 兆 4,557 億円で，新型コロナウイルス感染症対策に係る補助事業の増加等により，前年度と比べると 136.5％増となっています。新型コロナウイルス感染症発生以降の 2020（令和 2）年度では，国庫支出金の内訳は，特別定額給付金給付事業費補助金等がもっとも大きな割合を占めています。これに新型コロナウイルス感染症対応地方創生臨時交付金，新型コロナウイルス感染症緊急包括支援交付金，その他新型コロナウイルス感染症対策関係国庫支出金を加えた新型コロナウイルス感染症対策関連の国庫支出金の合計は 20 兆 8,573 億円となり，国庫支出金総額の 55.7％を占めています。また，その他の国庫支出金を前年度と比べると，普通建設事業費支出金，社会資本整備総合交付金，児童保護費等負担金，障害者自立支援給付費等負担金等が増加しており，生活保護費負担金，義務教育費負担金，児童手当等交付金等が減少しています。

表7.2　国庫支出金の構成割合

（出所）総務省「平成31年版地方財政白書」及び「令和4年版地方財政白書」をもとに作成

【新型コロナウイルス感染症発生以前】　　　　　　　　　　　　　（単位 億円・%）

区　分	2017（平成29）年度 都道府県		市町村		純計額		2016（平成28）年度 純計額		比　較 増減額	増減率
義務教育費負担金	12,631	20.8	—		12,631	8.1	15,266	9.7	△263,551	△17
生活保護費負担金	1,404	2.3	26,667	28.2	28,071	18.1	28,171	18.0	△9,997	△0
児童保護費等負担金	1,053	1.7	9,165	9.7	10,218	6.6	8,844	5.6	137,394	16
障害者自立支援給付費等負担金	775	1.3	11,875	12.6	12,650	8.2	11,959	7.6	69,083	6
私立高等学校等経常費助成費補助金	1,056	1.7	—		1,056	0.7	984	0.6	7,160	7
児童手当等交付金	—		13,605	14.4	13,605	8.8	13,760	8.8	△15,534	△1
公立高等学校授業料不徴収交付金	0	0.0	0	0.0	0	0.0	5	0.0	△473	△96
高等学校等就学支援金交付金	3,285	5.4	—		3,285	2.1	3,293	2.1	△707	△0
普通建設事業費支出金	11,265	18.5	6,325	6.7	17,590	11.3	15,646	10.0	194,356	12
災害復旧事業費支出金	4,171	6.9	1,087	1.2	5,258	3.4	4,998	3.2	26,040	5
失業対策事業費支出金	—		0	0.0	0	0.0	0	0.0	△14	△82
委託金	1,245	2.0	950	1.0	2,194	1.4	2,255	1.4	△6,045	△3
普通建設事業	43	0.1	73	0.1	116	0.1	119	0.1	△276	△2
災害復旧事業	0	0.0	12	0.0	12	0.0	20	0.0	△834	△41
その他	1,201	1.9	866	0.9	2,067	1.3	2,116	1.3	△4,935	△2
財政補給金	39	0.1	37	0.0	75	0.0	70	0.0	511	7
国有提供施設等所在市町村助成交付金	0	0.0	355	0.4	355	0.2	355	0.2	—	
交通安全対策特別交付金	320	0.5	234	0.2	553	0.4	580	0.4	△2,667	△5
電源立地地域対策交付金	944	1.6	309	0.3	1,253	0.8	1,246	0.8	734	1
特定防衛施設周辺整備調整交付金	—		207	0.2	207	0.1	207	0.1	34	0
石油貯蔵施設立地対策等交付金	53	0.1	—		53	0.0	53	0.0	12	0
社会資本整備総合交付金	9,522	15.7	7,514	8.0	17,036	11.0	16,806	10.7	23,000	1
地方創生関係交付金	450	0.7	631	0.7	1,081	0.7	1,115	0.7	△3,427	△3
東日本大震災復興交付金	137	0.2	952	1.0	1,089	0.7	1,637	1.0	△54,764	△34
その他	12,409	20.5	14,533	15.4	26,942	17.4	29,621	19.1	△267,937	△9
合計	60,758	100.0	94,445	100.0	155,204	100.0	156,871	100.0	△166,792	△1

【新型コロナウイルス感染症発生以後】　　　　　　　　　　　　　（単位 億円・%）

区　分	2020（令和2）年度 都道府県		市町村		純計額		2019（令和元）年度 純計額		比　較 増減額	増減率
義務教育費負担金	12,369	10.0	2,750	1.1	15,119	4.0	15,300	9.7	△181	△1.2
生活保護費負担金	1,333	1.1	25,815	10.3	27,148	7.2	27,379	17.3	△230	△0.8
児童保護費等負担金	1,166	0.9	14,719	5.9	15,885	4.2	13,498	8.5	2,387	17.7
障害者自立支援給付費等負担金	796	0.6	13,696	5.5	14,492	3.9	13,831	8.7	661	4.8
児童手当等交付金	—		12,889	5.1	12,889	3.4	13,141	8.3	△252	△1.9
普通建設事業費支出金	14,139	11.4	7,885	3.1	22,024	5.9	19,271	12.2	2,753	14.3
社会資本整備総合交付金	11,150	9.0	7,167	2.9	18,317	4.9	17,735	11.2	583	3.3
新型コロナウイルス感染症対応地方創生臨時交付金	18,359	14.8	14,216	5.7	32,575	8.7	—	—	32,575	皆増
新型コロナウイルス感染症緊急包括支援交付金	30,211	24.4	—	—	30,211	8.1	—	—	30,211	皆増
特別定額給付金給付事業費補助金等	—	—	127,560	50.9	127,560	34.1	—	—	127,560	皆増
その他新型コロナウイルス感染症対策関係国庫支出金	12,538	10.1	5,690	2.3	18,227	4.9	—	—	18,227	皆増
その他	21,740	17.7	18,369	7.2	40,109	10.7	38,190	24.1	1,920	5.0
合計	123,801	100.0	250,756	100.0	374,557	100.0	158,344	100.0	216,213	136.5

● 国庫支出金の変遷

　国庫支出金とは，国が資金の使途を特定した事務事業に対して，地方公共団体に国から交付する支出金の総称をいいます。地方公共団体の事務事業のうち，国の事務的性格を有する事業，国と利害関係がある事業，ならびに国の施策や

地方公共団体の財政上特別に必要があるとみなされた事業に対して，費用の一部または全部を，国が支出します。1980 年代半ば以降，行財政改革が進められる中で，定率特定補助金の補助率引下げが本格的に行われました。1985（昭和 60）年に制定された「国の補助金等の整理及び合理化並びに臨時特例等に関する法律」に基づき，高率補助金（補助率が 2 分の 1 を超える補助金）の補助率が大きく引き下げられました。翌年からは「国の補助金等の臨時特例等に関する法律」に基づき，補助率が 2 分の 1 以下の補助金についても，補助率の引下げが行われました。このように補助率の見直しは行われましたが，国による行政事務の再配分や許認可権の委譲等は，伴っていませんでした。当時の補助率引下げは，財政再建の一環としての側面が強く，地方分権の強化という観点は希薄でした。補助率の引下げによって，地方公共団体の歳入が減少しないように，補助金額の減少分に対して，地方交付税の増額や地方債の発行がとられました。それによって，「**特定補助金**」の「**一般財源化**」が生じました。2000 年代に入ると，「**地方分権推進計画**」が進む中で，国の関与の縮小と地方の権限の見直しが行われました。小泉純一郎内閣では，「**三位一体改革**」が取り組まれました。三位一体改革とは，国庫補助負担金，地方交付税，税源配分のあり方の一体的な見直しをいいます。

　国庫支出金は，2004（平成 16）年度から 2006（平成 18）年度までの改革期間内のうち，4 兆円程度が縮小しました。義務的事業の全額とそれ以外の事業の 8 割程度が税源移譲の対象になり，国税を地方税へと振り替える方針が出されました。また，事務的手続きの簡素化，交付金化による執行の弾力化，国及び地方公共団体で共に事務事業を廃止するといったスリム化が行われました。地方財政計画（すべての地方公共団体の 1 年間の歳入・歳出の見込みを示す計画）の歳入に占める国庫支出金の割合は，15.5％で推移しています。分野別では，小泉政権以降の公共事業費削減を背景に，公共事業関係の補助金は著しく減少しています。文教及び科学振興関係の補助金においても，義務教育費国庫負担金の減少等によって 2006（平成 18）年前後に大きく減少した後，横ばいで推移しています。一方で，社会保障関係の補助金については，増加基調にあることから，国庫支出金全体はおおむね変わらずに推移していましたが，新型コロナウイルス感染症発生以降大幅に増えてきています。

　また，2016（平成 28）年からは国庫支出金のパフォーマンス指標の「見え

る化」が取り組まれています。「経済財政運営と改革の基本方針 2016」において，国が地方自治体に対して支出する国庫支出金のうち，地方の裁量度の高いものについては，地方の創意工夫を引き出し，実情に応じた取組みを促すことが重要であるとしています。国庫支出金の性格に応じて，その政策目的が実現したかどうかを地方自治体ごとに評価する指標（国庫支出金のパフォーマンス指標）の設定・評価のための分野横断的仕組みも構築されてきています。

復習

（1）　　　　　　とは，国が資金の使途を特定した事務事業に対して，地方公共団体に国から交付する支出金の総称をいう。

（2）地方公共団体が行わなければならない事務事業のうち，国の　　　　　を有する事業，国と利害関係がある事業，ならびに財政上特別の必要がある事業に対して，費用を国が支出する。

（3）国庫支出金には，　　　　　，国庫委託金，国庫補助金がある。

コラム 7.2　国庫支出金の課題

　国庫支出金は，主務官庁ごとに交付されることから縦割りの弊害が生じます。たとえば，義務教育費負担金は文部科学省，生活保護費負担金は厚生労働省，下水道事業費補助は国土交通省が所管します。また，国庫支出金の算定基準が生活基盤関連事業であることから，地方公共団体に超過負担を強いたり，地方公共団体の独自の行政運営を妨げるおそれがあります。そこで，全国的，広域的に便益が及ぶ行政サービスや，国が国民に最低限保障すべき行政サービスなど，国の負担が特に必要な国庫補助負担金だけを残し，それ以外のものは見直しを行うことが重要です。

練習問題

問題1　国庫支出金の概要

国庫支出金の目的に関する次の記述のうち，誤っている文章を選択してください。

ヒント：p.121〜124を読もう！

(1) 国庫支出金とは，国が資金の使途を特定した事務事業に対して，地方公共団体に国から交付する支出金の総称をいう。

(2) 国庫支出金の事業には，地方公共団体の事務事業のうち，国の事務的性格を有する事業，国と利害関係がある事業，国及び地方公共団体の共通した事業に対して，費用を国が支出する。

(3) 国が交付に条件をつけることで，地方公共団体が反した場合には，支出金の返還を求め得ることから，国政を統一する重要な手段でもある。

(4) 国庫支出金は主務官庁ごとの交付であるため，縦割りの非効率性が生じる。

問題2　国庫支出金の変遷

国庫支出金の変遷に関する次の記述で，誤っている文章を選択してください。

ヒント：p.123〜124を読もう！

(1) 「国の補助金等の整理及び合理化並びに臨時特例等に関する法律」の補助率の引下げに伴い，地方交付税の増額や地方債の発行がとられた。

(2) 1980年代半ば以降の行財政改革が進められる中で，定率特定補助金の補助率引下げが本格的に行われた。

(3) 2000年代の地方分権推進計画が進む中で，国の関与の縮小と地方の権限の見直しから，小泉内閣で三位一体改革が取り組まれた。

(4) 地方財政計画の歳入の国庫支出金の割合は，30.0％を推移している。

問題3　国庫支出金の種類

国庫支出金の種類に関する次の記述のうち，誤っている文章を選択してください。

ヒント：p.114〜116を読もう！

(1) 国庫補助金とは，国が特定の事務事業の実施を奨励すために交付するものと，地方公共団体の財政を援助するために交付するものがある。

(2) 国庫負担金とは，国が地方公共団体と共同で行う事務に対して一定の負担区分に基づいて義務的に負担する事務事業をいう。

(3) 国庫補助金とは，地方公共団体が法令の定めで実施しなければならない事務事業のうち，全国的に一定の水準を維持するために，国が一定割合を義務的に負担するものをいう。

(4) 奨励的補助金とは，国が政策上の見地から特定の施策を推進・奨励するために交付されるものをいう。

問題 4　国庫支出金の構成割合

国庫支出金の構成割合に関する次の記述で，誤っている文章を選択してください。

ヒント：p.121〜123 を読もう！

(1) 国庫支出金の内訳をみると，生活保護費負担金が 2 兆 8,071 億円でもっとも大きな割合を占める。

(2) 国庫支出金の内訳を団体種類別にみると，都道府県では普通建設事業費支出金が 5 分の 1 を占める。

(3) 市町村対象の国庫支出金では，生活保護費負担の約 3 分の 1 を占める。

(4) 生活保護費負担金，普通建設事業費支出金，社会資本整備総合交付金，児童手当等交付金，障害者自立支援給付費等負担金で国庫支出金総額の半分を占める。

問題 5　国庫支出金における補助金

国が地方公共団体のある財に対して補助金を与える規定に関する次の記述のうち，誤っている文章を選択してください。

ヒント：p.114〜119 を読もう！

(1) 補助金とは，地方公共団体が法令に基づき実施を義務づけられている事務に対し，国が地方公共団体に支出すると規定している。

(2) 水田利用再編対策費や電源立地促進対策費等，国が政策上必要とする財・サービスへの奨励的補助がある。

(3) 財・サービスの便益にスピルオーバーが生じる財への補助として，道路整備事業や環境保護事業がある。

(4) 財・サービスの水準を一定に保たせる財への補助に，生活保護費負担金や義務教育費負担金がある。

問題 6　レポート①

第 7 章の内容を踏まえ，下記をテーマにレポート（1,000 字以上）を作成してください。

個人の消費支出の効用最大化仮説を，地方公共団体の財政支出にあてはめた場合に，一般補助金（制約のない定率補助）で事業が行われた場合と特定補助金（制約のある定額補助金）で事業が行われた場合とでは，どちらが高い厚生水準を達成するだろうか。

問題7　レポート②

　第7章を読む前と読んだ後を比較して，どのような考えを得ることができたかをテーマにレポート（1,000字以上）を作成してください。

練習問題解答

問題1　正解（2）	問題2　正解（4）	問題3　正解（3）
問題4　正解（2）	問題5　正解（1）	問題6　正解省略
問題7　正解省略		

地方交付税と財政調整

予習 国から地方公共団体へ交付される地方交付税とは，どのような仕組みでしょうか？

地方交付税は，財源調整機能と財源保障機能のもとで国から地方公共団体に国税の一定割合を交付する仕組みである。

地方交付税の算出

基準財政需要額：地方公共団体の財政需要を合理的に測定するために算定した額

基準財政収入額：各地方団体の財政力を合理的に算定した額

地方交付税の不足額

留保財源：基準財政収入額に算入されない各地方公共団体で留保する財源

法定率：必要な地方交付税総額に対して恒常的な不足に対する原資の国税の法定率の引上げ

臨時財政対策債：地方一般財源の不足に対処するため発行される地方債

学びのポイント

　地方公共団体が，計画的に地方行政を運営できるように，国は必要な財源を保障しています。国から地方公共団体に交付されるお金を「**地方交付税**」といいます。地方交付税は，地方公共団体間の財源の不均衡を調整し，どの地域に住む国民にも一定水準で行政サービスを提供できるように，財源を保障する機能をもっています。

レクチャー**8.1** 地方交付税の制度

● 地方交付税の変遷

　地方交付税の前身は，1940（昭和15）年に創設された「**地方分与税制度**」に遡ります。地方分与税は，国から地方公共団体への財政移転として，地方に全額還付するという還付税と，課税力と財政需要に応じて国税の一定割合を地

表 8.1　地方交付税の国際比較
（出所）財務省「財政調査制度の国際比較」等をもとに作成

		日本	イギリス	フランス	ドイツ	スウェーデン
垂直調整制度 総額決定方法	ルール	国税5税一定割合		物価上昇率＋実質 GDP 伸率×50%	配分額の積上げ	
	その他	地方財政計画の財源不足額を基礎とし加算額を決定	国の公共支出計画に基づいて策定			
配分方法		●財政力・需要調整 基準財政需要額と基準財政収入額の不足の差額を配分	●財政力・需要調整 相対需要額と相対財源等の不足の差額を配分	●財政力調整 人口，1人当たり財政力，財政努力等の指標で配分	●財政力調整 1人当たり財政力が全国平均比99.5％未満の州に99.5％下回る部分の77.5％を交付	●財政力調整 1人当たり課税所得の全国平均比115％（県110％）を下回る団体に交付
水平調整制度					●財政力調整 付加価値税の州取得分25％を上限に1人当たり州税収を全国平均未満団体に優先配分 1人当たり財政力が全国平均超過する州の拠出金で全国平均下回る州へ交付	●財政力調整 1人当たり課税所得の全国平均比115％（県110％）を下回る団体に交付 ●需要調整 平均行政コストを上回る団体が下回る団体の負担で交付金を受領

方公共団体に分配する，配付税から構成されていました。1948（昭和23）年には，還付税が廃止され，地方分与税制度から「**地方配付税制度**」に改称されました。その後，シャウプ勧告を受けて1950（昭和25）年に「**地方財政平衡交付金制度**」が創設されました。地方財政平衡交付金制度は，各団体の標準的な財政規模を算定した上で，団体の財源不足額を保障しています。しかし，地方財政平衡交付金総額と国税とのリンクはなく，毎年の平衡交付金の総額が地方の財源不足額に対して低い額で決定されていました。そのため，平衡交付金制度への信頼感が失われ，1953（昭和28）年に破綻しました。

　翌1954（昭和29）年に，地方財政平衡交付金の欠点を補う形で，地方交付税制度が創設されました。地方公共団体への配分額については，地方財政平衡交付金制度に基づき，地方公共団体の標準的な財政規模を算定し，財源不足額を保障する方式がとられました。財源面については，国税の一定割合とリンクさせる方式がとられました。これによって地方交付税制度は，地方公共団体の安定した独立財源として確立されました。このような財政調整制度は，**表 8.1**で示すように，諸外国でも実施されています。

● **地方交付税の機能**

　地方交付税の機能には，地方公共団体間の財源の不均衡を調整する「**財源調整機能**」と，どの地域に住む国民にも一定の行政サービスを提供できるよう財源を保障する「**財源保障機能**」があります（**図 8.1** 参照）。財源保障機能には，**図 8.2** のようにマクロの面とミクロの面があります。地方交付税は，地方財政

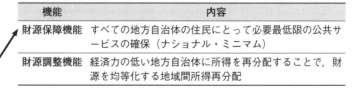

機能	内容
財源保障機能	すべての地方自治体の住民にとって必要最低限の公共サービスの確保（ナショナル・ミニマム）
財源調整機能	経済力の低い地方自治体に所得を再分配することで，財源を均等化する地域間所得再分配

【日本国憲法　第25条】
• すべて国民は，健康で文化的な最低限度の生活を営む権利を有する。
• 国は，すべての生活部面について，社会福祉，社会保障及び公衆衛生の向上及び増進に努めなければならない。

図 8.1　**地方交付税の機能**

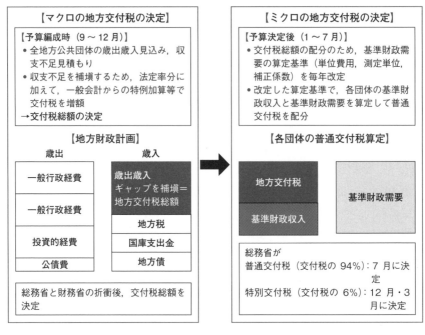

図 8.2　財源保障機能のマクロの面とミクロの面

計画の歳出・歳入及び地方交付税総額がマクロベースで決定された後，ミクロの各地方公共団体に対する地方交付税交付金の配分額が決定される仕組みになっています。マクロの面では，地方財政計画の策定に基づいて，国が期待する一定の水準の行政を遂行するために，地方交付税の総額を国税の一定割合から確保することで財源保障を図ります。ミクロの面では，個々の地方公共団体が，計画的な行政運営が可能になるように，基準財政需要額と基準財政収入額の算定に基づいて，財源不足を解消することで財源保障を図ります。

● 地方交付税の財源

　地方交付税の財源は，国の税収に相当する「所得税」「法人税」「酒税」「消費税」の一定割合，ならびに「地方法人税」の全額から確保されています。地方交付税の総額は，所得税と法人税の 33.1 ％（2015（平成 27）年度から），酒税の 50 ％（2015（平成 27）年度から），消費税の 19.5 ％（2020（令和 2）年度から），ならびに地方法人税の全額（2014（平成 26）年度から）の合算です

（地方交付税法第 6 条）。地方公共団体間には財源の不均衡が存在するため，すべての地方公共団体が一定の公共サービスの水準を維持するための財源保障の観点から，国税の一部を国が徴収し，一定の合理的な基準に基づいて再配分します。地方交付税の使途は，地方公共団体の自主的な判断に任されています。

　地方交付税は，交付税及び譲与税配布金特別会計で，経理が明確に一般会計と区分されています。交付税及び譲与税配布金特別会計とは，1954（昭和 29）年に国税の一定割合を一定の基準に基づき地方公共団体に交付する地方交付税及び地方譲与税制度が創設され，一般会計と区分して設置された特別会計です。国の一般会計の歳入部分の租税及び印紙収入の所得税，法人税，消費税，酒税の一部と地方法人税が地方交付税交付金として支出され，地方譲与税配布金特別会計の歳入部分に割り当てられます。地方交付税交付金は，地方特例交付金，地方譲与税と共に，地方財政計画を踏まえて，各地方公共団体に配分されます。

● 普通交付税と特別交付税

　地方財政計画を踏まえ算出された翌年度の歳入歳出の収支不足額に対して，地方交付税が補填されます。地方交付税は，各国税に対して定められた法定率分を乗じて算出されます。地方交付税の法定率は，所得税及び法人税の 33.1％，酒税の 50％，消費税の 19.5％，地方法人税の全額とされています。地方法人課税の偏在是正で導入された地方法人税の税収も，交付税原資化の特会財源として充当されます。地方交付税の法定率分では，地方交付税の財源が不足する場合には，特例加算や，国と地方公共団体の折半で負担する臨時財政対策債で補填されます。予算編成で決定した地方交付税総額は，1〜7 月に，各地方公共団体に配分されます。地方交付税の配分は，各地方公共団体の「**基準財政収入額**」と「**基準財政需要額**」をもとに算定されます。地方交付税には「**普通交付税**」と「**特別交付税**」があります。普通交付税は，財源不足が生じる地方公共団体に対して，地方交付税総額の 94％が交付されます。普通交付税で補足されない特別の財政需要に対して，地方交付税総額の 6％が特別交付税として交付されます（地方交付税法第 6 条の 2）。普通交付税及び特別交付税は総務省が決定します。このように地方交付税は，法定で定められた国税の一定割合を財源に，地方財政計画で示された不足額を補填することで，マクロ的に地方財源の総額を保障しています。各地方公共団体において行政の計画的な運営が

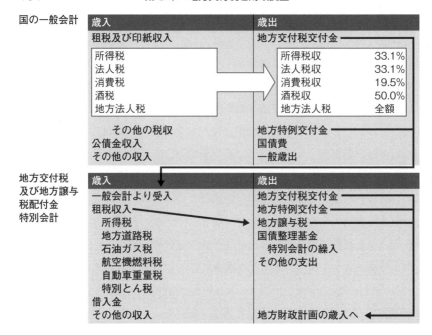

図 8.3　地方交付税の流れ

可能になるように，ミクロ的に基準財政需要額と基準財政収入額を通じて，各地方公共団体の必要な財源を保障しています。**図 8.3** 及び**図 8.4** は，地方財政計画に基づく普通交付税，特別交付税，臨時財政対策債の発行の流れを示しています。

● 地方交付税の算出

普通交付税は，財源不足額に対して交付されます（**図 8.5**）。財源不足額とは，基準財政需要額が基準財政収入額を超える部分をいいます。財政運営に必要とされる「**基準財政需要額**」と地方税等収入に基づき算定される「**基準財政収入額**」を比べ，基準財政需要額が基準財政収入額を上回った場合に，不足分を解消するために国から普通交付税が交付されます。地方交付税の財源が不足している場合，「**臨時財政対策債**」臨時財政対策債で補填されます。

普通交付税額（基準財政需要額 − 基準財政収入額）＋臨時財政対策債
＝財源不足額

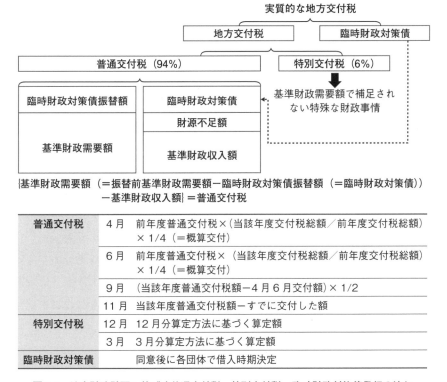

$\lfloor$基準財政需要額（＝振替前基準財政需要額－臨時財政対策債振替額（＝臨時財政対策債））
　　－基準財政収入額$\rfloor$＝普通交付税

普通交付税	4月	前年度普通交付税×（当該年度交付税総額／前年度交付税総額）×1/4（＝概算交付）
	6月	前年度普通交付税×（当該年度交付税総額／前年度交付税総額）×1/4（＝概算交付）
	9月	（当該年度普通交付税額－4月6月交付額）×1/2
	11月	当該年度普通交付税額－すでに交付した額
特別交付税	12月	12月分算定方法に基づく算定額
	3月	3月分算定方法に基づく算定額
臨時財政対策債		同意後に各団体で借入時期決定

図8.4　地方財政計画に基づく普通交付税，特別交付税，臨時財政対策債発行の流れ

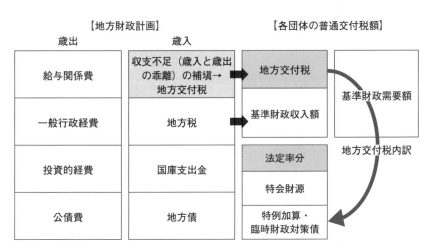

図8.5　地方財政計画と地方交付税

● **基準財政需要額の算出**

　地方交付税の目的は，各地方公共団体の財源不足額を衡平に補填することです。具体的な実績を財政需要の算定に用いれば，地方公共団体の事情や判断が入り，公平性を欠きます。財政需要の算定には，地方公共団体の支出の実績（決算額）や支出しようとする額（予算額）を用いません。地方公共団体の自然的・地理的・社会的諸条件に合理的で妥当な水準のもとで，財政需要を算定した基準財政需要額を用います。地方交付税法第 11 条に基づくと，基準財政需要額とは，地方公共団体の財政需要を合理的に算定した額で，地方公共団体が標準的水準の行政サービスを実施するために，必要と見込まれる額です。基準財政需要額の標準的水準は，地方財政計画に示された歳出の内容と水準に基づきます。**図 8.6** のように，基準財政需要額は，地方財政計画に組み込まれた給与費，社会福祉関係費，公共事業費，単独事業費等に基づいて算定されています。基準財政需要額は，行政項目別に出されている「**測定単位**」に，測定単位ごとに定められた「**単位費用**」を乗じて，「**補正係数**」で調整した行政項目別基準財政需要額を導出し，各行政項目の基準財政需要額を合算します。

> 基準財政需要額＝各行政項目の基準財政需要額の合算額
> 各行政項目の基準財政需要額＝単位費用×測定単位×補正係数
> 補正係数＝｛(段階補正×態容補正)｝＋密度補正＋事業費補正)

　図 8.7 のように，単位費用とは，費目ごとの単価をいいます。単位費用は，すべての地方公共団体の財政需要を合理的に算定し，衡平に交付税を交付する

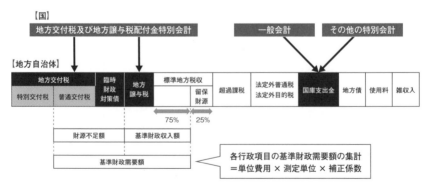

図 8.6　**地方交付税の算出**

ために，法令や全国水準に基づいて，客観的に毎年度法定化されています。測定単位とは，各行政項目の経費増減に影響を与える指標をいいます。たとえば，人口です。それ以外に，道路の延長・面積や児童・生徒数などが用いられます。補正係数とは，測定単位では反映できない行政経費を反映するための乗率をいいます。**表 8.2** のように段階補正，態容補正，密度補正，事業費補正があります。たとえば，維持補修費です。都市部など道路の損傷が激しい地域では，同じ道路面積に要する維持補修費が高額になるので，乗率が大きくなります。

費目	内容	費目	内容
総務費	消防費	その他	包括算定費
	農業行政費		地域の元気創造事業費
	林野水産行政費		人口減少等特別対策事業費
厚生費	商工行政費		地域社会再生事業費
	道路橋りょう費		公債費
	港湾費		
	都市計画費		
	公園費		
	下水道費		
教育費	小学校費	その他土木費	
	中学校費		
	高等学校費		
	その他の教育費		

項目		
常備消防	消防本部	1 本部
	消防署	1 署
	出張所	2 カ所
	消防吏員	100 人
	一般職員	2 人
非常備消防	分団数	15 分団
	団員数	500 人
	人口	10 万人
（標準団体における標準的な行政経費試算）		
歳入		1,150,000 千円
歳出		5000 千円
差引一般財源		1,145,000 千円

行政経費試算を人口で除したものが単位費用
＝人口 1 人当たり経費
（＝単位費用）
11,450 円

図 8.7　単位費用の算出（例：消防費）
（出所）尼崎市「令和 4 年度版尼崎市における地方交付税の現状と課題」をもとに作成

表 8.2　補 正 係 数

項目	内容
段階補正	測定単位の多寡に応じたスケールメリットの補正
態容補正	都市形態や地域手当級による補正
密度補正	各団体の事情を反映（一部の項目のみ）
事業費補正	公債費に係る需要額加算（一部の公債費のみ）
密度補正	**人口以外の補正係数**
社会福祉費	保育所入所人員，児童扶養手当受給者数
保健衛生費	国保料軽減者数・軽減世帯数，被保険者数
生活保護費	生活保護扶助費は必ずしも人口や扶助費に比例しないから被保険者数に応じて基準財政需要額に割増か割落
事業費補正	**実際の投資的経費を反映した補正係数**
公債費	実際の地方債発行実績と元利償還金に基づき，一部の地方債の元利償還金等を需要額に算定

● **基準財政収入額の水準**

　基準財政収入額とは，地方交付税法第 14 条の規定に基づいて，各地方団体の財政力を合理的に算定した額です（地方交付税法第 2 条第 4 号）。基準財政収入額の目的は，各地方公共団体が標準的な水準で行政サービスを提供するために，必要な財源を保障することです。基準財政需要額を算定する場合と同様に，基準財政収入額も客観的合理的に算定されます。地方交付税法で，地方公共団体の「**標準的な一般財源としての収入額**」が合理的に算定されるように，算定方法の基本的事項を法律で定めています。具体的には，「**標準的な地方税収入**」の 75％ と地方譲与税等を合算します。これは，地方公共団体の標準的な税収入の一定割合に算定した額です。基準財政収入額の算定は，法定普通税等の地方公共団体の標準的な税収入の一定割合から，算定された額です。地方公共団体が，普通の状態で集められるお金を「**標準的収入額**」といいます。

　　基準財政収入額＝標準的税収入見込額×基準税率（75％）＋地方譲与税

　基準財政収入額の算定の対象は，法定普通税を主体とした標準的な地方税収入です。たとえば，個人市民税，固定資産税，軽自動車税などです（**表 8.3** 参照）。地方税収入は，地方公共団体が超過税率や軽減税率を採用している場合でも，原則，標準税率に 75％ を乗じた基準税率で算定します。その理由は，地方公共団体の自主性や独立性を保障し，自主財源の地方税の税源涵養への意欲を失わせないためです。また，標準税率の定めのない税目は，地方税法に定める率とします。なお，目的税，国庫支出金，使用料・手数料，負担金・分担金等の財政収入は，特定財源であるため基準財政収入額から除外されます。

コラム 8.1　新型コロナウイルス感染症対策への普通交付税の清算

　2020（令和元）年度の地方財政計画は新型コロナ禍以前に策定されたため，地方税の伸びを見込んでおり，基準財政収入額も伸びる算定となっていました。そこで，算定額（推計基準税額）と課税実績額との間の格差に対して，普通交付税の精算措置，特別交付税による措置，減収補填債で，算定額（推計基準税額）と実績額の差が是正されました。発行された減収補填債は，当該年度の実績額に加算（75％）し，精算額から控除されるとともに，元利償還金は後年度基準財政需要額に算入されました。

表 8.3　基準財政収入額

都道府県	項目	対象	対象外
一般財源	普通税	（法定普通税のすべて） 道府県民税 事業税　不動産取得税 地方消費税（除交付金分） たばこ税（含たばこ交付金） ゴルフ場利用税（除交付金分） 自動車取得税（除交付金分） 軽油引取税（除交付金分） 自動車税　鉱区税 固定資産税（特例分）	法定外普通税
	地方譲与税	地方法人特別譲与税 地方揮発油譲与税 石油ガス譲与税	
	その他	都道府県交付金 地方特例交付金	
目的財源	目的税		狩猟税 法定外目的税
	地方譲与税	航空機燃料譲与税 交通安全対策特別交付金	

市町村	項目	対象	対象外
一般財源	普通税	（法定普通税のすべて） 市町村民税　　　固定資産税 軽自動車税　　　鉱産税 たばこ税（除たばこ交付金）	法定外普通税
	税交付金	利子割交付金　　配当割交付金 株式等譲渡所得割交付金 地方消費税交付金 ゴルフ場利用税交付金 自動車取得税交付金 軽油引取税交付金（指定都市のみ）	
	地方譲与税	地方揮発油譲与税 特別とん譲与税 石油ガス譲与税（指定都市のみ） 自動車重量譲与税	
	その他	市町村交付金　地方特例交付金	
目的財源	目的税	事業所税	入湯税 都市計画税 水利地益税 法定外目的税
	地方譲与税	航空機燃料譲与税 交通安全対策特別交付金	

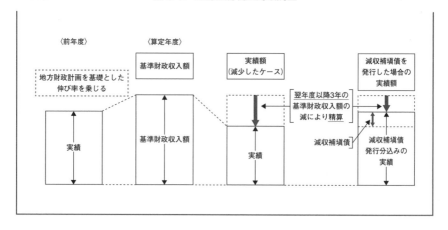

復習

(1) ［　　　　］には，マクロの側面とミクロの側面があり，地方分与税制度の考え方と平衡交付金制度の理念を併せもっている。

(2) 地方交付税には，地方公共団体間の財源の不均衡を調整する［　　　　］がある。

(3) 地方交付税の［　　　　］は，全国民への一定の行政サービスへの財源保障である。

(4) 地方交付税の財源には，国の税収に相当する所得税，法人税，酒税，消費税の一定割合に［　　　　］の全額が充てられている。

レクチャー **8.2** 地方公共団体の財源不足

● 交付団体と不交付団体

　基準財政収入額が基準財政需要額を下回った場合には，その不足額に対して，国から地方公共団体に普通交付税が交付されます。それによって，地方公共団体の一般財源には，各地方公共団体が徴収する標準的な地方税収に加え，国から地方公共団体に財政移転される普通交付税が加算されます。このような地方公共団体を交付団体といいます。逆に基準財政収入額が基準財政需要額を上回った場合には，国から普通交付税を受けず財政運営が実現できている不交付団体になります（**図8.8** 参照）。

　図8.9 は，地方税収と不交付団体数の関係を示しています。基準財政需要額

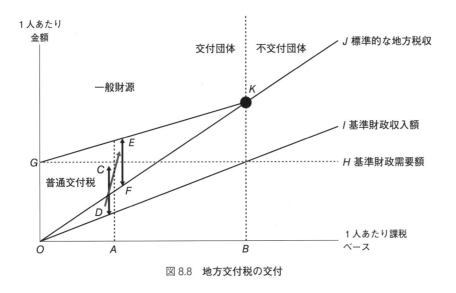

図 8.8　地方交付税の交付

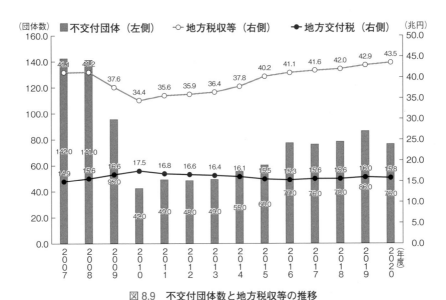

図 8.9　**不交付団体数と地方税収等の推移**
（出所）財務省「地方財政（参考資料）2020 年 11 月 2 日」をもとに作成

が安定的だと仮定すれば，不交付団体の増加（減少）の主因は，地方税収の増加（減少）であると考えられます。2010 年度以降の不交付団体の増加は，リーマンショックや東日本大震災後の緩やかな景気回復が原因として挙げられます。2014 年度から 2015 年度にかけての増加は，消費税率引上げによる地方消費税収効果が現れたことが誘因となっています。このように，不交付団体の増減は，地方税収の増減に関係します。

● 財源不足への対応

　地方公共団体による基礎的な行政サービスの提供には，地方財政法や地方交付税法で，国がその財源を保障することが定められています。国は，「地方財政計画」（毎年 2 月頃閣議決定）の策定に基づいて，地方財政全体の財源を保障します。財源の不足が見込まれる場合には，国は財源の不足額を補塡するための追加的な措置として地方財政対策を行います。具体的には，

1. 元利償還金を後年度の地方交付税で賄う地方債の増発
2. 一般会計から交付税特別会計へ特例的繰入措置
3. 交付税特別会計の借入れ

となります。

　第 1 の地方債の増発とは，主として建設事業費への充当のための地方債（財源対策債）の発行です。各地方公共団体は，後年度の元利償還の義務を負いますが，後年度の償還時に元利償還金相当額が地方財政計画の歳出に計上され，基準財政需要額に算入されます。

　第 2 に，国税 5 税の法定率分に加えて，法律で定める金額を国の一般会計から交付税特別会計へ繰入れを行うことで，財源不足を補塡します。2001（平成13）年度の財源不足の補塡では，一般会計から加算して交付税特別会計に繰り入れられた金額は，2 兆円に上りました。

　第 3 には，交付税特別会計の借入れです。地方交付税は，国の交付税特別会計を通じて地方公共団体へ交付され，国は，国税 5 税の法定率分を，一般会計から特別会計に繰り入れます。特別会計から地方公共団体に実際に交付される地方交付税は，地方財政計画の策定に基づいて，地方公共団体の財源不足額に応じて決定されます。毎年の法定率分額と地方交付税所要額に差が生じることがあります。バブル時の景気拡大期には，税収拡大で法定率分の一部が過去の

交付税特別会計の借入金の償還に充てられました。1991（平成3）年度をピークに，法定率分は景気の低迷と減税の影響によって減少し，地方交付税所要額は大幅に増加しました。この結果，1992（平成4）年度の補正予算以降，交付税財源が不足する状態に転じています。地方交付税所要額から法定率分を差し引いた財源不足額は，2001（平成13）年度で地方交付税所要額の31.3％に達しました。

　交付税特別会計の借入金は，国及び地方公共団体への負担の帰着がわかりにくく，各地方公共団体に負担感がないといった指摘があり，2001（平成13）年度地方財政対策で新たな措置がとられました。国と地方を通ずる財政の一層の透明化等を図る観点から，2001（平成13）年度から2003（平成15）年度の制度改正として，従前の国・地方折半による交付税特別会計における借入金の方式に代え，国負担分については国の一般会計からの特例加算（「臨時財政対策加算」）を行うとともに，地方負担分については，各地方公共団体が地方財政法第5条の特例となる地方債（「臨時財政対策債」）を発行して，補塡することになりました。実際に，2015（平成27）年度地方財政対策では，地方交付税原資の安定性の向上及びその充実を図る観点から，法定率の見直しが行われました。所得税分及び酒税分の引上げならびに法人税分の引下げのほか，たばこ税を繰入れの対象税目から除外することとされました。これにより，法定率分は約900億円増加したものの，なお約7.8兆円の財源不足が見込まれたこと

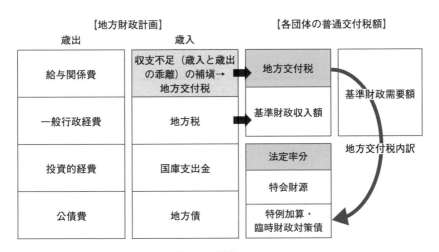

図8.10　折半ルール

から，折半ルールによる補塡が行われました（**図8.10**）。

● 留保財源

　基準財政収入額は，標準税収入額の75％に相当します。残りの25％を「**留保財源**」として地方公共団体に任せています。基準財政収入額は，税収見込額の全額を算入対象とせず，基準税率を乗じた一部を算入します。基準財政収入額に算入されなかった税収入は，地方交付税の算定上では捕捉されず，各地方公共団体に留保されることから，留保財源といいます。留保財源には，2つの性質があります。1つに，留保財源は基準財政収入額で補足しきれない地方税収部分を補います。なぜなら，1,700以上の地方公共団体はさまざまな行政サービスを提供し，基準財政需要額ですべて把握することは難しいからです。基準財政需要額では，とらえきれない行政経費の財源に対して，留保財源が設けられています。2つめに，留保財源は税収を増やすインセンティブになっています。留保財源は地方交付税の減額要因にならないことから，税収が増えるごとに留保財源は増加するので，税収を増やすインセンティブの働きをもちます。

● 法 定 率

　地方交付税法第6条の3第2項では，地方交付税の原資となる国税収入の法定率分が，必要な地方交付税総額と比べて異なる場合には，「地方行財政の制度改正」または「**法定率**」の変更を行うことを定めています。地方交付税総額の算定において，①地方財政対策を講じる前に，通常の例により算出される歳入及び歳出から財源不足額が生じており，②法定率分で計算した普通交付税の額のおおむね1割程度以上となり，③2年連続して財源が不足し，3年度以降も続くと見込まれる場合には，地方行財政の制度改正または法定率の引上げを行うことを定めています。**表8.4**は法定率の変遷を示しています。地方財政は，景気の低迷，社会保障関係費の自然増，公債費の増加等によって，財源不足が恒常的に発生しています。1996年度以降，地方交付税法第6条の3第2項の規定に該当する財源不足が，各地方公共団体で生じています。国も厳しい財政状況下で，法定率の引上げは困難です。そこで法定率分の見直しではなく，「地方行財政の制度改正」に関する措置が講じられました。

表 8.4　地方交付税の法定率

(出所) 総務省「令和 4 年版地方財政白書」をもとに作成

	国税 3 税			消費税	たばこ税	地方法人税
	所得税	法人税	酒税			
1954	19.874	19.874	20.0			
1955		22.0				
1956		25.0				
1957		26.0				
1958		27.5				
1959		28.5				
1962		28.9				
1965		29.5				
1966		32.0				
1989		32.0		24.0	25.0	
1997		32.0		29.5	25.0	
1999	32.0	32.5	32.0	29.5	25.0	
2000	32.0	35.8	32.0	29.5	25.0	
2007	32.0	34.0	32.0	29.5	25.0	
2014	32.0	34.0	32.0	29.5	25.0	
2015	33.1	33.1	50.0	22.3	除外	
2016	33.1	33.1	50.0	22.3		全額
2019	33.1	33.1	50.0	20.8		全額
2020	33.1	33.1	50.0	19.5		全額
2021	33.1	33.1	50.0	19.5		全額
2022	33.1	33.1	50.0	19.5		全額

● 臨時財政対策債

　地方公共団体の財源不足額に対して，地方交付税総額が恒常的に不足する場合に，地方交付税の原資である国税の法定率を引き上げるのが本来の姿です。しかし，原資の国税収入も不足しています。不足分を国と地方が折半で負担し，地方の負担分を「**臨時財政対策債**」で対応しています。臨時財政対策債とは，地方一般財源不足に対し，投資的経費以外の経費で充てる地方財政法第 5 条の特例による地方債です。地方財政計画では，2011（平成 23）年度以降，安定的な財政運営に必要な一般財源の総額は，前年度を下回らないよう実質的に同水準を確保する「**地方一般財源総額実質同水準ルール**」のもとで，地方歳出総額と，地方税，地方交付税の法定率分及び法定加算等，地方債，国庫支出金等

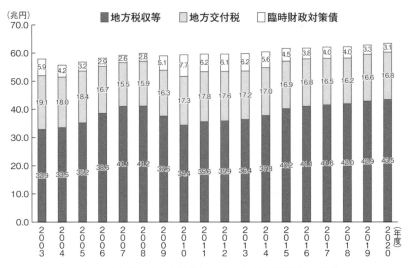

図8.11　地方税，地方交付税ならびに臨時財政対策債の推移
（出所）財務省「地方財政（参考資料）2020 年 11 月 2 日」をもとに作成

コラム 8.2　都区財政調整制度

　我が国の地方自治法は，大都市制度として指定都市，中核市の各制度と特別区制度を採用しています。指定都市と中核市の制度では市が府県の事務の一部を担うのに対して，特別区制度では特別区が一般的な市町事務を，都が大都市行政の統一性を確保するために必要な市の事務の一部を担います。この都と特別区の間に，財政調整制度があります。**財政調整制度**とは，高度に人口が集中する大都市行政を，広域自治体である都と基礎自治体である特別区が分担して処理する特別な都区制度です。基礎自治体が行う事務のうち，特別区域間で一体的に処理する事務（上下水道，消防等）を都が処理する特例に対して，基礎自治体の財源を配分する必要があります。一方で，特別区間には税源偏在があり，大都市地域としての均衡を保つためには，特別区間の財源調整を行う必要があります。そのために，基礎自治体の財源とされる税の一部を都が都税として徴収し，都区の協議により，都区間及び特別区間の財政調整を行っています。都区財政調整制度は，地方交付税と並ぶ法律上の財源保障制度として特別区の財政自主権を支えるものとなりました。

の歳入合計額で不足が生じた場合に，特例加算として国が半分を負担し，残り半分を臨時財政対策債として地方公共団体が負担する**「国と地方の折半ルール」**がとられてきました。地方交付税と同様，臨時財政対策債の使途は自由で，元利償還金は後年度の基準財政需要額に算入されます。しかし，臨時財政対策債は借金であり，安定的な財政運営の妨げになるリスクをもっています。図8.11 は，地方税，地方交付税，臨時財政対策債の推移を示しています。

● 地方債による財政措置

　図 8.12 は，臨時財政対策債と地方債の年度発行額の推移を示しています。

　地方債は臨時財政対策債の増加等によって，2010（平成 22）年度には 13.5兆円まで上昇しましたが，その後，減少してきました。近年は，臨時財政対策債が減少したものの，防災・減災・国土強靱化緊急対策事業債の増加等により逓増傾向にあります。

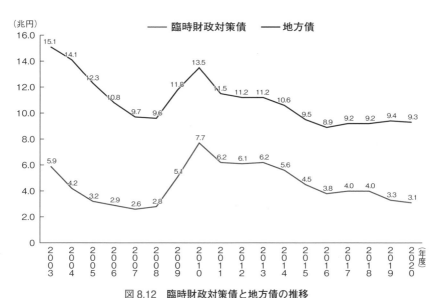

図 8.12　臨時財政対策債と地方債の推移
（出所）財務省「地方財政（参考資料）2020 年 11 月 2 日」をもとに作成

復習

(1) ⬚⬚⬚とは，地方公共団体が標準的な水準の行政サービスを実施するために，必要と見込まれる一般財源である。

(2) 基準財政需要額は，⬚⬚⬚に基づいて算出した値である。各地方公共団体の支出の実績（決算額）でもなければ，実際に支出しようとする額（予算額）でもない。

(3) 基準財政需要額の算定には，測定単位，補正係数，⬚⬚⬚が使用される。

(4) 基準財政収入額は，地方公共団体の⬚⬚⬚としての収入額が合理的に算定される。

練習問題

問題1　地方交付税の財源

地方交付税の財源に関する次の記述のうち，誤っている用語を選択してください。

ヒント：p.132〜134 を読もう！

(1) 固定資産税　　　(2) 所得税　　　(3) 消費税　　　(4) 地方法人税

問題2　地方交付税の交付

地方交付税の交付に関する次の記述のうち，誤っている文章を選択してください。

ヒント：p.133〜135 を読もう！

(1) 普通交付税は，基準財政需要額が基準財政収入額を超える財源不足部分に対して交付される。

(2) 普通交付税で財源不足が賄われない場合に臨時財政対策債が補填される。

(3) 普通交付税で補足されない特別の財政需要に対して，地方交付税総額の20％が特別交付税として交付される。

(4) 基準財政需要額が安定的だと考えれば，不交付団体の増加（減少）の主因は，地方税収の増加（減少）が考えられる。

問題3　基準財政需要額の水準

基準財政需要額の水準に関する記述のうち，誤っている文章を選択してください。

ヒント：p.136〜138 を読もう！

(1) 普通交付税の算定に使用する基準財政需要額は，前年度の決算に基づいた額である。

(2) 基準財政需要額の標準的水準の具体的根拠とは，地方財政計画に示された歳出の内容と水準である。

(3) 基準財政需要額は，地方財政計画に組み込まれた給与費，社会福祉関係費，公共事業費，単独事業費などの内容に基づいている。

(4) 基準財政需要額の算定には，目的税，国庫支出金，使用料・手数料，負担金・分担金等で賄う財政需要は，特定財源として除外される。

問題4　基準財政収入額の水準

基準財政収入額の水準に関する記述のうち，誤っている文章を選択してください。

ヒント：p.138〜139 を読もう！

(1) 基準財政収入額の目的は，地方交付税制度が，標準的な行政水準を維持するために，必要な経費の財源を地方公共団体に保障することにある。

(2) 地方公共団体の標準的な一般財源としての収入額の合理的な算定とは，標準

的な市税収入の50％と国庫支出金を合算したものである。

(3) 基準財政収入額の算定の対象となるのは，法定普通税を主体とした標準的な地方税収入である。

(4) 基準財政収入額の標準的な市税収入とは，個人市民税，固定資産税，軽自動車をいう。

問題5　地方公共団体の財源不足

地方公共団体の財源不足に関する記述のうち，誤っている文章を選択してください。

ヒント：p.140～147を読もう！

(1) 地方による基礎的な行政サービスの提供については，地方財政法，地方交付税法等により，国がその財源を保障することが定められている。

(2) 地方交付税総額の確保のために，国税5税の法定率分に加えて，法律で定める金額を国の一般会計から交付税特別会計への繰入れがある。

(3) 地方交付税の原資である国税収入も不足している場合に，不足分を国と地方が折半で負担し地方の負担分を臨時財政対策債で賄う。

(4) 地方公共団体の財源不足額に対して，地方交付税総額が恒常的に不足する場合に，地方交付税の原資である国税の法定率を引き下げる。

問題6　レポート①

第8章の内容を踏まえ，下記をテーマにレポート（1,000字以上）を作成してください。

財源の不足が見込まれる場合，国は地方公共団体の財政全体の財源を保障するために，財源の不足額を補填するための追加的な措置として，どのような地方財政対策をとるだろうか。

問題7　レポート②

第8章を読む前と読んだ後を比較して，どのような考えを得ることができたかをテーマにレポート（1,000字以上）を作成してください。

練習問題解答

問題1　正解（1）	問題2　正解（3）	問題3　正解（1）
問題4　正解（2）	問題5　正解（4）	問題6　正解省略
問題7　正解省略		

地方債制度と国の関与

予習 地方公共団体は，外部から必要な資金をどのように調達しているのでしょうか？

地方債：地方公共団体が1会計年度を超えて行う借入れ

地方債の概要

団体別推移，借入別推移
事業別分類，資金別分類，会計別分類

地方債の発行（地方財政法第5条）

| 地方公営事業 | 出資・貸付 | 借換え |

| 災害応急・復旧 | 文教・厚生・公共施設 |

地方債の発行・管理

許可制から協議制へ
- 都道府県及び指定都市では総務大臣の許可から協議へ
- 市町村では都道府県知事の許可から協議へ

協議の結果→同意あり：地方交付税によって元利償還費を賄う
同意なし：地方議会への報告

地方公共団体への財政評価

財政健全化法：健全化段階，早期健全化段階，再生段階

学びのポイント

　「**地方債**」とは，地方公共団体が財政上必要とする資金を外部から調達することで負担する債務です。償還義務が長期にわたって続く場合には，起債の管理が重要です。多額の地方債償還費は，他の歳出に制約が入るため，起債時点で債務償還能力に見合った発行額にとどめることが求められます。多くの地方債を発行してしまうと，元本償還費だけでなく利息がかかり，将来への負担が多大になります。本章では，地方債の原則とは何であるかを考え，地方債の発行プロセスや管理について学びます。

レクチャー **9.1**　地方債の概要

● 地方債の変遷

　地方財政法第 5 条では，「地方公共団体の歳出は，地方債以外の歳入をもって，その財源としなければならない」としています。この考えは，18 世紀のアダム・スミスの古典派経済学に遡ります。18 世紀の古典派経済学の公債原則では，経費は不生産的であるという観点から，公債による財源調達は可能な限り避けるべきとする公債排撃論が展開されていました。19 世紀後半のドイツ正統派経済学の公債原則では，世代間負担の公平性の観点から，資本的財政需要と臨時財政需要は公債収入で賄うことが妥当であるとする建設公債主義の考えが出てきました。20 世紀に入ると，中長期の景気循環の中で財政収支を均衡させるために，補正的財政政策を公債で賄うことは望ましいとするケインズ派のフィスカル・ポリシーが打ち出されました。国内では，1947（昭和 22）年に財政法が成立しました。財政法第 4 条の本則では，非募債主義を採用し，但し書きで建設国債を認めています。財政法の規定に反する赤字国債については，特例として発行を認める特例法を定めています。翌年の 1948（昭和 23）年には地方財政法が成立し，原則として，非募債主義をとると定めています。ただし，建設地方の発行は，資産の耐用年数の範囲内で償還する形で認めています。

● 地方債の定義

　表 9.1 及び **表 9.2** は，地方債と国債の相違等を表しています。財政法第 4 条では，国の歳出は，公債又は借入金以外の歳入で財源としなければならない，

表 9.1　**国債と地方債の原則と例外**

（出所）財政法及び地方財政法に基づいて作成

	地方債	国債
原則	**地方財政法第5条** 地方公共団体の歳出は，地方債以外の歳入をもって，その財源としなければならない。但し，次は，地方債を財源とできる。 1．公営企業に要する経費の財源 2．出資金及び貸付金の財源 3．地方債の借換えのために要する経費の財源 4．災害応急事業費，災害復旧事業費及び災害救助事業費の財源 5．公共施設又は公用施設の建設事業費及び公用若しくは公用に供する土地又はその代替地としてあらかじめ取得する土地購入費の財源	**財政法第4条** 国の歳出は，公債又は借入金以外の歳入を財源としなければならない。但し，公共事業費，出資金及び貸付金は，国会の議決を経た金額範囲内で公債を発行借入ができる。 （例） 文部科学省：公立文教施設整備費 厚生労働省：児童福祉施設整備費 国土交通省：下水道事業費 環境省：廃棄物処理施設整備費 等
例外	**他の法律による特例措置** （例）過疎対策事業債→過疎地域自立促進特別措置法第12条 （平成22年度からソフト事業経費も対象） ● 臨時財政対策債→地方財政法第33条の5の2 ● 旧合併特例事業債→市町村の合併特例に関する法律	赤字国債を発行する場合には，毎年度特例公債法を制定

表 9.2　**国債と地方債の相違**

（出所）財政法及び地方財政法に基づいて作成

項目	国債 根拠法	会計	内容	地方債 根拠法	会計	内容
歳入の原則	財政法第4条第1項但し書き		国債以外の歳入をもって財源とすることを規定	地方財政法第5条		地方債以外の歳入をもって財源とすることを規定
建設公債	財政法第4条第1項但し書き（昭和22年法律第34号）	一般会計	公共事業費，出資金及び貸付金の財源	地方財政法第5条1〜5但し書き（昭和23年法律第109号）	一般会計公営企業会計	地方公営企業，出資金，借換え，災害応急事業等の財源
赤字公債	財政運営に必要な財源の確保を図るための公債の発行の特例に関する法律（平成24年法律第101号）第3条第1項	一般会計	租税収入等に加えて建設国債を発行してもなお不足する歳出の財源	地方税法等改正法第33条1〜6の3（平成6年法律第111号）	一般会計	個人の道府県民税又は市町村民税に係る特別減税等が伴う財源
借款債	特別会計に関する法律（平成19年法律第23号）第46条第1項及び第47条第1項	債整理基金特別会計	建設国債等の償還の財源の一部	地方財政法第5条3但し書き（昭和23年法律第109号）	一般会計	地方債の借換えのために要する経費の財源

としています。ただし，公共事業費，出資金及び貸付金の財源は，国会の議決を経た金額の範囲内で，公債の発行または借入金が認められます。地方債においても，地方財政法第5条で，地方公共団体の歳出は，地方債以外の歳入で賄うことを原則としています。ただし，災害等の臨時的で多額な出費が生じる場合や建設事業など将来の住民に経費の分担が望ましい場合には，地方債が発行できます。具体的には，①事業収入によって起債の償還が賄われる公営企業に要する経費，②出資金及び貸付金，③地方債の借換えのために要する経費，④災害応急事業費及び災害復旧事業費，⑤公共施設の建設事業費です。

　表9.3は，①〜⑤の建設地方債の変遷を示しています。例外として，税制改革による地方税減収を補填するための減税補填債や，地方税収の落ち込みを補

表9.3　建設地方債の変遷と法的根拠

改正年	変更内容	法律
1947	地方債の範囲を①地方公営企業に要する経費②出資金及び貸付金③地方債の借換え④災害応急事業費・災害復旧事業費及び災害救助事業費⑤戦災復旧事業費及び公共施設（学校，河川，道路，港湾等）建設事業費（普通税の賦課率または賦課総額が標準の1.2倍以上である場合に限る）とする。	第109号
1950	戦災復旧事業費及び公共施設建設事業費の税率制限が「標準税率以上である」場合まで緩和	第226号
1953	「学校，河川，道路，港湾等の公共施設」が「学校その他の文教施設，保育所その他の厚生施設，消防施設，道路，河川，港湾その他の土木施設等の公共施設又は公用施設」に改められる。地方債の償還期限は公共事業で建設される施設の耐用年数を超えないようにする。	第132号
1962	「辺地に係る公共的施設の総合整備のための財政上の特別措置等に関する法律」が制定。辺地対策事業債として起債対象に追加。	第51号
1970	「過疎地域対策緊急措置法」が制定。過疎対策事業債が起債対象として追加。	第31号
1973	公共用地先行取得債を地方債の対象に追加。	第96号
1974	公害財特法第4条・第5条，地方交付税法附則第5条によって，公害防止事業債が起債対象に追加。	
2004	「市町村の合併の特例に関する法律」第11条2で，旧合併特例債が起債対象として追加。「地方財政法」第33条5の8で，公共施設等の除却に係る地方債が起債対象として追加。	第59号　第5号
2020	「地方財政法」第33条5の11で，緊急浚渫推進事業が起債対象として追加。	第6号
2020	「地方財政法」第33条の5の12で，猶予特例債が起債対象として追加。	第26号

表9.4　赤字地方債の名称・法的根拠・期間

名称	根拠条文	期間	発行目的	元利償還費に対する交付税措置割合
臨時財政対策債	第33条の5の2	令和2年度から令和4年度までの間	地方交付税総額と国税法定率分の地方交付税財源の差額を補塡 地方交付税法附則第6条の2第1項の規定の範囲内	100%
減税補塡債	第33条の2, 3, 5	平成6年度から平成8年度までの間	個人住民税の特別減税による地方税収減の補塡	100%
減収補塡債	第33条の5の3	当分の間	地方交付税算定時の地方税収見込み額と実額の乖離による過小算定された地方交付税の補塡	75%
臨時税収補塡債	第33条の4	平成9年度に限り	地方消費税導入時の平年ベースの税収確保が難しいことから，差額相当分を発行	100%
退職手当債	第33条の5の5	当分の間	平常時に計上された地方公共団体の退職手当財源の平年時ベースを上回る不足額を補塡	元利償還費・利払費措置なし
調整債	第33条の5の6	令和元年度に限り	地方法人特別税等への暫定措置による減収補塡	元利償還費・利払費措置なし

塡するための減収補塡債があります。**表9.4**では，税収補塡としての役割を果たす赤字地方債をまとめています。地方債とは，地方公共団体が財政上必要とする資金を，地方税及び地方交付税を担保に外部から調達する債務で，BIS規制によって信用リスクウェイトはゼロです。地方債は，①地方税法による徴税権があり，②地方財政計画による地方交付税で総額が確保されており，③地方財政法で早期是正措置として地方債許可制度が設定され，④実質赤字が一定水準以上の団体に対して地方債の発行が制限され，⑤地方公共団体の財政の健全化に関する法律で元利償還の保障がされています。地方債の債務の履行は，1会計年度を超えて行う借入れをいい，地方債の償還年限は，資産の耐用年数の範囲内とされています。

● 地方債の推移

　表9.5は，地方債の発行状況を示しています。2020（令和2）年度の地方債

表 9.5　**地方債の発行**

（出所）総務省「令和 4 年版地方財政白書」をもとに作成

（単位：億円・%）

| 区分 | 2020（令和2）年度 | | | | | | 2019（令和元）年度 | | 比較 | |
| | 都道府県 | | 市町村 | | 純計額 | | 純計額 | | | |
	発行額	構成比	発行額	構成比	発行額	構成比	発行額	構成比	増減額	増減率
公共事業等債	10,962	16.3	3,560	6.4	14,523	11.8	14,311	13.2	212	1.5
防災・減災・国土強靱化緊急対策事業債	4,897	7.3	1,119	2.0	6,016	4.9	2,742	2.5	3,274	119.4
公営住宅建設事業債	715	1.1	977	1.8	1,692	1.4	1,729	1.6	△37	△2.2
災害復旧事業債	1,728	2.6	1,437	2.6	3,165	2.6	2,949	2.7	216	7.3
教育・福祉施設等整備事業債	1,189	1.8	6,995	12.5	8,184	6.7	8,687	8.0	△503	△5.8
一般単独事業債	14,435	21.5	16,503	29.6	30,938	25.2	27,963	25.7	2,975	10.6
うち地方道路等整備事業債	2,992	4.5	1,552	2.8	4,544	3.7	4,363	4.0	182	4.2
うち旧合併特例事業債	387	0.6	4,499	8.1	4,886	4.0	6,361	5.9	△1,475	△23.2
うち緊急防災・減災事業債	1,057	1.6	3,450	6.2	4,506	3.7	3,288	3.0	1,218	37.0
うち公共施設等適正管理推進事業債	1,559	2.3	2,780	5.0	4,339	3.5	3,220	3.0	1,119	34.7
うち緊急自然災害防止対策事業債	1,511	2.3	687	1.2	2,198	1.8	1,053	1.0	1,145	108.7
うち緊急浚渫推進事業債	385	0.6	49	0.1	434	0.4	—	—	434	皆増
辺地対策事業債	—	—	416	0.7	416	0.3	403	0.4	12	3.1
過疎対策事業債	—	—	3,853	6.9	3,853	3.1	4,106	3.8	△253	△6.2
行政改革推進債	1,358	2.0	288	0.5	1,647	1.3	2,364	2.2	△717	△30.3
退職手当債	216	0.3	2	0.0	218	0.2	549	0.5	△331	△60.3
財源対策債	4,593	6.8	2,203	3.9	6,796	5.5	6,272	5.8	524	8.3
減収補塡債	1,879	2.8	1,243	2.2	3,122	2.5	377	0.3	2,745	728.1
臨時財政対策債	17,210	25.7	13,905	24.9	31,116	25.4	32,311	29.7	△1,195	△3.7
減収補塡債特例分										
（平成19～30年度，令和元・2年度）	6,304	9.4	630	1.1	6,933	5.7	1,661	1.5	5,272	317.3
猶予特例債	504	0.8	374	0.7	878	0.7	—	—	878	皆増
特別減収対策債	74	0.1	117	0.2	191	0.2	—	—	191	皆増
その他	998	1.5	2,151	4.0	2,920	2.5	2,281	2.1	639	28.0
合計	67,063	100.0	55,773	100.0	122,607	100.0	108,705	100.0	13,902	12.8

の決算額は 12 兆 2,607 億円です。臨時財政対策債が減少し，減収補塡債や防災・減災，国土強靱化対策に係る地方債が増えています。都道府県地方債の決算額は 6 兆 7,063 億円，市町村が 5 兆 5,773 億円です。法人関係二税が減収し，減収補塡債の発行額が多い都道府県が増加しています。地方債依存度（歳入総額に占める地方債の割合）は 9.4％程度です。

● 地方債の団体別推移

　地方債現在高は，2020（令和 2）年度末には 144 兆 5,697 億円に上ります。臨時財政対策債を除いた地方債現在高は，90 兆 9,541 億円です。地方債現在高の団体区分別では，都道府県で 87 兆 6,794 億円，市町村では 56 兆 8,903 億円です。臨時財政対策債を除いた地方債現在高は，都道府県で 54 兆 7,212 億円，市町村で 36 兆 2,329 億円です。

　地方債現在高の歳入総額及び一般財源総額に対する割合の推移は，図 9.1 の通りです。地方債現在高は，1975（昭和 50）年度末では歳入総額の 0.44 倍，

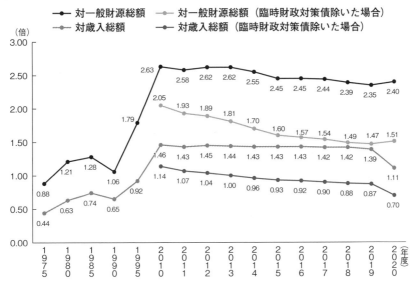

図 9.1 地方債現在高の歳入総額及び一般財源総額に対する割合の推移
（出所）総務省「令和 4 年版地方財政白書」をもとに作成

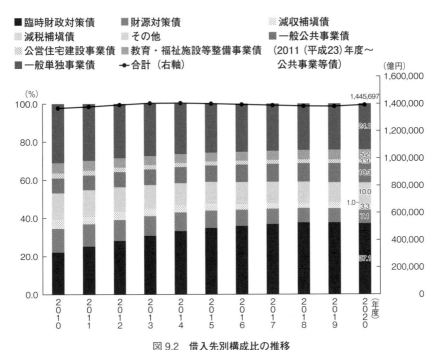

図 9.2 借入先別構成比の推移
（出所）総務省「令和 4 年版地方財政白書」をもとに作成

一般財源総額の 0.88 倍でした。地方税収等の落ち込みへの対応，減税に伴う減収補填，また，経済対策に伴う公共投資の追加で，1992（平成 4）年度末以降，地方債現在高対歳入総額と地方債現在高対一般財源総額は増えています。2001（平成 13）年度からの臨時財政対策債の発行等によって，地方債現在高対歳入総額と地方債現在高対一般財源総額は，高い水準で推移しています。2020（令和 2）年度末では，歳入総額の 1.11 倍，一般財源総額の 2.40 倍です。

　地方債現在高の借入先別構成比の推移は，図 9.2 の通りです。近年の地方債現在高の借入先別構成比の推移は，臨時財政対策債が上昇傾向にある中で，一般単独事業債が低下傾向にあります。地方債資金の調達の推進及び公的資金の縮減等に伴い，市場公募債や市中銀行資金が増えていますが，財政融資資金が低下しています。

● 地方債の分類と資金

　地方債を事業別に分類した場合，「**一般会計債**」「**公営企業債**」があります。一般会計債は，公共事業，教育・福祉施設等整備事業，辺地及び過疎対策事業に分類されます。公営企業債は，水道事業，交通事業，病院事業，介護サービス事業等に分類されます。一般会計債や公営企業債は，地方債計画で，事業ごとに予定額が計上されます。地方債は，会計別では「**普通会計分**」「**公営企業会計等分**」に大別されます（図 9.3）。普通会計分とは，一般会計及び企業会計以外の特別会計を合算して，会計間の資金移動を控除したものをいいます。

　地方債は，地方債計画に則して，「**資金別分類**」「**事業別分類**」「**会計別分類**」に分かれています。地方債を引受先の資金面から分類すると，「**公的資金**」と「**民間等資金**」に大別されます（図 9.4）。公的資金には，「**財政融資資金**」「**地方公共団体金融機構資金**」「**特定資金**」があります。民間等資金には「**市場公**

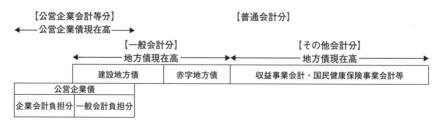

図 9.3　地方債の事業別分類

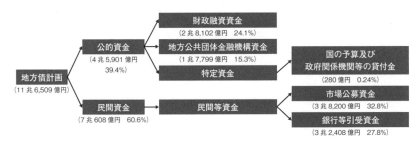

図 9.4　地方債の資金別分類

募資金」や「銀行等引受資金」があります。財政融資資金は，財政投融資計画
に地方公共団体向けの財政融資として計上されます。地方公共団体金融機構資
金とは，「地方公共団体金融機構」が貸し付ける資金をいいます。市場公募資
金とは，投資家に購入を募る方法で調達した資金をいい，「全国型市場公募地
方債」と「住民参加型市場公募地方債」があります。全国型市場公募地方債は，
地方公共団体が単独で発行する個別発行や，発行ロットを大型化し発行コスト
の低減と安定的な調達を図った共同発行があります。住民参加型市場公募地方
債とは，地方公共団体が，主に，地域住民を対象に発行する公募地方債です。
銀行等引受地方債は，地方公共団体が，指定金融機関等から引受けまたは借入
れによる地方債です。借入額の計算方法は，地方債同意等基準や地方債同意等
基準運用要綱で事業区分ごとに計算されます。表 9.6 で示すように，事業費の
うち，地方債をどれだけ発行できるかは地方債充当率で決定され，事業ごとに
元利償還金に対する交付税措置が決まっています。

　表 9.7 に公的資金と民間等資金の償還方式，発行年限，発行方式，利率設定
ならびに対象事業を示しています。たとえば，借入方式には，証書借入方式と
証券発行方式があります。証書借入方式とは，地方公共団体が借入先に借用証
書を提出して，資金の貸付を受ける方法です。財政融資資金や地方公共団体金
融機構資金が，証書借入方式をとっています。証券発行方式とは，地方公共団
体が地方債証券を発行し，それを金融機関が引き受けたり，市場で公募して資
金を調達する方式をいいます。銀行等引受地方債の場合，証券発行の方法と，
証書借入の方法があります。すでに発行された銀行等引受地方債のうち，証券
発行の方法によるものは購入できる場合があります。地方債証券は，当初，引
き受けた金融機関や購入した投資家から，他の金融機関や投資家に売却され，

表 9.6　事業別充当率と元利償還金に対する交付税措置

		充当率			元利償還金に対する交付税措置	
		内訳	本来分	財源対策債分	本来分	財源対策債分
一般単独事業	一般事業（その他事業）	75			なし	
	地域活性化事業	90			30	
	旧合併特例	95			70	
	緊急防災・減災事業	100			70	
	公共施設等適正化管理推進事業	90			30〜50	
	緊急自然災害防止対策事業	100			70	
公共事業等	学校教育施設					
	（公立学校施設整備負担事業）	90	75	15	70	50
	社会福祉施設	80	80	なし	なし	なし
	一般廃棄物処理事業（補助事業分）	90	75	15	50	50
公営住宅建設事業		100			なし	
災害復旧事業	補助・直轄災害復旧事業	80〜100			95	
	一般単独災害復旧事業				47.5〜85.5	
	（公共土木施設）	100			財政力補正	
	公共土木施設等小災害復旧事業	100			66.5〜95	
辺地対策事業		100			80	
過疎対策事業		100			70	

市場で流通することが多いです。

　表 9.8 には，民間等資金である個別発行，共同発行，銀行等引受債のメリットとデメリットを整理しています。個別発行のメリットは，多様な年限・商品性で投資家ニーズに合致した起債が可能で，発行条件が市場実勢で決定され透明性及び流動性が高い点です。共同発行は，投資家ニーズを取り込んだ安定的な資金調達が可能で，1 回あたり少額発行ロットで調達できるため事務負担が軽減します。一方，銀行等引受債は，相対取引で事務手続きが簡素で，柔軟な発行借入が可能です。近年，地方債資金の市場化の進展に伴い，市場公募債は，投資家のニーズに合う形で，市場公募債の償還方式，発行年限，発行方式が多様化しています。償還方式では，市場公募債の満期一括償還方式の導入による地方債の市場化が進んでいます。発行年限では，住民参加型市場公募債，共同発行市場公募債，超長期債（20 年）の発行が可能となり，発行年限の長期化が進んでいます。発行方式では，2001（平成 13）年までは総務省が市場公募

表 9.7　公的資金と民間等資金の相違点

区分		償還方式	発行年限	発行方式	利率設定	対象事業
公的資金	財政融資資金	元利均等	3〜4 年 超長期（20 年〜）中心	証書	固定金利方式か利率見直方式かの選択	公共事業，公営住宅建設事業，教育・福祉施設等整備事業，災害普及事業，過疎対策事業，水道事業，下水道事業，交通事業，港湾整備事業，病院事業，介護サービス事業，臨時財政対策債
	地方公共団体	元利均等	5〜40 年 超長期（20 年〜）中心	証書	固定金利方式か利率見直方式かの選択	一般会計債（公共事業，公営住宅建設事業，全国防災事業，教育・福祉施設等整備事業，一般単独事業，過疎対策事業），公営企業債（水道事業，下水道事業，工業用水水道事業，電気事業，ガス事業，交通事業，港湾整備事業，市場事業，と畜場事業，観光施設事業，駐車場事業，産業廃棄物処理事業，病院事業，介護サービス事業），受託貸付（公有林整備事業，草地開発事業）臨時財政対策債
民間等資金	市場公募資金	満期一括中心	【全国型市場公募地方債】10 年，中期（5 年等），超長期（20 年，30 年等）が中心 【住民参加型市場公募地方債】中期（5 年等）中心	証券	固定金利方式	地方公共団体の任意 ※長期償還期間には借換えが必要な場合あり
	銀行等引受資金	元利均等 満期一括	10 年中心，銀行等の合意で多様な年限	証券証書	地方公共団体任意	地方公共団体の任意 ※長期償還期間には借換えが必要な場合あり

表 9.8　民間等資金のメリットとデメリット

	個別発行（60 団体）	共同発行（37 団体数）	銀行等引受債
メリット	• 多様な年限・商品性で投資家ニーズに合致した起債可能 • 発行条件が市場実勢で決定され透明性・流動性が高い • 主幹事方式で超長期等への発行時期の変更可能で効率的・機動的調達可能 • シ団方式で指定金融機関を受託銀行に選定し，安定的な調達可能 • フレックス枠による柔軟な調達可能	• 毎月 1,000 億円発行し地方債発行のベンチマーク • 連帯債務方式の発行や流動性が高いファンドなど優れた商品保有 • 投資家ニーズを取り込んだ安定的な資金調達可能 • 一回当たり少額発行ロット調達可能 • 事務負担軽減	• 相対取引で事務手続きが簡素で，柔軟な発行借入可能 • 指定金融機関（地域金融機関）との連携強化
デメリット	• 一定以上の発行ロットが必要 • 需供悪化では発行コスト上昇	• 年間発行計画に沿った発行 • 時期・金額当の柔軟性の原則なし • 発行年限の確定（10 年債のみ）	• 相対取引で事務手続きが簡素で，柔軟な発行借入可能 • 個別行ごとの発行条件

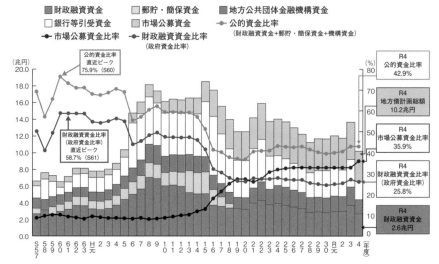

（注1）地方公共団体金融機構資金について，昭和57年度〜平成20年度上期は公営企業金融公庫資金，平成20年度下期は地方公営企業等金融機構資金。
（注2）政府資金については，平成18年度までは財政融資資金の他に郵貯資金及び簡保資金を含む。
（出典）各年度「地方債計画」

図 9.5　地方債計画（資金別）の推移

（出所）地方債協会「令和元年調査研究委員会報告書」及び財務省「地方公共団体向け財政融資関連統計」より

地方債の発行を行っていましたが，2テーブル方式条件交渉方式が可能となり，現在は，個別条件交渉方式へ移行しています。

図9.5には，地方債計画（資金別）の推移を示しています。かつては，公的資金を民間等資金が上回っていましたが，1985（昭和60）年度の75.9％をピークに，それ以降，公的資金比率は低下しています。2022（令和4）年時点では，公的資金比率は42.9％であり，民間等資金比率が公的資金比率を上回っています。民間等資金比率の中でも，市場公募債資金比率が上昇傾向にあります。2011（平成23）年以降は，地方債の3割以上を市場公募債が占め，2022（令和4）年には地方債計画総額10.2兆円のうち，市場公募比率が35.9％になっています。

● 財政投融資

財政投融資とは，①租税負担に拠ることなく独立採算で，②財投債（国債）の発行等で調達した資金を財源に，③政策的な必要性があるが，民間では対応

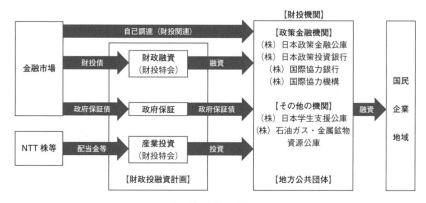

図 9.6　**財政投融資の仕組みと手法**

が困難な長期・固定・低利の資金供給や大規模・超長期プロジェクトの実施を可能とする投融資活動です。財政政策を実施するための政府による資金供給のあり方は，①主に租税を財源に，返済義務を課さずに資金を供与する無償資金，②融資や投資で，元本の償還や利子や配当等の将来の返済を前提に資金を供与する有償資金に分かれます。財政投融資は有償資金です。

図 9.6 は，財政投融資の仕組みと手法を示したものです。財政投融資を活用している機関を財投機関といいます。財政投融資の手法には，財政融資，産業投資，政府保証があります。

財政融資とは，財政融資資金を活用し，政策金融機関，地方公共団体，独立行政法人から政策的に必要な分野への融資です。財政融資資金は国債の一種である財投債の発行で調達された資金や，政府の特別会計から預託された積立金を原資とします。2001（平成 13）年度の財政投融資改革以前の運用資金は，郵便貯金・年金積立金からの預託金が原資の大部分を占めていました。しかし，財政投融資改革によって，郵貯・年金との制度的なつながりは解消され，財投債が主な資金調達手段になっています。財政融資は，国の信用に基づいてもっとも有利な条件で資金調達しているため，**表 9.9** で示すように，長期・固定・低利での資金供給が可能です。また，財政融資資金は財政投融資特別会計の財政融資資金勘定で経理されます。財政投融資特別会計の財政融資資金勘定は，一般会計からの繰入れを行わない独立採算で運営されているため，確実かつ有利な運用が求められます。

表 9.9　公的資金の償還期限

（出所）地方公共団体金融機構「JFM DISCLOSURE2010」，財務省「令和 4 年度財政融資資金地
方資金の償還期限及び据置期間基準年数表」「財政投融資とは」をもとに作成

| | | | 財政融資資金 | | | |
| | | | 固定金利 | | 利率見直し | |
			償還期限 （年以内）	据置期間 （年以内）	償還期限 （年以内）	据置期間 （年以内）
公営企業債	水道事業		40	5	40	5
	下水道事業		40	5	40	5
	交通事業	都市高速鉄道事業	40	5	40	5
		バス	20	5	30	5
		電車	13	3	13	3
		その他	20	5	20	5
	病院事業	医療・看護用機械器具	10	1	10	1
		病院, 診療所, 宿舎	30	5	30	5
	港湾整備事業	埠頭用地	40	5	40	5
		上屋	31	3	31	3
		貯木場	20	3	20	3
対策債 財政 臨時					20	3
					20	3
					20	3
一般会計債	一般単独事業	防災対策事業	30	5	30	5
		公共施設等適正化管理推進事業	30	5	30	5
		緊急自然災害防止対策事業	30	5	30	5
	公共事業等	学校教育施設・各種災害関連・社会福祉施設	25	3	25	3
		一般廃棄物処理事業	20	3	20	3
	公営住宅建設事業		25	3	25	3
	災害復旧事業	公共土木施設小災害復旧事業	9	2	9	2
	辺地対策事業	診療所及び宿舎・下水道施設	10	2	30	5
		義務教育諸学校施設	10	2	25	3
		その他	10	2	10	2
	過疎対策事業	診療所及び宿舎・下水道施設	12	3	30	5
		義務教育諸学校施設及び高等学校施設	12	3	25	3
		その他	12	3	12	3

| | | | 地方公共団体金融機構 | | | |
| | | | 固定金利 | | 利率見直し | |
			償還期限 （年以内）	据置期間 （年以内）	償還期限 （年以内）	据置期間 （年以内）
公営企業債		水道事業	30	5	30	5
		下水道事業	30	5	30	5
		交通事業	30	5	30	5
		工業用水事業	30	5	30	5
		電気事業	30	5	30	5
		ガス事業	25	5	25	5
		病院事業	30	5	30	5
		市場事業	25	5	25	5
		港湾整備事業	20	5	30	5
		と畜事業	20	5	20	5
対策債 財政 臨時		都道府県			30	3
		政令指定都市			30	3
		市町村			20	3
一般会計債	一般単独事業	一般事業	20	5	20	5
		地域活性化事業	30	5	30	5
		防災対策事業	30	5	30	5
		地方道路等整備事業	20	5	20	5
		合併特例事業	30	5	30	5
		公営住宅	25	5	25	5
		社会福祉施設整備事業	20	3	20	3

　産業投資とは，国が保有する NTT 株，JT 株の配当金や株式会社日本政策金融公庫の国庫納付金などを原資とした産業の開発及び貿易の振興への投資です。産業投資は，政策的必要性が高くリターンが期待できますが，リスクが高く民間だけでは十分に資金が供給されない事業に対して資金を供給します。財政融資が償還確実性を精査し確定利付の融資で資金を供給するのに対し，産業投資は比較的リスクの高い事業を対象に，投資により資金を供給します。たとえば，研究開発・ベンチャー支援等が投資対象です。

　政府保証とは，政策金融機関・独立行政法人などが金融市場で資金調達するときに，政府が保証をつけることで，事業に必要な資金を円滑かつ有利に調達するのを助けます。

● 地方公共団体金融機構

　地方公共団体金融機構は，地方公共団体金融機構法に基づいて，すべての地方公共団体の出資により設立された地方共同法人であり，地方公共団体のみを対象に貸付を行う長期かつ低利で資金を融資する機関です（**図 9.7**）。地方公共団体金融機構は，地方債計画に計上された公的資金として，総務大臣または都道府県知事の同意または許可を得た地方債に対して，適切な審査に基づいて貸付を行います。機構の貸付業務は，地方公共団体に対する一般貸付と，株式会社日本政策金融公庫から委託を受けて行う地方公共団体向け受託貸付があります。貸付対象事業には，一般会計債，臨時対策債，公営企業債があります。

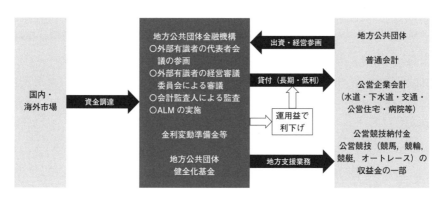

図 9.7　地方公共団体金融機構の役割
（出所）総務省「地方債制度等について」をもとに作成

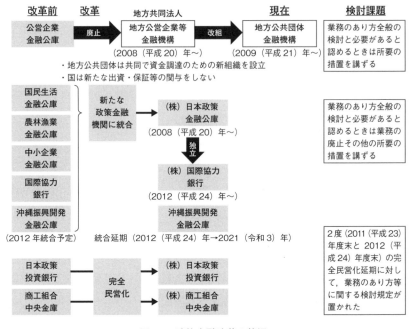

図9.8　政策金融改革の状況
（出所）総務省「地方債制度等について」より

　地方公共団体金融機構は，非政府保証の地方債金融機構債を発行し市場から資金を調達することで，金利変動準備金と地方公共団体健全化基金という強固な財務基盤を有し，機構解散時には完済できない場合は全額地方公共団体が負担すると定めることで，償還確実性を担保にしています。また，地方公共団体金融機構では，地方公共団体の財政運営全般にわたるサポート事業として，「調査研究」「人材育成・実務支援」「情報発信」を三本柱として地方支援業務なども実施しています。**図9.8**には地方公共団体金融機構の変遷を示しています。1957（昭和32）年に国の出資で公営企業金融公庫が設立され，2008（平成20）年度には，すべての権利・義務が国から地方公共団体に承継され，共同の金融機構として，全地方公共団体が出資し，業務を開始しました。翌年には，貸付対象を一般会計事業にまで拡大し，地方公共団体金融機構として改組されました。2009（平成21）年度以降は，公営企業金融公庫とは異なり，地方公共団体金融機構は，公営企業債に加え，広く一般会計債や臨時財政対策債も貸付対象にしています。

復習

(1) 地方債の履行は，地方公共団体が□□□を超えて行う借入れである。

(2) □□□（交通，ガス，水道など）の経費や建設事業費の財源を調達する場合等，地方財政法第5条各号に掲げる場合においてのみ地方債は発行できる。

(3) □□□とは，地方公共団体金融機構が貸し付ける資金をいう

(4) □□□には，地方公共団体が単独で発行する個別発行や，発行ロットを大型化し発行コストの低減と安定的な調達を図った共同発行がある。

レクチャー**9.2** 地方債制度の概要

● 地方財政計画，地方債計画，財政投融資計画

図9.9には，地方債を管理する地方財政計画，地方債計画，財政投融資計画を示しています。地方財政計画の地方債発行額は，公営企業会計等分を含まない普通会計分のみを対象とします。地方債計画とは，国が策定する地方債の年度計画をいい，地方債資金の確保のために地方債の発行見込額を定め，起債の同意を得た地方債の資金計画です。普通会計分と公営企業会計分があり，協議制，許可制，事前届出がなされた地方債を対象とします。財政投融資計画とは，政府系金融機関等を通じて，国が財投債を発行して調達した資金を用いて，民間での対応が難しい長期・固定・低利の資金供給や大規模・超長期プロジェクトを可能とする投融資活動の計画をいいます。これら地方財政計画，地方債計

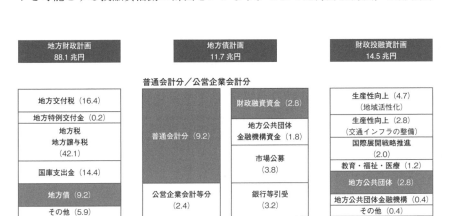

図9.9 地方財政計画，地方債計画ならびに財政投資計画

画，財政投融資計画は整合的に作成されます。

● 地方債の発行手続き

　地方債の発行手続きとして，地方公共団体による地方債の起債には，総務大臣または都道府県知事への協議・届出または許可が必要です。図 9.10 は，地方債の起債の発行プロセスです。地方債の発行には，実質公債費比率が 18%未満の場合，都道府県及び指定都市は総務大臣，市町村は都道府県知事に協議・届出を行います。総務大臣または都道府県知事の同意が得られた場合，元利償還金が地方財政計画の歳出に算入され，公的資金を充当できます。同意がない場合，公的資金の充当はできませんが，議会への報告で地方債を発行できます。実質公債費比率が 18%以上の地方公共団体は，総務大臣または都道府県知事の許可が必要です。総務大臣の同意または許可には，あらかじめ財務大臣との協議が必要です。市町村の起債計画が都道府県で集計され，総務省が同意予定額を決定し，総務省と財務省が政府資金の配分を協議します。総務省は同意予定額を都道府県に提示し，都道府県は総務省との協議・同意を経て，市町村に同意予定額を通知します。市町村は起債協議書を作成し，都道府県との

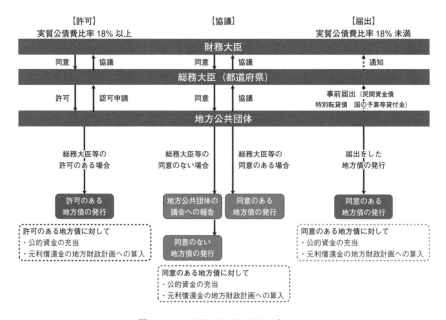

図 9.10　地方債の起債の発行プロセス

協議・同意を経て，銀行に借入れをします。総務省は地方債同意等基準運用要綱に基づいて予算年度内に一連の地方債の起債が成立を受け4月に告示します。

● 許可制度から協議制度・届出制度への移行

図9.11は，許可制度から協議制度・届出制度への移行を示しています。地方債の起債は，第2次世界大戦以前は国による許可制度でしたが，1955（昭和30）年に，地方公共団体の財政状況に応じた起債制限が導入され，毎年，基準が見直されるようになりました。1999（平成11）年の地方分権一括法で，地方債の協議制が導入され，2006（平成18）年度には，財政状況が良好な場合のみ事前協議で発行が許可されるようになりました。2012（平成24）年度には，一定の財政基準を満たす地方公共団体は，民間等資金債の起債の協議を不要とする事前届出制が導入され，2016（平成28）年度は，届出基準が緩和されました。地方債の発行は，届出制（協議が不要），協議制（公債費適正化計画が不要），許可制（公債費適正化計画策定，財政健全化計画策定，財政再生計画策定）の5段階で実施しています。財政状況の評価基準は，2005（平成

2006年　許可制から協議制に移行

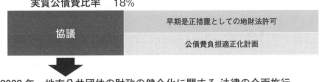

2009年　地方公共団体の財政の健全化に関する 法律の全面施行

2012年　届出制の導入

実質公債費比率　18%　　　25%　　　35%

届出	早期是正措置としての地財法		健全法許可
	公債費負担適正化計画	財政健全化計画（早期健全化）	財政健全化計画（財政再生）

2016年　届出制の拡大

図9.11　許可制度から協議制度への移行と財政健全化

17）年度には起債制限比率，2006（平成18）年度には実質公債費比率が採用され，さらに2009（平成21）年度に財政健全化法が施行されたことで，評価基準として起債制限比率と実質公債費比率に，連結実質赤字比率と将来負担比率が加わり，4指標の財政健全化比率が起債管理の指標として採用されました。これらの指標を用いることにより，地方公共団体の財政状況が良好であるほど，発行は高い自由度を得られる仕組みになっています。

● 地方債制度のリスクウェイト

　地方債の元利償還の財源は，地方財政計画の策定及び地方交付税の算定で確保されています。図9.12は，地方債制度における財源保障を示しています。地方財源不足額は，地方財政対策による補塡措置で講じられ，公債費を含めて

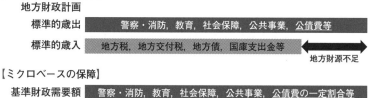

図9.12　地方債制度におけるマクロベース及びミクロベースの保障

表9.10　地方債の充当率と普通交付税措置
（出所）総務省（2019）「地方債制度等について」をもとに作成

・地方債の元利償還金に対する交付税措置（括弧の左側が地方債充当率，右側が元利償還金の交付税算入率）
①喫緊の政策課題に対応するもの（措置年限等を限定したうえで措置）
　例：辺地対策債（100％−80％）　過疎対策債（100％−70％）　公共施設等適正管理（90％−50％）
②防災・減災対策など国民の生命・安全にかかわるもの
　例：災害復旧事業（100％−95％）　緊急防災・減災事業（100％−70％）　防災対策事業（75％−30％）
③全国的にみて財政需要が偏在しているもの
　例：整備新幹線（90％−50％）　新直轄高速自動車道（90−50％）直轄ダム（90％−50％）

地方財政計画の歳出と歳入を均衡させることでマクロベースでの財源保障がなされ，公債費を含めて基準財政需要額を算定することでミクロベースでの財源保障を行っています。地方債の元利償還金に対する交付税措置には，①国と地方を挙げて取り組むべき喫緊の政策課題に対応するもの（例：辺地対策事業，過疎対策事業，公共施設等適正管理），②防災・減災対策など国民の生命，安全にかかわるもの（例：災害復旧事業，緊急防災・減災事業，防災対策事業），③全国的にみて財政需要が大きく偏在しているもの（例：直轄ダム，新直轄高速自動車国道，沖縄振興特別推進交付金事業）があります（表9.10）。

レクチャー 9.3　財政健全化法の仕組み

● 旧再建法と財政健全化法

　地方公共団体の財政再建を促し破綻を未然に防ぐために，2008（平成20）年4月1日から，「地方公共団体の財政の健全化に関する法律」（以降，財政健全化法とする）が施行されました。地方財政再建促進特別措置法（旧再建法）では，破綻した地方公共団体は即座に国の監視下に置かれ自由に予算編成ができないようになっていましたが，財政健全化法では，破綻のおそれがある場合，事前に計画的な財政再建を求める早期是正措置を促す仕組みを導入しました。財政健全化法では，図9.13に示すように，一般会計だけでなく，公営事業会計，公営企業会計，一部事務組合，広域連合，地方公社，第3セクター等を含む連結ベースで借金の多さを診断する手法も取り入れました。また，表9.11に示すように，地方公共団体は，毎年度，健全性を診断する健全化判断比率として，実質赤字比率，連結実質赤字比率，実質公債費比率，将来負担比率及び資金不足比率を算出し，監査委員の審査に付した上で，議会に報告するとともに，住民に対し公表することが義務づけられています。

● 財政健全化法の効果

　図9.14に示すように，財政健全化法では，健全段階，早期健全化段階，財政再生段階に区分し，地方公共団体の財政状況を評価しています。実質赤字比率，連結実質赤字比率，実質公債費比率，将来負担比率のいずれか1つでも早期健全化基準を超えた地方公共団体は，財政健全化団体となり，財政健全化計

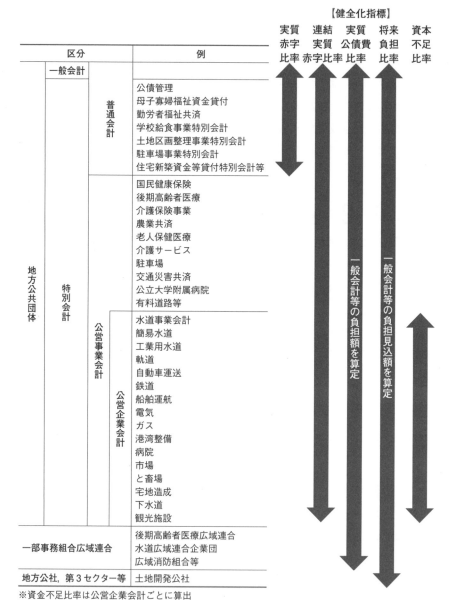

図 9.13　財政指標と会計制度

表 9.11　指標の定義

項目	内容	算出式
実質赤字比率	福祉，教育，まちづくりなど，地方公共団体の一般会計等の赤字の程度を示す指標	一般会計等の実質赤字額 / 標準財政規模
連結実質赤字比率	地方公共団体の全ての会計の黒字と赤字を合算し，全体としての赤字の程度を示す指標	連結実質赤字額 / 標準財政規模
実質公債費比率	地方公共団体の一般会計等が負担する公債費及びこれに準ずる経費等の借入金の返済額で（過去3か年平均で算定），資金繰りの危険度を示す指標	{（元利償還金＋準元利償還金）－（特定財源＋元利償還金・準元利償還金に係る基準財政需要額算入額）} / {標準財政規模－（元利償還金・準元利償還金に係る基準財政需要額算入額）}
将来負担比率	地方公共団体が翌年度以降において負担することが確定している債務及び負担が見込まれる債務等で，借入金（地方債）や将来支払っていく可能性のある負担等の額の大きさを指標化し，将来，財政を圧迫する可能性が高いかどうかを示す指標	{将来負担額－（充当可能基金額＋特定財源見込額＋地方債現在高等に係る基準財政需要額算入見込額）} / {標準財政規模－（元利償還金・準元利償還金に係る基準財政需要額算入額）}
資金不足比率	公営企業の資金不足を，料金収入の規模と比較して指標化し，経営状況の深刻度を示す指標	資金の不足額 / 事業の規模

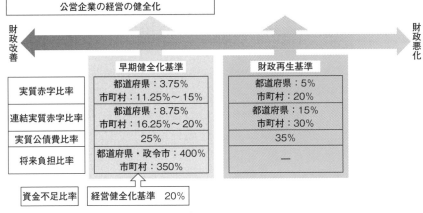

地方公共団体の財政の健全化		
健全段階	早期健全化段階	再生段階
指標の整備と情報開示の徹底	自主的な改善努力による財政健全化	国等の関与による確実な再生
フロー指標：実質赤字比率，連結実質赤字比率，実質公債費比率 ストック指標：将来負担比率 監査委員の審査に付し議会に報告公表	財政健全化計画の策定（議会の議決） 外部監査の要求の義務づけ 実施状況を毎年度議会に報告公表 早期健全化が著しく困難と認められるときは総務大臣または知事が必要な勧告	財部再生計画の策定（議会の議決） 財政再生計画は総務大臣に協議し同意を求めることができる 財政運営が計画に適合しないと認められる場合等においては，予算の変更等を勧告

公営企業の経営の健全化

財政改善　　　　　　　　　　　　　　　　　　　　　　　　財政悪化

	早期健全化基準	財政再生基準
実質赤字比率	都道府県：3.75% 市町村：11.25%〜15%	都道府県：5% 市町村：20%
連結実質赤字比率	都道府県：8.75% 市町村：16.25%〜20%	都道府県：15% 市町村：30%
実質公債費比率	25%	35%
将来負担比率	都道府県・政令市：400% 市町村：350%	―

資金不足比率	経営健全化基準　20%

図 9.14　財政健全化法の仕組み

画の策定義務が生じ，地方債の発行が制限され，悪化した財政状況の是正を目指します。さらに健全化判断比率のうち１つでも財政再生基準を超えた地方公共団体は，財政再生団体となり，財政再生計画の策定義務が生じ，地方債の発行が原則禁止され，国の強い関与のもとで財政再建を目指します。公営企業の経営の健全化とは，資金不足比率が経営健全化基準を上回った場合には，資金不足比率を経営健全化基準未満とすることを目標に経営健全化計画の策定が求められることで，議会の議決を経て速やかに公表等を行うなどの取組みが必要になります。

復習

(1) 地方公共団体による地方債の発行には，都道府県及び指定都市では総務大臣，市町村では都道府県知事と[　　　　]を行うことが求められている。

(2) 総務大臣または都道府県知事の同意が得られた場合，[　　　　]が地方財政計画の歳出に算入され公的資金の充当が可能となる。

(3) 同意がない場合，地方公共団体は[　　　　]に報告すれば地方債を発行できる。

(4) 地方公共団体の財政状況を測る指標には[　　　　]を採用している。

練習問題

問題1　地方債の概要

地方債の概要に関する次の記述のうち，誤っている用語を選択してください。

ヒント：p.152～155を読もう！

(1) 地方債とは，財政上必要な資金を外部から調達する債務である。

(2) 地方債の債務は，1会計年度を超えて借入れを行う。

(3) 地方財政法第5条には，地方債の発行が可能な適債事業を挙げている。

(4) 地方債の償還年限は，資産の耐用年数の範囲内とされている。

問題2　地方債の発行

次の記述のうち，地方債の発行が許された事業で，誤っている内容を選択してください。

ヒント：p.152～155を読もう！

(1) 公営企業（交通，ガス，水道など）経費の財源

(2) 学校などの文教施設，保育などの厚生施設の財源

(3) 介護保険給付の財源

(4) 出資金・貸付金の財源

問題3　地方債の資金

地方債の資金に関する次の記述のうち，誤っている文章を選択してください。

ヒント：p.158～166を読もう！

(1) 地方債の資金の引受先には，財政融資資金や市場公募資金がある。

(2) 公的資金には，地方公共団体金融機構が貸し付ける資金がある。

(3) 全国型市場公募地方債は，地方公共団体が発行する個別発行のみである。

(4) 銀行等引受資金は，金融機関等から借入れで調達する資金のことである。

問題4　地方債の起債

地方債の起債に関する次の記述のうち，誤っている文章を選択してください。

ヒント：p.167～171を読もう！

(1) 地方公共団体による地方債の発行には，都道府県及び指定都市では総務大臣，市町村では議会と協議を行うことが求められている。

(2) 2012年度から，一定の財政基準を満たす地方公共団体は，民間等資金債の起債にかかる協議を不要とする事前届出制が導入された。

(3) 総務大臣の同意が得られた場合，元利償還金が地方財政計画の歳出に算入され公的資金の充当が可能となる。

(4) 地方債は，総務大臣の同意がない場合，議会の報告で発行ができる。

問題5　地方債の財政健全化

地方債の管理に関する次の記述のうち，誤っている文章を選択してください。

ヒント：p.171〜174を読もう！

（1）地方債は，起債時点で債務償還能力に見合った発行額が求められる。

（2）地方債の発行の指標には，実質公債比率が採用されている。

（3）財政状況の良い地方公共団体は，許可制度に基づいて地方債を起債できる。

（4）地方債の発行において，協議不要の届出制も一部適用とされている。

問題6　レポート①

第9章を踏まえ，下記をテーマにレポート（1,000字以上）を作成してください。

（1）地方財政法第5条に基づいた地方債の発行の条件を説明せよ。

（2）地方債の発行プロセスについて説明せよ。

（3）地方債の管理について説明せよ。

問題7　レポート②

第9章を読む前と読んだ後を比較して，どのような考えを得ることができたかをテーマにレポート（1,000字以上）を作成してください。

練習問題解答

問題1　正解（2）	問題2　正解（3）	問題3　正解（3）
問題4　正解（1）	問題5　正解（3）	問題6　正解省略
問題7　正解省略		

地方公共団体の経費

予習 地方公共団体の経費にはどのような費目があり，その規模はどの程度なのでしょうか？

地方公共団体の歳出

目的別歳出：どのサービスにどの程度の費用がかかっているかを知ろう。

議会費，総務費，民生費，衛生費，労働費，農林水産業費，商工費，土木費，消防費，警察費，教育費，災害復旧費，公債費等

性質別歳出：どの事務にどの程度の費用がかかっているかを知ろう。

義務的経費（人件費・扶助費・公債），投資的経費（普通建設事業費・災害復旧事業費・失業対策事業費），その他

都道府県と市町村の歳出の推移と財政構造の指標

公共支出の理論

中位投票者の定理・多数決投票の帰結・ティボーの足による投票

学びのポイント

1. 都道府県と市町村の経費構造につい考えてみよう。 ——————→ p.178
2. 地方公共団体の目的別歳出・性質別歳出について知ろう。 ——————→ p.179
3. 地方公共団体の主な財政構造の指標について考えよう。 ——————→ p.183
4. 公共支出の理論について知ろう。 ——————→ p.185

　地方公共団体は，地域住民の日常生活に身近な福祉・衛生，学校教育，警察・消防，道路や河川，水道・下水道等のサービスを提供しています。これら公共サービスを行うには，必要な経費が生じます。また，各地方公共団体は，自然条件，歴史条件，産業構造，人口規模が異なっていることから，それぞれの状況に応じて行政運営に要する経費も異なってきます。本章では，地方公共団体の行政サービスの経費やその構造について学びます。

レクチャー **10.1**　地方公共団体の経費構造

● 地方公共団体の歳出

　地方公共団体の歳出純計決算額は，2020（令和2）年度で125兆4,588億円（通常収支分123兆9,385億円，東日本大震災分1兆5,203億円）です。地方公共団体は，どのような使途で支出しているかを「普通会計」から概観しましょう。普通会計の歳出には，「**目的別分類**」と「**性質別分類**」があります。予算

コラム10.1　RESASによるデータの可視化

　RESAS（Regional Economy（and）Society Analyzing System の略）は，地域経済に関する官民のデータをわかりやすく「見える化（可視化）」し，地方公共団体による地方創生等のさまざまな取組みを情報・データ面から支援するために，2015（平成27）年より内閣官房及び経済産業省が提供しているシステムです。RESASを活用することにより，地方公共団体は現状と課題を把握し，各地域の実情に基づいた地方版総合戦略が立案できます（図10.1）。

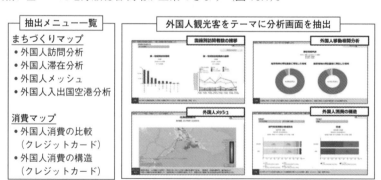

図 10.1　RESAS の活用例
（出所）内閣官房・内閣府総合サイト「地方創生」より抜粋

の区分は，もっとも大きな区分に款（かん）があり，次いで項（こう），目（もく），節（せつ）と続きます。議会で議決される款・項は目的別（土木費・民生費など），節は性質別（委託料・扶助費など）に分類されます。目的別歳出は，提供するサービスの量を行政目的に応じて示しており，性質別歳出は，行政サービスがどの事務でどの程度の経費がかかるかを示したものです。

● 目的別歳出

　地方公共団体の経費は，行政目的によって「議会費」「総務費」「民生費」「衛生費」「労働費」「農林水産業費」「商工費」「土木費」「消防費」「警察費」「教育費」「災害復旧費」「公債費」等に大別できます。議会費とは，議員の報酬や活動に要する経費です。総務費とは，人事，財務，選挙，統計調査等の管理事務や市税の賦課徴収等の経費です。民生費とは，憲法第25条で「すべて国民は，健康で文化的な最低限度の生活を営む権利を有する。国は，すべての生活部面について，社会福祉，社会保障及び公衆衛生の向上及び増進に努めなければならない」とされる，生活保護，児童福祉，身体障害者福祉，精神障害者福祉，老人福祉等の経費です。衛生費とは，ごみ，し尿の収集・処理等の清掃費，結核やコレラ等の予防衛生費，母子健康手帳の交付や妊産婦健康診断等の母子保健行政，旅館，飲食店，公衆浴場等の営業の許認可等の経費です。労働費とは，失業対策事業費や労働会館等の建設費や運営費等の経費です。農林水産業費とは，農業や林業の振興の経費です。商工費とは，市の観光PRや商店街の活性化の経費です。土木費とは，道路橋りょうの維持や新設改良，公園の整備・維持の経費です。消防費とは，消火・救急活動や防火施設等の整備の経費です。教育費とは，小・中学校や公民館などの整備や活動への経費です。災害復旧費とは，公共土木施設等の災害によって生じた被害の復旧への経費です。公債費とは，地方債等の元金や利子の返済の経費です。予備費とは，予算編成で予想していなかった支出に対し，使途を特定しないで計上する経費です。

　図10.2は，目的別歳出の推移を示しています。歳出総額の目的別歳出の構成比は，2020（令和2）年度では，民生費（22.9%）がもっとも大きな割合を占めています。次いで，総務費（18.0%），教育費（14.4%），土木費（10.1%），公債費（9.6%）と続きます。図10.3は，団体種別目的別歳出を示しています。都道府県では，教育費がもっとも大きな割合（17.1%）で，市町村（政令指定

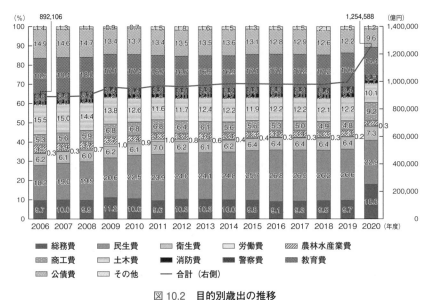

図 10.2　**目的別歳出の推移**
（出所）総務省「令和4年版地方財政白書」をもとに作成

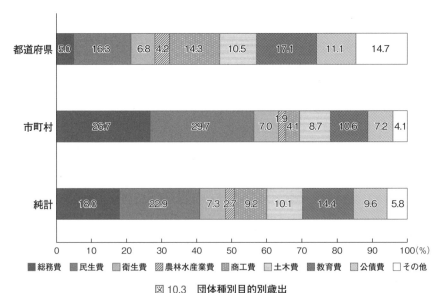

図 10.3　**団体種別目的別歳出**
（出所）総務省「令和4年版地方財政白書」をもとに作成

都市を除く）に係る義務教育諸学校教職員の人件費が要因です。次いで，民生費（16.3％），商工費（14.3％），公債費（11.1％），土木費（10.5％）と続きます。市町村では，民生費（29.7％）が大きく，児童福祉や生活保護に関する事務等の比重が高くなっています。次いで，総務費（26.7％），教育費（10.6％），土木費（8.7％），公債費（7.2％）と続きます。

● 性質別歳出

　性質別歳出では，地方公共団体の経費を経済的性質の基準で分類し，**「義務的経費」「投資的経費」「その他の経費」**に大別します。義務的経費とは，**「人件費」「扶助費」「公債費」**です。投資的経費とは，**「普通建設事業費」「災害復旧事業費」「失業対策事業費」**です。普通建設事業費は，**「補助事業費」「単独事業費」**をいいます。その他の経費とは，**「補助費」「繰出金」**です。人件費とは，職員給与や各種委員報酬等をいいます。**「物件費」**とは，人件費，維持補修費，扶助費，補助費等以外の，賃金，旅費等の消費的性質の経費です。**「維持補修費」**とは，公共用施設等の維持補修の経費です。扶助費とは，高齢者，児童，心身障害者等へ援助に要する経費です。補助費とは，報償費，委託料，負担金及び補助金です。普通建設事業費とは，社会資本の整備等の投資的な経費です。災害復旧事業費とは，公共土木関係施設や農林業施設等が被災した場合の復旧への経費をいいます。公債費とは，資金調達で借り入れた元利償還金等です。積立金とは，年度間の財源変動への積立の経費です。投資及び出資金とは，国債や株式の取得に要する経費や財団法人設立の出捐金や開発公社等への出資です。貸付金とは，地域住民の福祉増進や地域の振興を図るための現金貸付への経費です。繰出金とは，一般会計や特別会計等の相互間の資金運用の経費です。**「予備費」**とは，予算外の支出または予算超過の支出に充てるための経費をいいます。

　図 10.4 には，性質別歳出の推移を示しています。義務的経費は，1997（平成 9）年度以降，子ども手当の創設，保育所運営費，障害者自立支援給付費が要因で扶助費が上昇し，近年は全体の 50％前後です。投資的経費は，補助事業費等の普通建設事業費や災害復旧事業費の増加によって，近年は，15〜16％台で推移しています。団体種別の性質別歳出の内訳は，図 10.5 に示しています。人件費の構成比は，都道府県（20.9％）が市町村（14.0％）を上回ってい

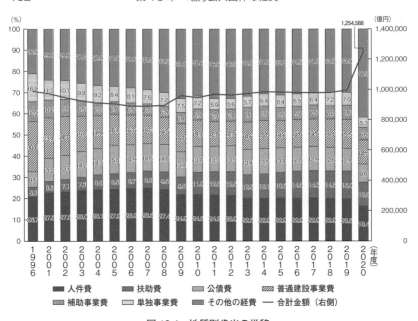

図 10.4　性質別歳出の推移
（出所）総務省「令和 4 年版地方財政白書」をもとに作成

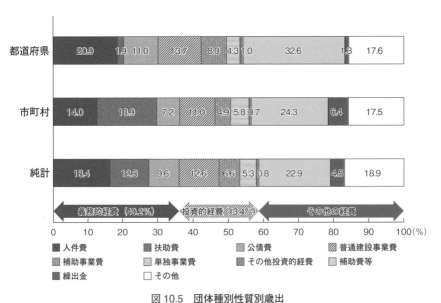

図 10.5　団体種別性質別歳出
（出所）総務省「令和 4 年版地方財政白書」をもとに作成

ます。これは，都道府県で，市町村（政令指定都市を除く）に係る市町村立義
務教育諸学校教職員の人件費を負担していることが要因です。扶助費の構成比
は，市町村（18.9％）が都道府県（1.9％）を上回っています。これは，市町村
で児童手当の支給や生活保護に関する事務（町村については，福祉事務所を設
置）の社会福祉関係事務の費用が要因です。

レクチャー**10.2**　**財政構造の指標**

● 標準財政規模

　「**標準財政規模**」とは，地方公共団体が標準的な状態で通常収入として得ら
れる経常的一般財源の規模をいいます。標準財政規模は，標準税収入額等に普
通交付税及び臨時財政対策債発行可能額を加算して算出されます。地方公共団
体が通常水準の行政サービスを提供するのに必要な一般財源の目安として，財
政分析等の指標に用いられます。一般財源とは，使用用途が自由な財源をいい
ます。

● 経常収支比率

　「**経常収支比率**」とは，経常経費充当一般財源を，経常一般財源，減収補填
債特例分，猶予特例債及び臨時財政対策債の合計額で除して算出されます。経
常経費充当一般財源とは，人件費，扶助費，公債費等のように毎年度経常的支
出に充当される一般財源です。経常一般財源とは，地方税，普通交付税等のよ
うに毎年度の経常的収入である一般財源です。経常収支比率とは，人件費，扶
助費，公債費等の支出が義務づけられた義務的経費に，市税や地方交付税等の
一般財源がどの程度費やされているかを求めたものです。つまり，経常収支比
率とは，自由に使えるお金を測定する指標です。この比率が100％を超えた場
合，恒常的に必要な経費が収入で賄えない状態です。

● 実質公債費比率

　地方債の元利償還金等である公債費は，義務的経費の中で，特に，財政の弾
力性に乏しい経費です。公債費に係る負担の度合いを判断するための指標とし
て，「**実質公債費比率**」「**公債費負担比率**」があります。実質公債費比率は，標

準財政規模に対する 1 年間のうちに借金返済に支出された公債費を示したものです。一般財源の規模に対する公債費の割合で算出されます。公債費とは，一般会計等で負担する元利償還金と公営企業債の償還に対する繰出金の元利償還金に準ずるものの合計です。実質公債費比率が 18％以上となる地方公共団体は，地方債の発行には国の許可が必要になります。実質公債費比率が 25％以上になると，単独事業のために債権を発行することができなくなります。

● 財政力指数

「財政力指数」は，財政運営の自主性の大きさを表します。財政力指数は，基準財政収入額を基準財政需要額で除して得た数値の過去 3 年間の平均値で算出されます。財政力指数が高いほど，普通交付税算定上の留保財源が大きいことになり，財源に余裕があることを示します。1 に近いほど財政力が強いことを表します。1 を下回れば，自主財源だけでは財政運営ができない状態となり，地方交付税が交付されます。1 以上は自立して自主的に財政運営ができるので，地方交付税が交付されない不交付団体になります。

● ラスパイレス指数

「ラスパイレス指数」は，給与水準の比較を示します。地方公共団体の一般行政職の給料額と国の行政職俸給の適用職員の俸給額を，学歴別，経験年数別にラスパイレス方式で算出したもので，国を 100 としたものです。つまり，国家公務員の給与を 100 として，地方公務員の給与水準を指数化しています。ラスパイレス指数は，各地方公共団体の職員構成の変動，初任給基準の改定，特別昇給等のさまざまな要因によって変動します。ただし，小規模な団体では職員構成の偏在等により，一概に給与水準を比較できない場合があります。

● 人口 1,000 人当たり職員数

「人口 1,000 人当たり職員数」は，定員管理の比較を示します。人口 1,000人当たり職員数とは，住民基本台帳人口 1,000 人当たりの職員数を表します。

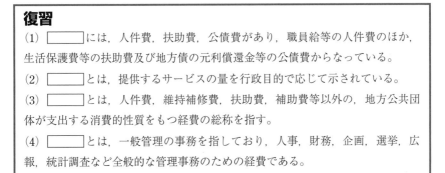

レクチャー **10.3** 公共支出の理論

● 中位投票者定理

　各地方公共団体の公共財は，供給が国会や地方議会を介して決定されます。その決定は住民の選好に応じて決められます。図 10.6 では「**中位投票者定理**」を示しています。ここでは，横軸に公共財の数量，縦軸に住民の公共財から得られる効用とした場合に，住民は個々に応じて公共財の選好が異なっていることから，住民の効用が最大になる公共財の数量も異なってきます。住民 A は公共財の数量が W_1 であるときに効用が最大になります。住民 B は W_2，住民 C は W_3，住民 D は W_4，住民 E は W_5 で効用が最大になります。公共財の数量を住民の投票で決める場合に，公共財の数量を W_1 か W_2 のどちらかを選択するケースを想定します。図 10.6 の下段で示すように，住民は自分たちの効用が最大になる公共財の数量を選ぶことから，住民 A は W_1 を選び，住民 B は W_2 を選びます。住民 C から住民 E は，効用が最大になるのに近い W_2 を支持します。このように考えていくと，W_2 と W_3 の選択の場合では W_3 に，W_3 と W_4 の選択の場合では W_3 に，W_4 と W_5 の選択の場合では W_4 を選びます。すべてのケースを検討していくと，最終的に W_3 が選択されます。これは，住民 C の効用が最大である公共財の数量です。住民 C はすべての住民の公共財から得られる効用の中間に位置していることから中位投票者とよばれます。したがって，投票による公共財の数量の決定は，中位投票者の選好となる中位投票者定理に従います。

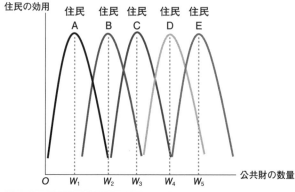

図 10.6　中位投票者定理

	W_1 vs. W_2	W_2 vs. W_3	W_3 vs. W_4	W_4 vs. W_5
住民 A	W_1	W_2	W_3	W_4
住民 B	W_2	W_2	W_3	W_4
住民 C	W_2	W_3	W_3	W_4
住民 D	W_2	W_3	W_4	W_4
住民 E	W_2	W_3	W_4	W_5
投票	W_2	W_3	W_3	W_4

● 多数決投票の帰結

　次に，「多数決投票の帰結」について説明します。公共サービスの供給量は，投票を通じた政治プロセスによって決定されます。ここで公共事業，介護サービス，教育サービスの3つの選択肢に対して，有権者である住民 A，住民 B，住民 C の選好が**表 10.1** の上段とします。有権者住民 A の選好の優先順位は，公共事業が第1位で，第2位が介護サービス，第3位が教育サービスです。有権者住民 B は，介護サービスが第1位で，第2位が教育サービス，第3位が公共事業です。有権者住民 C は，教育サービスが第1位で，第2位が公共事業，第3位が介護サービスです。このとき，住民 A にとって，公共事業への選好は，第1位です。しかし，住民 B の選好にとっては第3位であることから，住民 B は政府の案に反対し，対案として介護サービスを示すでしょう。住民 C の選好では公共事業は第2位であるため，対案として教育サービスを提案するでしょう。したがって，ある住民が公共事業，介護サービス，教育サービスのどの政策を提案しても，他の住民は異なる選好をもっていることから，

表 10.1　多数決投票の帰結

	公共事業	介護サービス	教育サービス
住民 A	第 1 位	第 2 位	第 3 位
住民 B	第 3 位	第 1 位	第 2 位
住民 C	第 2 位	第 3 位	第 1 位

	公共事業 vs. 介護サービス	介護サービス vs. 教育サービス	教育サービス vs. 公共事業
住民 A	公共事業	介護サービス	公共事業
住民 B	介護サービス	介護サービス	教育サービス
住民 C	公共事業	教育サービス	教育サービス
投票	公共事業	介護サービス	教育サービス

多数決投票では否決され，投票による政策決定は困難です。

　次に，2 つの公共財から 1 つの公共財を選択するケースを考えます。**表 10.1**の下段を見てください。公共事業と介護サービスの選択では，住民 A の選好と住民 C の選好では公共事業を選択します。しかし，住民 B は介護サービスを選択します。このことから，公共事業を選択する住民が多数います。同じように考えた場合に，介護サービスと教育サービスでは介護サービス，公共事業と教育サービスでは教育サービスが多く選択されます。公共事業，介護サービス，教育サービスの異なる公共財が選ばれていることから，どれか 1 つの公共財を選択することは社会的にできないという帰結に達します。これを多数決投票の帰結といいます。

● ティボーの足による投票

　公共財の供給水準に対して，住民は異なる選好をもっています。「ティボー（Tiebout, C. M.）の足による投票（voting with one's feet）」では，各地方公共団体が税の負担と公共サービスの便益の組合せを提示すれば，住民が自分の選好にもっとも合った地方公共団体に移動することで，各地方公共団体には同質的な選好の住民が集まります。それによって住民の選好に従った公共サービスを供給すれば，効率的な資源配分の実現につながります。

　ここでは，便益と費用の組合せから 3 つのタイプを考えます。**図 10.7**の上段で示すように，便益と負担をそれぞれ高位，中位，低位の 3 つに区分し組み

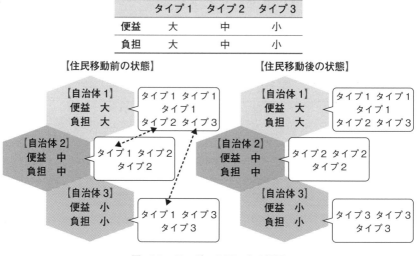

	タイプ1	タイプ2	タイプ3
便益	大	中	小
負担	大	中	小

図10.7　ティボーの足による投票

合わせた場合に，タイプ1では便益が高く負担が高く，タイプ2では便益も負担も中等度であり，タイプ3では便益が低く負担が低いとします。これら3つのタイプが，便益が大きく負担が大きい政策を行う地方公共団体Aに居住したケースを考えます。タイプ1が居住した場合では，地方公共団体Aの政策と一致します。しかし，タイプ2とタイプ3では，選好と政策が一致しません。そのため，タイプ2とタイプ3は，自分の選好に合う地方公共団体に移動する可能性があります。地方公共団体Bと地方公共団体Cと住民の選好の間でも，同じようなことが起きます。このように，住民の選好と地方公共団体の政策が一致しない場合に，住民移動が生じます。地方公共団体にとっては住民の選好と政策が一致していれば，効率的な資源配分の実現につながります。これが，ティボーの足による投票です。

　国と地方公共団体の事務配分における市町村優先の原則では，住民のニーズを的確に把握できる基礎自治体が，住民の選好と地方自治体の政策を踏まえた資源配分の効率性を図ろうとします。しかし，ティボーの足による投票にはいくつか問題があります。1つは情報の非対称性です。各地方公共団体の負担と受益の組合せの情報を，完全に住民が把握することは難しいことです。2つめは，住民が自分の選好に一致する地方公共団体に移動するのには，多大なコス

トがかかることです。3つめは，地方公共団体が供給する公共財にはスピルオーバーが生じているため，便益が行政区域を越える場合があることです。このように，ティボーの足による投票は問題を抱えながらも，公共財の供給が地方公共団体によるほうが望ましいことが明らかです。

復習

(1) 投票による公共財の数量の決定は，中位の選好となる□□□□に従う。

(2) □□□□では，各地方公共団体が税の負担と公共サービスの便益の組合せを提示すれば，住民が自分の選好にもっとも合った地方公共団体に移動するとしている。

(3) 地方公共団体が供給する公共財には□□□□が生じているため便益が行政区域を越えている。

(4) □□□□では，どれか1つの公共財を選択することは社会的にできない。

練習問題

問題1　地方公共団体の歳出

地方公共団体の歳出に関する次の記述のうち，誤っている用語を選択してください。
ヒント：p.178〜183を読もう！

(1) 地方公共団体の目的別歳出と性質別歳出は一般会計を用いている。

(2) 予算の区分には款，項，目，節がある。款，項は目的別に，節は性質別に分類されている。

(3) 目的別歳出は，提供するサービスの量を行政目的に応じて示す。

(4) 性質別歳出は，行政サービスがどの事務でどの程度の経費がかかっているかを示したものである。

問題2　目的別歳出

目的別歳出に関する次の記述のうち，誤っている内容を選択してください。
ヒント：p.179〜181を読もう！

(1) 地方公共団体の経費は，行政目的によって議会費，総務費，民生費，衛生費，労働費，農林水産業費，商工費，土木費，消防費，警察費，教育費，災害復旧費，公債費等に大別することができる。

(2) 総務費とは，一般管理の事務，庁舎の建設・運営，市税の賦課徴収，統計調査など全般的な管理事務のための経費である。

(3) 民生費とは，憲法第25条に基づいて，経済的身体的弱者を保護するための経費である。

(4) 予備とは，緊急を要する場合など予算編成の際に予想していなかった支出に対応するため，使途を特定して計上する経費である。

問題3　性質別歳出

性質別歳出に関する次の記述のうち，誤っている文章を選択してください。
ヒント：p.181〜183を読もう！

(1) 性質別歳出とは，地方公共団体の経費を，経済的性質を基準として分類したものである。

(2) 性質別歳出は人件費や扶助費などの義務的経費，普通建設事業費や災害復旧事業費などの投資的経費，ならびにその他の経費に区分される。

(3) 物件費とは，人件費，維持補修費，扶助費，補助費等以外の，地方公共団体が支出する投資的性質をもつ経費の総称を指す。

(4) 補助費には，報償費，役務費，ならびに委託料など，各種団体に対する助成

金や一部事務組合への負担金がある。

問題4　ティボーの足による投票

ティボーの足による投票に関する次の記述のうち，誤っている文章を選択してください。

ヒント：p.187〜189 を読もう！

(1) 各地方公共団体が税の負担と公共サービスの便益の組合せを提示すれば，住民が自分の選好にもっとも合った地方公共団体に移動することで，各地方公共団体には同質的な選好の住民が集まる。

(2) 住民が自分の選好に一致する地方公共団体に移動するには多大なコストがかかるため，ティボーの足による投票は成立しない。

(3) 地方公共団体が供給する公共財には便益が行政区域を越えているから，ティボーの足による投票が成立する。

(4) 各地方公共団体の負担と受益の組合せの情報を完全に住民が把握することは難しいことから，ティボーの足による投票は成立しない。

問題5　多数決投票の帰結

多数決投票に関する次の記述のうち，誤っている文章を選択してください。

ヒント：p.186〜187 を読もう！

(1) 公共サービスの供給量は投票を通じた政治プロセスによって決定される。

(2) 住民が複数のサービスを自分の選好に応じて優先順位をつけた場合に，住民は異なる選好をもっていることから，多数決投票では否決され，投票による政策決定は難しい。

(3) 住民が2つの公共財から1つを選択する場合に，有権者の間では異なる公共財が選ばれることから，多数決原理には限界がある。

(4) 投票による公共財の数量の決定は，中位の投票者の選好に従う。

問題6　レポート①

第10章を踏まえ，下記をテーマにレポート（1,000字以上）を作成してください。

(1) 目的別歳出と性質別歳出について具体的な費目と規模から説明せよ。

(2) 中位投票者定理について説明せよ。

(3) 多数決投票の帰結について説明せよ。

問題7　レポート②

第10章を読む前と読んだ後を比較して，どのような考えを得ることができたかをテーマにレポート（1,000字以上）を作成してください。

練習問題解答

問題1　正解（1）	問題2　正解（4）	問題3　正解（3）
問題4　正解（3）	問題5　正解（4）	問題6　正解省略
問題7　正解省略		

第**11**章

少子化と地方財政

予習 少子化を背景に，地方公共団体はどのように雇用政策，生活困窮者への支援，子ども子育て支援政策，教育政策を行っているのでしょうか？

少子化を伴う人口減少への行政政策

働き方の変遷

終身雇用制度，年功序列制度，解雇規制

ワークライフバランス

長時間労働の是正，多様な働き方，同一労働同一賃金

雇用政策

雇用保険制度・労働災害補償制度

生活困窮者及び障害者への支援

生活困窮者自立支援制度・ひとり親家庭への支援・生活保護制度・障害者福祉政策

子ども・子育て支援政策及び教育政策

待機児童問題・保育の無償化・義務教育制度・学級編制の標準化

雇用政策，生活困窮者への支援，子ども・子育て支援政策，教育政策と地方分権化

学びのポイント

1. 働き方と雇用政策について知ろう。————————→ p.194
2. 生活困窮者への支援について知ろう。———————→ p.197
3. 子ども・子育て支援政策について考えよう。————→ p.200
4. 教育政策について知ろう。——————————————→ p.209

　経済の発展による産業構造の変化と雇用形態の多様化を背景に，我が国では少子化を伴う人口減少に対応するために，新たな労働者の確保，子ども・子育て支援や小・中学校教育の仕組みの見直しが求められています。本章では，就業構造の変化を知り，雇用保険制度，労働者災害補償制度，子ども・子育て支援政策や教育政策の取組みについて学びます。

レクチャー**11.1** 雇用政策

● 働き方の変遷

　1939（昭和14）年の従業者雇入制限令によって，軍需産業関係の労働者の転職に国の許可の必要性が定められ，労働者の転職・解雇が制限されました。労働統制によって職場の固定化が図られ，労働の均質化と長期雇用による労働力の安定化を目的に，終身雇用制度，年功序列や解雇規制が生まれました。1947（昭和22）年の労働基準法改正によって，1日8時間・週48時間労働及び有給休暇，1965（昭和40）年には週休2日制，1987（昭和62）年には週48時間から週40時間への法定労働時間の削減，1993（平成5）年には週40時間労働が実施されました。1998（平成10）年以降，終身雇用制度が徐々に崩れる中で，2000年代に入ると過労死が社会問題になりました。2014（平成26）年には「すべての女性が輝く社会づくり」本部が設置され，翌年に「女性の職業生活における活躍の推進に関する法律（女性活躍推進法）」が成立しました。2015（平成27）年には，誰もが活躍できる一億総活躍社会の実現に向け，「希望を生み出す強い経済」「夢をつむぐ子育て支援」「安心につながる社会保障」をもとに，働き方改革と労働生産性の向上が取り組まれました。2017（平成29）年には，長時間労働の是正，多様で柔軟な働き方の実現，同一労働同一賃金の実現を目指した働き方改革実行計画が取りまとめられ，労働時間の規制強化と，フレックスタイム制の規定見直し，特定高度専門業務・成果型労働制が創設されました。2018（平成30）年には「働き方改革を推進するための関係法律の整備に関する法律」で，時間外労働の上限の規制が導入されました。

● 雇用保険制度の概要

　「雇用保険法」の前身は，1947（昭和22）年の失業労働者の生活の安定を図

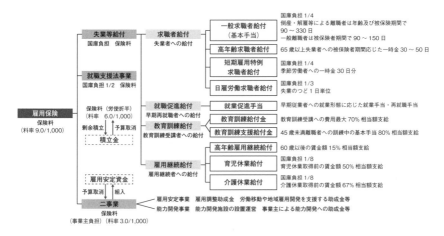

図 11.1　雇用保険制度の概要
（出所）厚生労働省「雇用保険制度」をもとに作成

るための「**失業保険法**」です。1974（昭和49）年には，第1次オイルショックや景気引締め政策による雇用情勢の悪化を受け，セーフティネットの役割を担う雇用保険法が制定されました。「**雇用保険制度**」には「**失業等給付**」「**就職支援法事業**」「**二事業**」があります（図11.1）。「失業等給付」には，「**求職者給付**」「**就職促進給付**」「**教育訓練給付**」「**雇用継続給付**」があります。「**二事業**」とは，「**雇用安定事業**」「**能力開発事業**」です。失業等給付とは，被保険者が失業した場合に，原則，離職の日以前の2年間で被保険者期間が通算12カ月以上に対し，基本手当が支給されます。倒産・解雇等の理由の場合や特定理由離職者の場合，原則，離職日以前の1年間で被保険者期間が通算6カ月以上に，基本手当が支給されます。2022（令和4）年には，65歳以上労働者を対象に，ハローワークへの申出から特例的に被保険者になれる雇用保険マルチジョブホルダー制度が新設されました。

● **労働者災害補償保険制度の概要**

　図11.2には，労働者災害補償保険制度の概要を示しています。「**労働者災害補償保険制度**」は，1947（昭和22）年に施行されました。労働者災害補償保険制度では，労働者の「**業務災害**」「**通勤災害**」の保護を目的に，治療費や休業中の生活費，障害による収入の減少の補塡，遺族の生活費を年金または一時金で支給します。手続き及び認定は，事業所の所在地の所轄の労働基準監督署

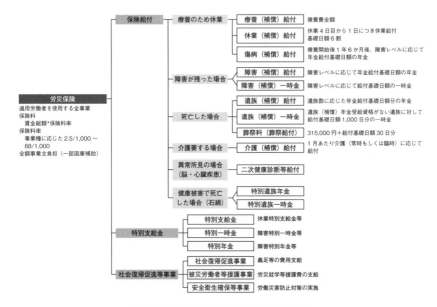

図 11.2　労働者災害補償保険制度の概要
（出所）厚生労働省「労働者災害補償保険制度」をもとに作成

が行います。政府が保険者であり，財源は一部国庫補助と事業主による労災保
険料で賄われます。労働者を雇用する全事業を適用事業とみなし，適用事業に
雇用される全労働者を適用労働者といいます。一定の手続きを行えば，中小企
業事業，自営業，ならびに家内労働事業の加入も認められます。労働者災害補
償保険制度の給付には，医療機関で療養を受ける「**療養（補償）給付**」，傷病
療養のため労働ができないときの「**休業（補償）給付**」，障害が生じたときの
「**障害（補償）給付**」，長期療養が必要であるときの「**傷病（補償）給付**」，介
護が必要であるときの「**介護（補償）給付**」，死亡したときの「**遺族（補償）
給付**」「**葬祭給付**」があります。個別の事業所の業務災害の多寡に応じて，労
働保険率の最大 40％増減させることで，事業主の保険料負担の公平性の確保
や，災害防止努力を促しています。

レクチャー **11.2**　**生活困窮者への支援**

● 生活困窮者自立支援制度

　生活困窮者自立支援制度とは，生活保護に至る前の段階で，生活困窮者に対して包括的な支援を行う制度です。図 11.3 では，生活困窮者自立支援制度の概要を示しています。生活困窮者自立支援制度には，居住確保支援，就労支援，緊急的な支援，家計再建支援，子ども支援，その他の支援があります。これらの支援を，福祉事務所を設置する地方公共団体が実施します。これは，自立相談支援事業の実施及び，住居確保給付金の支給は必須事業になります。就労準備支援事業，一時生活支援事業及び家計相談支援事業等は任意事業です。生活困窮者自立支援制度には，団体による自立相談支援事業等の各種事業のほか，就労の機会の提供や必要な知識や訓練を行う事業者に，都道府県知事が認定する仕組みがあります。

【自立相談支援事業】
国費 3/4

【福祉事務所未設置町村の相談実施】
国費 3/4

本人の状況に応じた支援

支援	対象	名称	内容	国費
居住確保支援	再就職のために居住の確保が必要な者	住居確保給付金	就職活動を支えるため家賃費用を有期で給付	3/4
就労支援	就労に向けた準備が必要な者	就労準備支援事業	一般就労に向けた日常生活自立・社会自立・就労自立のための訓練	2/3
	柔軟な働き方を必要とする者	認定就労訓練事業中間的就労	直ちに一般就労が困難な者への支援付き就労の場の育成	2/3
	就労に向けた準備が一定程度整っている者	生活保護受給者等就労自立促進事業	一般就労に向けた地方公共団体とハローワークによる一体的支援	2/3
緊急的な支援	緊急に衣食住の確保が必要な者	一時生活支援事業	住居喪失者に対し一体機関，衣食住等の日常生活に必要な支援を提供	2/3
家計再建支援	家計から生活再建を考える者	家計改善支援事業	家計の状況を見える化し，利用者の家計の改善の意欲を高めるための支援	1/2 2/3
子ども支援	貧困の連鎖の防止	子どもの学習・生活支援事業	生活保護世帯の子ども含む生活困窮世帯の子どもに対する学習支援	1/2
その他の支援	関係機関・他制度による支援			
都道府県による市町村支援事業：市の職員に対する研修・事業実施体制の支援・市域を超えたネットワーク				1/2

図 11.3　生活困窮者自立支援制度の概要
（出所）厚生労働省「生活困窮者自立支援制度」をもとに作成

● ひとり親家庭への支援

　2020（令和2）年「国勢調査」では，母子世帯数が約65万世帯，父子世帯数が約7万世帯と報告されています。2016（平成28）年度「全国ひとり親世帯等調査」では，母子家庭の就労率は81.8％，父子家庭の就労率は85.4％でした。そのうち，就労母子家庭の正規の職員・従業員が44.2％，パート・アルバイト等が43.8％に対し，就労父子家庭の正規の職員・従業員は68.2％，パート・アルバイト等は6.4％となっています。母子家庭の平均年収は243万円，父子家庭の平均年収は420万円と報告され，生活保護の受給率は母子及び父子家庭共に約1割程度になります。養育費を取り決めている母子家庭は42.9％で，父子家庭は20.8％，養育費を現在も受給している母子家庭は24.3％，父子家庭

表 11.1　ひとり親家庭等への支援事業

（出所）厚生労働省「ひとり親家庭等に関する施策・制度について」をもとに作成

項目		支援内容
母子・父子自立支援員による相談・支援		ひとり親家庭及び寡婦に対し，生活一般についての相談指導や母子父子寡婦福祉資金に関する相談・指導を行う。
ひとり親家庭等日常生活支援事業		修学や疾病などにより家事援助，保育等のサービスが必要となった際に，家庭生活支援員の派遣等を行う。
ひとり親家庭生活向上事業	相談支援事業	ひとり親家庭等が直面する様々な課題に対応するために相談支援を行う。
	家計管理・生活支援講習会等事業	家計管理，子どものしつけ・育児や健康管理等の支援に関する講習会を開催する。
	学習支援事業	高等学校卒業程度認定試験合格のために民間事業者などが実施する対策講座を受講している親等に対して，補習や学習の進め方の助言等を実施する。
	情報交換事業	ひとり親家庭が定期的に集い，お互いの悩みを相談しあう場を設ける。
	短期施設利用相談支援事業	母子生活支援施設を活用し，短期間の施設利用による子育てや生活一般等に関する相談や助言の実施，ひとり親家庭の状況に応じた各種支援の情報提供，必要に応じて施設入所に関する福祉事務所等関係機関との連絡・調整を行う。
子どもの生活・学習支援事業		ひとり親家庭の子どもに対し，放課後児童クラブ等の終了後に基本的な生活習慣の習得支援，学習支援や食事の提供等を行い，ひとり親家庭の子どもの生活の向上を図る。
母子生活支援施設		配偶者のない女子又はこれに準ずる事情にある女子及びその者の監護すべき児童を入所させて，これらの者を保護するとともに，これらの者の自立の促進のためにその生活を支援し，あわせて退所した者について相談その他の援助を行うことを目的とする施設。
子育て短期支援事業		児童の養育が一時的に困難となった場合に，児童を児童養護施設等で預かる事業。
ひとり親家庭住宅支援資金貸付		母子・父子自立支援プログラムの策定を受け，自立に向けて意欲的に取り組んでいる児童扶養手当受給者に対し，住居の借り上げに必要となる資金の貸付を行う。

は 3.2％ です。ひとり親家庭等に対する支援は，2002（平成 14）年に就業・自立への総合的な支援への施策として，「子育て・生活支援策」「就業支援策」「養育費の確保策」「経済的支援策」が行われました。2012（平成 24）年に「母子家庭の母及び父子家庭の父の就業の支援に関する特別措置法」が成立し，2014（平成 26）年改正では，支援体制の充実が図られています（**表 11.1**）。

● 生活保護制度

　生活保護制度とは，生活に困窮する人に対し，最低限度の生活の保障と自立の助長を図ることを目的として，その困窮の程度に応じ，必要な保護を行う制度です。生活保護は，生活扶助，教育扶助，住宅扶助，医療扶助，介護扶助，出産扶助，生業扶助，葬祭扶助の 8 種類に分かれており，非保護世帯の必要に応じ単給もしくは併給で行われます。基準は年齢別，世帯人員別，所在地域別に認定されます。具体的な生活保護制度における生活扶助基準額の算出方法は，次の通りです。

　最低生活費認定額＝
　（「生活扶助基準（第 1 類＋第 2 類）」＋生活扶助本体における経過的加算額）
　＋加算額（障害者，母子世帯，児童を養育する場合）
　＋住宅扶助基準（実際に支払っている家賃・地代）
　＋教育扶助基準・高等学校就学費（これ以外に教材費，クラブ活動費，入学金）＋介護扶助基準（居宅介護等にかかった介護費の平均月額）
　＋医療扶助基準（診療等にかかった医療費の平均月額）

　支給される保護費は，厚生労働大臣が定める基準で計算される最低生活費から収入を差し引いた差額を支給します。これは自立の助長を図るために，世帯の実態に応じて，年数回の訪問調査を行い，就労の可能性のある者に都道府県，市及び福祉事務所を設置する町村が就労を支援します。都道府県及び市等は，福祉事務所を設置し，被保護世帯に対して担当のケースワーカーを配置します。保護費は，国が 4 分の 3，地方公共団体が 4 分の 1 を負担します。なお，最低限度の生活の保障のもと，資産，能力等あらゆるものを活用することを保護の前提とし，扶養義務者による扶養等は保護に優先されます。

　生活保護法に基づき，居宅で一定の生活水準の生活を営むことが困難な者が

入所して保護を行う施設を保護施設といいます。保護施設には，救護施設，厚生施設（心身障害の要保護者への生活扶助施設），医療保護施設（要保護者への医療給付施設），授産施設（要保護者への就労・技能習得施設），宿泊提供施設（要保護者への住宅扶助施設）があります。保護施設の設置者は，事業の公共性から，都道府県，市町村，地方独立行政法人，社会福祉法人，日本赤十字社に限られます。

復習

(1) ［　　　　］は，労働者の業務災害及び通勤災害の保護を目的にしている。

(2) 傷病療養のために，労働ができないときには［　　　　］がある。

(3) ［　　　　］とは，生活保護に至る前の段階での包括的な支援を行う制度である。

(4) ［　　　　］とは，低所得者，高齢者，障害者への世帯単位での資金の貸付である。

レクチャー**11.3** 子ども・子育て支援政策

● 子ども・子育て支援政策の変遷

　1947（昭和22）年に，戦争孤児の保護と救済に関する「**児童福祉法**」と，幼児を保育する施設として幼稚園を定めた「**学校教育法**」が公布され，1951（昭和26）年の児童福祉法改正では，就学前の子どもの保育と教育の二元化が行われました。出生数は，第1次ベビーブーム（1947（昭和22）年〜1949（昭和24）年）及び第2次ベビーブーム（1971（昭和46）年〜1974（昭和49）年）を経て，1974（昭和49）年以降，出生率が低下し，1989（平成元）年には戦後最低の出生率を記録しました。1990（平成2）年の「**1.57ショック**」とは，前年の合計特殊出生率の1.57が「ひのえうま」（1966（昭和41）年）という特殊要因による過去最低の1.58を下回ったことへの衝撃をいいます。1.57ショックを契機に，「働き方改革・子育てと仕事の両立支援」「総合的子育て支援」の両輪で少子化対策が行われてきました（**図11.5**）。2010（平成22）年に少子化社会対策基本法に基づく「**子ども・子育てビジョン**」，2012（平成24）年に「**子ども・子育て支援法**」が制定され，翌年に「**結婚・妊娠・出産支援**」を柱に「**少子化危機突破のための緊急対策**」が出され，結婚・妊娠・出産・子

コラム 11.1　子どもの貧困と子どもの学習・生活支援事業

　子どもの学習・生活支援事業は，貧困の連鎖を防止するために，生活保護受給世帯の子どもを含む生活困窮世帯の子どもを対象に，学習支援を実施する事業です。これは，「生活困窮者等の自立を促進するための生活困窮者自立支援法等の一部を改正する法律」（平成 31 年 4 月 1 日施行）で，生活習慣・育成環境の改善に関する助言，進路選択・教育・就労に関する相談に対する情報提供，関係機関との連絡調整を子どもの学習・生活支援事業に位置づけています。子どもの学習・生活支援事業では，自立相談支援事業等と連携し，勉強を教えるだけでなく，居場所づくり，日常生活の支援，親への養育支援を通じて，子どもの将来の自立に向けた包括的な支援と世帯全体の支援を行っています（図 11.4 には社会的養護自立支援事業のイメージを示しています）。

【児童相談所】支援コーディネーター（全体の統括）
児童の措置解除前に支援担当者会議を開催し，退所後の生活等を考慮した継続支援計画作成
関係機関と連携し，継続支援計画に基づいて支援状況を把握し適宜計画の見直しを実施

【民間団体の委託】
○生活相談支援担当職員（生活相談支援）
居住，家庭，交友関係，将来への不安に関して生活上の相談支援
対象者が気軽に集まれる場等の自助グループ活動の育成
安定した退所後の生活の確保のための一人暮らし体験の支援
○就労相談支援担当職員（就労相談支援）
雇用先となる職場の開拓・就職面接等のアドバイス・事業主からの相談対応を含む就職フォローアップ
○嘱託医等（医療連携支援）
嘱託医と契約し，医療的支援の必要なものへの支援
○弁護士等（法律相談支援）
弁護士と契約し，法律相談が必要となるケースへの対応

【措置費による自立支援】
○進学・就職等の自立支援や退所後のアフターケアを担う職員の配置，退所前後の自立に向けた支援の拡充
○就職に必要な被服等や大学進学に必要な学用品等の購入支援（児童 1 人あたり最大約 28 万円）

措置解除

（家庭復帰した児童）
家庭復帰・自立したものの家賃・生活費は「自立支援資金貸付事業」の利用が可能
（引き続き施設等に居住する児童）
○住居費支援：里親・施設の住居費支援
○生活費支援：大学進学者等の生活費支援
○学習費等支援：進学希望者への学習塾費等を支援

22 歳

図 11.4　社会的養護自立支援事業の実施の概要
（出所）こども家庭庁「社会的養育の推進に向けて」をもとに作成

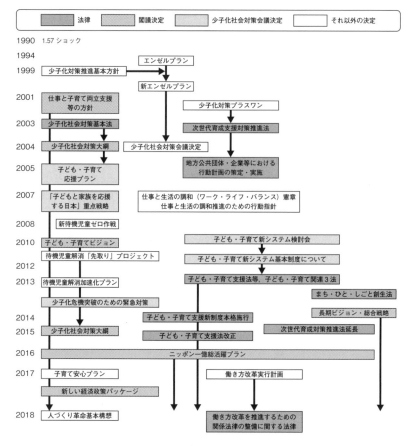

図 11.5　子育て支援政策の変遷
（出所）内閣府「少子化社会対策白書」をもとに作成

育ての「**切れ目のない支援**」が行われました。2013 年（平成 25）度補正予算
では「**地域少子化対策強化交付金**」が創設され，社会保障・税一体改革では，
社会保障に要する費用の主な財源となる消費税（国分）の充当先が，従来の
「**高齢者向けの 3 経費**（基礎年金，老人医療，介護）」から，「**少子化対策を含
む 4 経費**（年金，医療，介護，少子化対策）」に拡大されました。2014（平成
26）年には，2013（平成 25）〜2017（平成 29）年度末で，新たな 53 万人分の
保育整備を目標に，「**待機児童解消加速化プラン**」が策定されました（図
11.6）。2016（平成 28）年には，「**夢をつむぐ子育て支援**」などの「**新・三本
の矢**」の実現を目指し「**ニッポン一億総活躍プラン**」が策定されました。2017

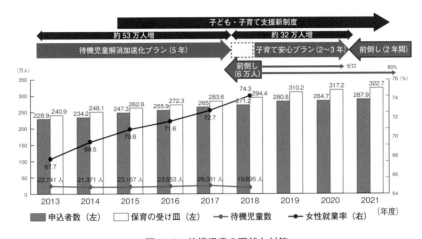

図 11.6 待機児童の現状と対策

（出所）厚生労働省「人口動態統計」及び内閣府「少子化社会対策白書」をもとに作成

（平成 29）年には「働き方改革実行計画」が取りまとめられ，「人づくり革命」「生産性革命」を両輪とする「新しい経済政策パッケージ」が閣議決定されました。また，2023（令和 5）年には文部科学省，厚生労働省，内閣府，警察庁が所管する行政事務の集約を目的に「こども家庭庁」が設けられました。

● 保育所・幼稚園・認定こども園

子ども・子育て支援新制度では，①認定こども園，幼稚園，保育所の共通の給付（「**施設型給付**」），家庭的保育事業，小規模保育事業，事業所内保育事業及び居宅訪問型保育事業等の地域のニーズに対応する特定地域型保育事業への給付（「**地域型保育給付**」）の創設，②「**認定こども園**」制度の改善，③地域の実情に応じた子ども・子育て支援の充実を掲げています（**図 11.7**）。認定こども園は，①保護者の就労の有無に関わらず，就学前の子どもに一体的な幼児教育及び保育の支援，及び②地域の子育て支援を提供します。「**幼保連携型**」「**幼稚園型**」「**保育所型**」「**地方裁量型**」に区分され，利用する子どもは，「**教育標準時間（1 号）認定こども**」「**保育（2 号）認定こども**」「**保育（3 号）認定こども**」に区分されます。保護者への支援，運営に係る支出，施設整備に係る支出に対して，国からの国庫負担，都道府県からの都道府県負担・補助，市町村からの負担を財源に「内閣総理大臣が定める基準により算定した費用の額」

市町村主体

施設型給付

認定こども園：0〜5歳
幼保連携型・幼稚園型・保育所型・地方裁量型

| 幼稚園：3〜5歳 | 保育所：0〜5歳 |

地域型保育給付

小規模保育・家庭的保育・居宅訪問型保育・事業所内保育

地域子ども・子育て支援事業

利用者支援事業・地域子育て拠点事業・一時預かり事業
乳幼児家庭全戸訪問事業・養育支援訪問事業・
子育て援助活動支援事業
延長保育事業・病児保育事業・放課後訪問クラブ

仕事・子育て両立支援事業

企業主導型保育事業・ベビーシッター等利用者支援事業

国

都道府県・指定都市・中核市

認可　　　　　　　　　　認定

幼保連携型認定こども園	幼稚園型認定こども園	保育所型認定こども園	地方裁量型認定こども園
幼保連携型認定こども園（学校かつ児童福祉施設）	幼稚園（学校） / 保育所機能	幼稚園機能 / 保育所（児童福祉施設）	幼稚園機能＋保育所機能（認可外保育施設）
幼稚園機能と保育所機能の両方の機能を持ち単一の施設として認定こども園としての役割をはたす	認可幼稚園が保育を必要とする子どもに保育時間を確保し、保育所機能を備えて認定こども園になる	認可保育所が保育を必要とする子ども以外の子どもを受け入れ、幼稚園機能を備えて認定こども園になる	認可保育所以外の保育機能が、保育を必要とする子ども以外の子どもも受け入れて、幼稚園機能を備えて認定こども園になる

認定区分	対象	給付内容	施設・事業
教育標準時間（1号）認定こども	満3歳以上の小学校就学前で2号認定こども以外	教育標準時間	幼稚園 認定こども園
保育（2号）認定こども	満3歳以上の小学校就学前で保育を受けることが困難	保育短時間 保育標準時間	保育所 認定こども園
保育（3号）認定こども	満3歳未満の小学校就学前で保育を受けることが困難	保育短時間 保育標準時間	保育所 認定こども園 小規模保育等

図 11.7　子ども・子育て支援新制度と認定区分
（出所）こども家庭庁「子ども・子育て支援制度」をもとに作成

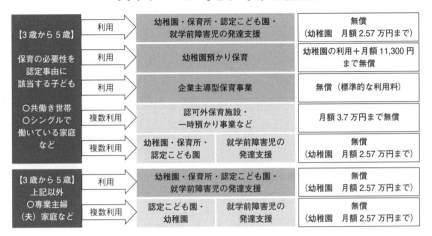

図 11.8　幼稚園・保育所・認定こども園の無償化
（出所）厚生労働省「人口動態統計」及び内閣府「少子化社会対策白書」をもとに作成

（「**公定価格**」）から「政令で定める額を限度として市町村が定める額」（「**利用者負担**」）を控除した額が給付されます。認定こども園及び地域型保育では，3〜5 歳までの子どもの利用料を無償化し，0〜2 歳は保育の必要性がある住民税非課税世帯の子どもを無償化します（**図 11.8**）。保護者から実費で徴収する費用（通園送迎費，食材料費，行事費等）は，無償化の対象とはなりません。

● 児童に関する手当

「**児童手当**」は，児童を養育している人の所得が所得制限限度額未満の場合，3 歳未満，3 歳以上小学生の第 3 子以降は児童 1 人あたり月額 1 万 5,000 円，3 歳以上小学生の第 1・2 子と中学生には 1 人あたり月額 1 万円が支給されます。所得制限限度額以上の場合は特例給付として，1 人あたり月額 5,000 円が支給されます。「**児童扶養手当**」は，ひとり親家庭を対象とした生活保障で，全額もしくは一部支給があります。2022（令和 4）年度は，児童 1 人めは月額 1 万160〜4 万 3,070 円，2 人めは 5,090〜1 万 170 円，3 人め以降は 3,050〜6,090 円が加算されます。「**特別児童扶養手当**」は，20 歳未満の重度または中等度の知的及び身体障害児を監護・養育しているものに，心身障害児の福祉の増進を図るために支給されます。「**障害児福祉手当**」は，20 歳未満の在宅の重度障害児に，精神的物質的な特別の負担軽減のために支給されます。

● **障害者福祉サービス**

「**障害者基本法**」とは，障害者の自立及び社会参加を支援するための施策を定めた法律です（**図 11.9**）。障害者福祉に関する施策は，1949（昭和 24）年の身体障害者福祉法と，1960（昭和 35）年の知的障害者福祉法で対応が講じられました。障害が多様化する中で，「**身体障害者福祉法**」と「**知的障害者福祉法**」を上位法として，1970（昭和 45）年に「**心身障害者対策基本法**」が制定され，1993（平成 5）年に障害者基本法に改正されました。障害者基本法では，「**措置制度**」から「**支援費制度**」に移行し，①障害者の自己決定の尊重，②事業者と利用者の対等性，③契約によるサービス利用を重視しました。障害福祉サービス利用者数は，2019（令和元）年で約 86.6 万人まで増え，精神障害者の伸び率がもっとも大きく，次いで知的障害者，身体障害者となっています。**表 11.2**には障害者福祉サービスの種類を示しています。利用者負担は，定率負担が過大にならないように，所得に応じて 1 月あたりの負担限度額を設けています。社会福祉行政は国及び地方公共団体で実施しています。専門機関には社会福祉事務所や児童相談所等があります。

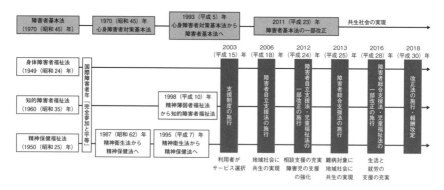

図 11.9　障害者福祉制度の変遷
（出所）厚生労働省「障害福祉施策の動向について」をもとに作成

表 11.2　障害者福祉サービスの種類

（出所）内閣府「少子化社会対策白書」，文部科学省「教育再生実行会議」，厚生労働省「障害福祉施策の動向について」をもとに作成

		名称	内容
訪問系	介護給付	在宅介護	自宅で，入浴，排せつ，食事の介護等を行う
		重度訪問介護	重度の肢体不自由者又は重度の知的障害若しくは精神障害により行動上著しい困難を有する者であって常に介護を必要とする人に，自宅で，入浴，排せつ，食事の介護，外出時における移動支援，入院時の支援等を総合的に行う
		同行援護	視覚障害により，移動に著しい困難を有する人が外出する時，必要な情報提供や介護を行う
		行動援護	自己判断能力が制限されている人が行動するときに，危険を回避するために必要な支援，外出支援を行う
		重度障害者等包括支援	介護の必要性がとても高い人に，居宅介護等複数のサービスを包括的に行う
日中活動系		短期入所	自宅で介護する人が病気の場合などに，短期間，夜間も含めた施設で，入浴，排せつ，食事の介護等を行う
		療養介護	医療と常時介護を必要とする人に，医療機関で機能訓練，療養上の管理，看護，介護及び日常生活の世話を行う
		生活介護	常に介護を必要とする人に，昼間，入浴，排せつ，食事の介護を行うとともに，創作的活動又は生産活動の機会を提供する
施設系		施設入所支援	施設に入所する人に，夜間や休日，入浴，排せつ，食事の介護等を行う
居住支援系	訓練等給付	自立生活援助	一人暮らしに必要な理解力・生活力等を補うため，定期的な居宅訪問や随時の対応により日常生活における課題を把握し，必要な支援を行う
		共同生活援助	夜間や休日，共同生活を行う住居で，相談，入浴，排せつ，食事の介護，日常生活上の援助を行う
訓練系・就労系		自立訓練（機能訓練）	自立した日常生活又は社会生活ができるよう，一定期間，身体機能の維持，向上のために必要な訓練を行う
		自立訓練（生活訓練）	自立した日常生活又は社会生活ができるよう，一定期間，生活能力の維持，向上のために必要な支援，訓練を行う
		就労移行支援	一般企業等への就労を希望する人に，一定期間，就労に必要な知識及び能力の向上のために必要な訓練を行う
		就労継続支援（A型）	一般企業等での就労が困難な人に，雇用して就労の機会を提供するとともに，能力等の向上のために必要な訓練を行う
		就労継続支援（B型）	一般企業等での就労が困難な人に，就労する機会を提供するとともに，能力等の向上のために必要な訓練を行う
		就労定着支援	一般就労に移行した人に，就労に伴う生活面の課題に対応するための支援を行う
障害児通所系	障害児支援に係る給付	児童発達支援	日常生活における基本的な動作の指導，知識技能の付与，集団生活への適応訓練などの支援を行う
		医療型児童発達支援	日常生活における基本的な動作の指導，知識技能の付与，集団生活への適応訓練などの支援及び治療を行う
		放課後等デイサービス	授業の終了後又は休校日に，児童発達支援センター等の施設に通わせ，生活能力向上のための必要な訓練，社会との交流促進などの支援を行う
障害児訪問系		居宅訪問型児童発達支援	重度の障害等により外出が著しく困難な障害児の居宅を訪問して発達支援を行う
		保育所等訪問支援	保育所，乳児院・児童養護施設等を訪問し，障害児に対して，障害児以外の児童との集団生活への適応のための専門的な支援などを行う
障害児入所系		福祉型障害児入所施設	施設に入所している障害児に対して，保護，日常生活の指導及び知識技能の付与を行う
		医療型障害児入所施設	施設に入所又は指定医療機関に入院している障害児に対して，保護，日常生活の指導及び知識技能の付与並びに治療を行う
相談支援系	相談支援に係る給付	計画相談支援	【サービス利用支援】・サービス申請に係る支給決定前にサービス等利用計画案を作成・支給決定後，事業者等と連絡調整等を行い，サービス等利用計画を作成【継続利用支援】・サービス等の利用状況等の検証（モニタリング）・事業所等と連絡調整，必要に応じて新たな支給決定等に係る申請の勧奨
		障害児相談支援	【障害児支援利用援助】・障害児通所支援の申請に係る給付決定の前に利用計画案を作成・給付決定後，事業者等と連絡調整等を行うとともに利用計画を作成【継続障害児支援利用援助】
		地域移行支援	住居の確保等，地域での生活に移行するための活動に関する相談，各障害福祉サービス事業所への同行支援等を行う
		地域定着支援	常時，連絡体制を確保し障害の特性に起因して生じた緊急事態等における相談，障害福祉サービス事業所等と連絡調整など，緊急時の各種支援を行う

コラム11.2 育児休業・介護休業

　1991（平成3）年に育児休業等に関する法律が公布され，2021（令和3）年改正法では，①男性の育児休業取得促進の支援，②妊娠・出産を申し出た労働者への個別周知の義務づけ，③育児休業の分轄取得，④育児休業取得の公表の義務づけ等が行われました。表11.3は育児休業・介護休業の概要です。

表11.3　育児休業・介護休業の概要
（出所）厚生労働省「育児・介護休業法の概要」をもとに作成

育児休業	1歳に満たない子の養育（最長2歳まで延長可能）に対し，事業主に申し出て休業できる制度。子1人につき原則1回。 父母共に育児休業取得の場合，子が1歳2カ月までの1年間取得可能（パパママ育休プラス）。 子の出生日8週間以内に産後休業を取得していない父親が，最初の育児休業を取得終了後の再度の取得可能（パパ休暇）。
介護休業	常時介護を必要とする家族に対し，事業主に申し出て休業できる制度。対象家族1人につき通算93日まで3回上限の分轄取得可能。
介護休暇	常時介護を必要とする家族に対し，事業主に申し出て休業できる制度。1年間に5日間（対象家族2人以上10日）を限度に時間帯で取得可能。
子の看護休暇	小学校就学始期までの子の養育で，事業主に申し出て看護休暇を取得できる制度。1年間に5日間（子が2人以上は10日）を限度に時間取得可能。
育児・介護休業等の個別周知	事業主は，育児休業・介護休業中の待遇を就業規則等にあらかじめ定め，周知する努力義務あり。 事業主は労働者・配偶者の妊娠・出産及び家族の介護を知った場合に，個別に当該労働者に育児休業・介護休業の定めを周知する努力義務あり。
時間外労働の制限	小学校就学始期末までの子の養育，常時介護を必要とする家族の介護で，事業主に所定外労働の制限を請求できる制度。 1カ月24時間，1年間150時間超の時間外労働をさせてはならない。
所定外労働の制限（残業の免除）	3歳未満の子の養育で，常時介護を必要とする家族の介護で，事業主に所定外労働の制限（残業の免除）を請求できる制度。
深夜業の制限	小学校就学始期末までの子の養育，常時介護を必要とする家族の介護で，事業主に深夜（午後10時～午前5時）の就労の制限を請求できる制度。
短時間勤務制度（育児）	3歳未満の子の養育で，労働者が希望すれば短時間勤務（1日原則6時間）を利用できる制度を事業主は設ける必要がある。
所定労働時間の短縮措置等（介護）	常時介護を必要とする家族に対し，事業主に申し出て休業できる制度。 対象家族1人につき，利用開始から3年以上で2回以上利用できる次のいずれかの措置を事業主は設ける必要がある。 （所定労働時間短縮制度，フレックスタイム制度，始業・終業時刻繰上げ・繰下げ，介護サービス費用助成等）
転勤の配慮	労働者の転勤に，労働者の子の養育また家族の介護の状況に一定の配慮を求める制度。

レクチャー **11.4** **教育政策**

● 学校教育費の概要と経済的負担軽減

　地方公共団体の教育費を「**地方教育費**」といいます。地方教育費とは，「**社会教育費**」「**教育行政費**」「**学校教育費**」の合計です。社会教育費とは，地方公共団体が条例で設置する，教育委員会所管の社会教育関係の施設及び活動の経費です。教育行政費とは，教育委員会の一般行政事務及び運営経費です。学校教育費とは，公立の幼稚園，幼保連携型認定こども園，小中学校，各種学校等の教育活動の経費です。学校教育費の財源には，国庫補助金，都道府県支出金，市町村支出金があります。国庫補助金とは，国から地方公共団体への補助金です。都道府県支出金とは，都道府県が地方税等から都道府県立の学校，社会教育施設，教育委員会事務局の経費や市町村へ支出する補助金です。市町村支出金とは，地方税等から市町村立学校，社会教育施設，教育委員会事務局へ支出する経費をいいます。

　保護者及び運営者への経済的支援と財政措置として，就学前には，「**施設等利用費**」「**特別支援教育就学奨励費**」「**児童手当**」等が，小・中学校では，「**義務教育の無償**」「**義務教育教科書無償給与**」等が，高校等では，「**高校就学支援金制度**」「**高校生等奨学給付金**」等に加え，留学関係の経済的支援があります。大学では，「**授業料減免**」「**日本学生支援機構奨学金事業**」「**高等教育の修学支**

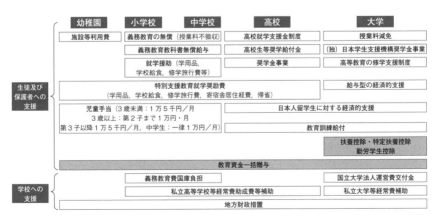

図 11.10　**保護者及び学生への経済的負担軽減**
（出所）内閣府「少子化社会対策白書」をもとに作成

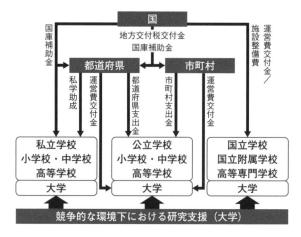

図11.11　財政措置の流れ
（出所）文部科学省「地方教育費調査」及び「我が国の教育行財政について」をもとに作成

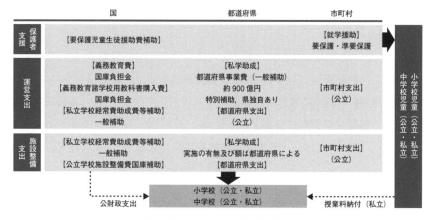

図11.12　義務教育への財政措置
（出所）文部科学省「地方教育費調査」及び「我が国の教育行財政について」をもとに作成

援制度」「給与型の経済的支援」等があります（図11.10）。一方，運営者への支援として，国立大学法人及び独立行政法人国立高等学校専門学校機構に，運営の基盤的経費に「**運営費交付金**」を，施設の基盤的経費に「**施設整備費**」を一般会計で交付し，設置・運営を任せています（図11.11）。公立学校は，設置者である地方公共団体が管理運営に関わる経費を負担します。地方公共団体が公立大学を法人化した場合，各設立団体から運営交付金が公立大学法人に交付されますが，法人化しない場合は，管理運営費は地方公共団体の会計に組み

込まれます。国及び地方公共団体は，私立高等学校に対して教育環境の整備と就学上の経済的支援として「**私立高等学校等経常費補助金**」，私立大学には「**日本私立学校振興・共済事業団**」を通じて，経常費補助として「**私立大学等経常費補助金**」を交付します。**図 11.12** に義務教育への財政措置を示しています。

● **義務教育制度**

　義務教育は憲法上の国民の権利及び義務として，国は，地方公共団体と共に義務教育にかかる費用を無償にし，全学校に必要な教職員を確保し，教育の機会均等と教育水準の維持向上を図ります。学校教育法第 5 条で，市町村は小・中学校の設置義務，都道府県は盲・聾・養護学校の設置義務が課され，「**設置者負担主義**」に基づき，経費は設置者が負担します。例外として，小・中学校の基幹的教職員は，都道府県に人件費と旅費の負担義務を課し，任命権を付与する「**県費負担教職員制度**」を設けています。また，全国的な義務教育水準の維持と教育の機会均等の保障のため，義務教育諸学校の基幹的職員の給料等に係る経費は，国が 3 分の 1 を負担する「**義務教育費国庫負担制度**」を設けています。基幹的な教職員の人件費，旅費，研修以外の経費は，学校の設置者が負担します。学校施設の整備は，義務教育諸学校施設国庫負担法等に基づき国が補助を行い，教材や設備等の整備，用務員等の基幹的な教職員以外の人件費等の経常的経費は，市町村の一般財源で負担します。

　表 11.4 には義務教育における国庫負担制度を，**表 11.5** では学級編制の標準化の変遷を示しています。小・中学校の教職員配置は，原則として，校長及び教頭（副校長）は各 1 人，学級担任は学級に 1 人の配置です。公立義務教育諸学校の学級編制及び教職員定数の標準に関する法律に基づいて，適正な学級規模と教職員が配置されています。都道府県は義務標準法に従い学級編制の基準を設定しますが，実際に学級編制を実施しているのは市町村です。教職員定数は，「**基礎定数**」「**加配定数**」で構成します。基礎定数は，学校数，学級数，生徒数に基づいて都道府県ごとに算定・配置します。加配定数は，少人数教育や不登校等の特別の配慮が必要な場合に，都道府県は国が定める基準に基づき加配定数の配分を決定・配置します。近年は，ICT 活用の特性・強みを生かした GIGA スクール構想が導入されています。

表 11.4　義務教育における国庫負担制度
（出所）文部科学省「義務教育費国庫負担制度」をもとに作成

年	国庫負担金制度	内容	給付負担	任命権者
1886	教員年功加俸国庫補助法	教員の俸給の一部を補助	市町村，国	
1900	市町村立小学校教育費国庫補助法 改正小学校令	授業料徴収を廃止 義務教育無償制の実現	市町村，国	
1918	市町村義務教育費国庫負担	市町村財政の負担軽減 教育改善のため教員俸給の一部国庫負担	市町村，国	国の機関としての知事
1940	義務教育費国庫負担法 市町村立小学校教員俸給及び旅費の負担に関する件（勅令）	市町村財政力不均衡拡大への定額負担制→実支出額 1／2 国庫負担制 給与負担を市町村負担→道府県負担	道府県，国	知事
1948	教員公務員法制定		道府県	市町村または教育委員会
1950	市町村立学校職員給与負担法		道府県	市町村または教育委員会
1950	義務教育費国庫負担制度廃止	地方財政平衡交付金制度創設	道府県，国	市町村または教育委員会
1953	義務教育国庫負担法	義務教育無償原則に基づき教職員給与費等の実支出額 1／2 国庫負担	道府県，国	市町村教育委員会
1957	地方教育行政の組織及び運営に関する法律		道府県，国	道府県・指定都市教育委員会
1974	義務教育費国庫負担法等改正	学校栄養職員の国庫負担対象化	道府県，国	道府県・指定都市教育委員会
1985	義務教育費国庫負担法等改正	旅費及び教材費の一般財源化	道府県，国	道府県・指定都市教育委員会
2001	市町村立学校職員給与負担法及び義務教育費国庫負担法の改正	再任用教職員及び非常勤講師を標準定数として国庫負担対象化	道府県，国	道府県・指定都市教育委員会
2003	義務教育費国庫負担法等改正	共済費長期給付及び公務災害補償基金負担金の一般財源化	道府県，国	道府県・指定都市教育委員会
2004	義務教育費国庫負担法等改正	退職手当及び児童手当の一般財源化 総額裁量制の導入による限度政令改正	道府県，国	道府県・指定都市教育委員会
2005	義務教育費国庫負担法等改正	栄養教諭の国庫負担対象化	道府県，国	道府県・指定都市教育委員会
2006	義務教育費国庫負担法等改正	国庫負担割合の 1／2 → 1／3 への変更 公立養護学校整備特別措置法廃止に伴う義務・養護の国庫負担金の一元化	道府県，国	道府県・指定都市教育委員会
2006	市町村立学校職員給与負担法改正	教職員給与費等への都道府県負担範囲の明確化	道府県，国	道府県・指定都市教育委員会
2008	市町村立学校職員給与負担法改正	副校長，主幹教諭及び指導教諭の国庫負担対象化	道府県，国	道府県・指定都市教育委員会
2017	義務教育費国庫負担法等改正	指定都市立小学校教職員給与の県費負担を指定都市へ移譲，指定都市を国庫負担金の交付対象化	道府県，指定都市，国	道府県・指定都市教育委員会

表11.5　学級編制の標準化

（出所）文部科学省「公立小中学校等の学級編制及び教職員定数の仕組み」をもとに作成

年	区分		学級編制の標準	内容
1959-1963	第1次 （昭和34〜38年）	5年計画	50人	学級編制及び教職員定数の標準の明定
1964-1968	第2次 （昭和39〜43年）	5年計画	45人	45人学級の実施及び養護学校教職員の定数化等
1969-1973	第3次 （昭和44〜48年）	5年計画		4個学年以上複式学級の解消等
1974-1978	第4次 （昭和49〜53年）	5年計画		3個学年複式学級の解消及び教頭・学校栄養職員の定数化等
1980-1991	第5次 （昭和55年〜平成3年）	12年計画	40人	40人学級の実施等
1993-2000	第6次 （平成5〜12年）	6→8年計画		指導方法の改善のための定数配置等
2001-2005	第7次 （平成13〜17年）	5年計画		少人数による授業，教頭・養護教諭の複数配置の拡充等
2006	平成18年		40人	
2007	平成19年			
2008	平成20年			主幹教諭特別支援，教育，食育
2009	平成21年			主幹教諭，特別支援教育，教員の事務負担軽減等
2010	平成22年			理数教科の少人数指導，特別支援教育，外国人児童生徒等への日本語指導等
2011	平成23年		小1：35人 小2〜中3：40人	小1のみ学級編制の標準を35人
2012	平成24年			小2の36人以上学級解消，様々な児童生徒の実態に対応できる加配定数措置，東日本大震災にかかる教育復興支援
2013	平成25年			いじめ問題への対応，特別支援教育小学校における専科指導
2014	平成26年			いじめ問題への対応，特別支援教育小学校における専科指導
				小学校英語の教科化への対応，いじめ・道徳教育への対応，特別支援教育の充実

復習

（1）子ども・子育て支援制度では，幼稚園，保育所，認定こども園は，[＿＿＿＿]で一本化している。

（2）[＿＿＿＿]は，離婚等によるひとり親家庭の生活保障として支給される。

（3）教職員定数は，[＿＿＿＿]加配定数から構成される。

（4）学校教育法第5条で，市町村は小・中学校の設置義務が課され，[＿＿＿＿]に基づき，経費は設置者が負担する。

練習問題

問題 1　雇用保険制度

雇用保険制度に関する次の記述のうち，誤っている内容を選択してください。

ヒント：p.194〜195 を読もう！

(1) 第 1 次オイルショックによる雇用情勢の悪化を背景に，1974（昭和 49）年に雇用保険法が制定された。

(2) 雇用保険制度とは，退職後の労働者が失業して所得の源泉を喪失した場合や，労働者について雇の継続が困難となる事由が生じた場合に支給される。

(3) 基本手当日額は原則，被保険者期間で計算され，最後 6 カ月の毎月支払い賃金総額を 180 で割って算定した額（賃金日額）の 50〜80％とする。

(4) 当該制度の手続きは，被保険者の住所のある公共職業安定所で行われる。

問題 2　労働者災害補償保険制度

労働者災害補償保険制度に関する記述のうち，誤っている文章を選択してください。

ヒント：p.195〜196 を読もう！

(1) 労働者災害補償保険制度は，業務・通勤災害の保護を目的としている。

(2) 労働者災害補償保険制度は，業務災害や通勤災害の治療費が主で，休業中の生活費は含まれず，年金及び一時金で支給する。

(3) 手続き及び認定は事業所の所在地を所轄する労働基準監督者が行う。

(4) 一定の手続きによって，中小企業事業や自営業等の加入が認められる。

問題 3　生活保護制度

生活保護制度に関する次の記述のうち，誤っている文章を選択してください。

ヒント：p.197〜200 を読もう！

(1) 生活保護費は，国が 4 分の 3，地方公共団体が 4 分の 1 を負担する。

(2) 生活保護制度における支給金額は，厚生労働大臣が定める基準で計算される最低生活費から収入を差し引いた差額を保護費として支給する。

(3) 生活保護には，生活扶助，教育扶助，住宅扶助，医療扶助，介護扶助，出産扶助，生業扶助，葬祭扶助がある。

(4) 生活保護制度では，最低生活の保障のもと，資産，能力等を活用することが保護の前提で，扶養義務者による扶養等は，保護に優先されない。

問題 4　保育所・幼稚園・認定こども園

認定こども園等に関する記述のうち，誤っている内容を選択してください。

ヒント：p.203〜205 を読もう！

(1) 新たに 50 万人分の整備を目指した待機児童解消加速化プランを策定した。

(2) 0〜2 歳までの子どもは，保育の必要性があると認定された住民税非課税世帯を対象に，利用料を無償化している。

(3) 認定こども園等を利用する子どもは，「教育標準時間（1号）認定こども」「保育（2号）認定こども」「保育（3号）認定こども」に区分される。

(4) 子ども・子育て支援制度では，「施設型給付費」で一本化している。

問題5　教 育 政 策

教育政策に関する次の記述のうち，誤っている文章を選択してください。

ヒント：p.209〜213 を読もう！

(1) 地方教育費とは，学校教育費，社会教育費及び教育行政費の合計である。

(2) 社会教育費とは，教育委員会の一般行政事務及び運営経費である。

(3) 国は，国立大学法人及び独立行政法人国立高等学校専門学校機構に，運営及び施設整備の経費に運営交付金を交付し，設置・運営を任せている。

(4) 保護者への経済的支援として，高校就学支援金制度等がある。

問題6　レポート①

第 11 章を踏まえ，下記をテーマにレポート（1,000 字以上）を作成してください。

(1) 待機児童問題における「待機児童解消加速化プラン」について説明せよ。

(2) 学級編制の標準化について説明せよ。

(3) 教育段階別財政措置について説明せよ。

問題7　レポート②

第 11 章を読む前と読んだ後を比較して，どのような考えを得ることができたかをテーマにレポート（1,000 字以上）を作成してください。

練習問題解答

問題1　正解（2）	問題2　正解（2）	問題3　正解（4）
問題4　正解（2）	問題5　正解（3）	問題6　正解省略
問題7　正解省略		

第**12**章

高齢化と地方財政

予習 高齢化を背景に，地方公共団体はどのように医療政策や介護政策を進めているのでしょうか？

社会保障制度

制度の変遷，機能と原理，税方式と社会保険方式

医療保険制度・介護保険制度

歴史的変遷，財源構造，給付構造

後期高齢者医療制度				介護保険制度
前期高齢者財政調査制度				
国民健康保険組合	全国健康保険協会	健康保険組合	共済組合	

持続可能な制度のあり方

学びのポイント

　戦後の日本の社会保障制度は，1961（昭和36）年に始まった国民皆保険・皆年金体制をはじめ，国民の生活を保障する「**セーフティネット**」（安全網）としての役割を果たしてきました。その後，核家族化や少子高齢化の進行，財政状況の深刻化，長引く経済の低迷によって，社会保障制度を取り巻く環境は大きく変化し，社会・経済の要請に応じた変革を経て，持続可能な制度を構築する重要性が増しています。本章では，社会保障の現状と課題，中でも地方公共団体が担う医療・介護の取組みについて学びます。

レクチャー **12.1**　社会保障制度

● 社会保障制度の概要

　個人の力だけでは備えることが難しい生活上のリスクに対して，社会全体で支える仕組みが「**社会保障制度**」です。**表 12.1** では，社会保障制度の変遷を示しています。1947（昭和22）年に，日本国憲法第 25 条で「すべて国民は，健康で文化的な最低限度の生活を営む権利を有する」と生存権が規定され，「**社会保険**」「**社会福祉**」「**公的扶助**」「**保健医療・公衆衛生**」を軸に，福祉国家の建設が目指されました。社会保険とは，事前に保険料を払うことで，病気やけが，出産，死亡，老齢，障害，失業などに遭遇した場合に，一定の給付を受けられる保険制度です。たとえば，医療保険，介護保険，年金保険，雇用保険，労災保険があります。社会福祉とは，児童，障害者，ひとり親家庭，高齢者が安心して社会生活を営むための公的な支援制度で，児童福祉制度，障害者制度，高齢者福祉制度があります。公的扶助とは，生活に困窮する人の最低限度の生活を保障し，自立を助ける制度です。生活扶助，教育扶助，住宅扶助，医療扶助，介護扶助，出産扶助，生業扶助，葬祭扶助を網羅する生活保護制度です。保健医療・公衆衛生とは，人々が健康に生活できるための予防及び衛生に関する制度です。たとえば，予防接種です。社会保障制度は生活安定機能，所得再分配機能，経済安定機能を備えています。生活安定機能は，生活の安定・安心をもたらします。たとえば病気に罹患した場合，医療保険は事前に保険料を支払い，負担可能な自己負担で必要な医療を受けられます。所得再分配機能は，個人や世帯の間で所得を移転させることで，国民の生活の安定を図ります。たとえば，生活保護制度です。経済安定機能とは，景気変動を緩和し経済成長を

表 12.1　社会保障制度の変遷

（出所）厚生労働省「社会保障制度の歴史」をもとに作成

医療・衛生	福祉・所得保障
1945-1954 年（昭和 20 年代）　戦後の緊急援護と社会保障制度の基盤整備	
栄養改善法（現健康増進法）制定　予防接種の徹底　医療法，医師法等の制定　医療施設の整備	生活保護法の制定　児童福祉法の制定　身体障害者福祉法の制定　労働者災害補償保険法の制定　失業保険法（現雇用保険法）制定
1955-1964 年（昭和 30 年代）　経済成長と国民皆保険・皆年金の整備	
新国民健康保険法の制定（国民皆保険体制構築）抗生物質の普及　母子への健康診査・指導の推進　学校保健法（現学校保健安全法）制定	国民年金法の制定（国民皆年金体制構築）　精神薄弱者福祉法の制定　老人福祉法の制定　母子福祉法の制定
1965-1975 年（昭和 40 年代）　高度経済成長と社会保障制度の充実	
医療保険給付の拡充・へき地医療対策の実施　公害対策法（現環境基本法）制定　環境庁の設置　廃棄物処理法の制定	年金水準の引上げ（平均賃金 60％設定）物価スライドの導入　保育所数増加　児童手当法の制定　雇用保険法の制定　中高年齢者促進法（現高齢者雇用安定法）制定
1975-1989 年（昭和 50・60 年代）　安定成長と社会保障制度の見直し	
老人保健法（現高齢者の医療の確保に関する法律）の制定　健康保険被保険者 1 割負担の導入　特定療養費制度の創設　生活習慣病対策　精神保健施策の展開（入院治療⇒地域ケア）　医薬品の安全性に関する規制強化　公的救済制度の創設	基礎年金の導入　支給開始年齢の引上げ　施設福祉から在宅福祉（ショートステイ事業・デイサービス事業の開始）　高齢者雇用安定法の制定
医療・福祉	
1990 年以降（平成以降）　少子・高齢社会に向けた社会保障の構造改革	
福祉 3 プランの策定と推進（ゴールドプラン，エンゼルプラン，障害者プラン）　生活困窮者自立支援制度創設　介護保険法制度創設　支援費制度創設　障害者自立支援法成立　高齢者の医療の確保に関する法律施行　子ども・子育て支援新制度創設	

支えることです。たとえば，雇用保険制度です。雇用保険制度は，失業中の家計収入を支え，個人消費の減少による景気の落ち込みを抑制します。図 12.1 は，年齢別社会保障制度を示しています。

● 社会保障制度の財源構造

　図 12.2 は社会保障制度の財源内訳を，図 12.3 は財源の流れを示しています。社会保障制度の財源は，加入者と事業主の保険料を中心に，国や地方公共団体の税が投入されます。医療保険や介護保険の場合，費用の一部を支払う利用者負担金があります。応能負担の見地から，低所得者には保険料の軽減・免除がありますが，費用の一部を国や地方公共団体が負担します。社会保険方式は，加入対象でない者や保険料を納付しない者は，原則として，給付による保障を

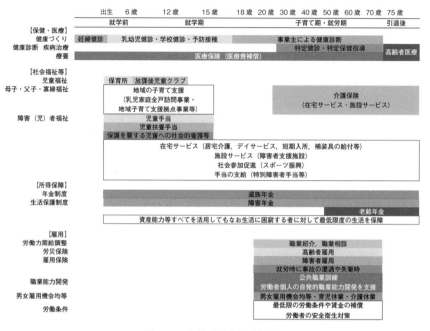

図 12.1　年齢別社会保障制度

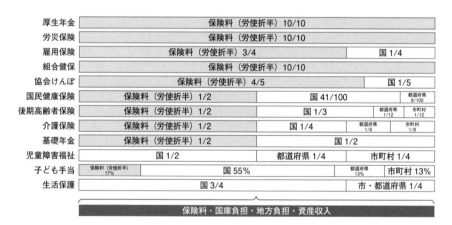

図 12.2　各制度の財源内訳
（出所）厚生労働省「厚生労働白書」をもとに作成

受けられません。事業主経由ではなく，直接本人から保険料を徴収する国民年金制度や国民健康保険制度は，保険料の未納が問題になります。このような問題に対して，非正規雇用者を対象とした厚生年金保険等の適用拡大や未納者に対する保険料納付率の向上への対策が課題です。社会保険方式と異なる仕組み

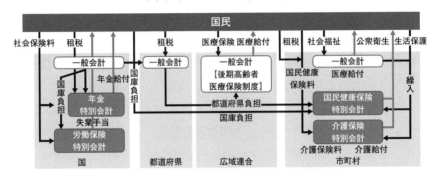

図 12.3　主な財源の流れ
（出所）厚生労働省「厚生労働白書」をもとに作成

として，税方式があります。税方式は保険料ではなく租税を財源にサービスの給付を行う仕組みです。たとえば，生活保護制度や社会福祉制度です。

レクチャー **12.2**　医療保険制度

● 医療保険制度の変遷

医療保険には，「職域保険」と「地域保険」があります。1920 年代以前の職域保険制度は，民間企業対象の民間共済組合と公務員対象の官業共済組合による任意加入の制度で，給付金額も掛金率も加入者に応じて異なっていました。1922（大正 11）年に「健康保険法」が制定され，10 人以上の従業員の企業は健康保険組合を通して従業員に健康保険の提供が義務づけられました。健康保険法は改正を重ね，大企業対象の「健康組合」，中小企業対象の「協会健康保険組合」，公務員及び私立学校教職員対象の「共済組合」の職域保険へと移行しました。

地域保険については，1938（昭和 13）年に「国民健康保険法」が成立し，市町村の地域保険制度が任意で設立・運営され，1958（昭和 33）年改正で義務化されました。1961（昭和 36）年には，すべての国民が加入する「国民皆保険」が創設されました。2018（平成 30）年には，市町村から都道府県に移管され，都道府県が財政運営と医療提供体制の権限・責任をもつこととなりました。高齢者に関する医療制度は，1973（昭和 48）年の「老人医療費支給制度」の創設によって，70 歳以上は医療費の 30％分が自己負担だったものが無

料化され，同年，「**高額療養費制度**」が創設されました。高齢者医療の財政悪化が懸念される中で，1982（昭和 57）年に，「**老人保健法**」の制定と「**老人保健制度**」の創設によって，高齢者の自己負担が復活しました。70 歳以上の高齢者及び 65 歳以上の一定の障害者を対象とする老人保健制度は，運営主体が市町村で財源は保険者からの拠出金，公費，一部負担金で賄われました。1984（昭和 59）年に創設された「**退職者医療制度**」は，国民健康保険の被保険者で 65 歳未満，かつ厚生年金等の被保険者期間が 20 年以上，もしくは 40 歳以降で 10 年以上加入し老齢年金を受けている者を対象とし，運営主体が市町村で財源は退職被保険者等の保険料と被用者保険の保険者の拠出金としました。被用者保険加入者が退職後に加入する国民健康保険制度の財政上の構造的問題を社会全体で支えるため，65〜74 歳は職域保険もしくは地域保険に加入した状態で保険者間の財政調整を行う仕組みが導入されました。これを，「**前期高齢者医療制度**」といい，各保険者の保険料が拠出金として市町村へ納めら

コラム 12.1　民間保険と社会保険の違い

　我が国では，民間の生命保険会社や損害保険会社が医療保険や年金保険を提供しています。民間保険は契約のため加入も脱退も自由ですが，社会保険は法律で加入が義務づけられています。ただ，民間保険でも社会保険でも共通するのは，個人のリスクを分散するために，一定の保険事故に対して，保険集団を作り，事前に保険料を支払ってリスクに備える保険方式で運営されています。また，保険料は各自のリスクに見合った設定が原則です。**表 12.2** は民間保険と社会保険の違いを示しています。

表 12.2　民間保険と社会保険の違い
（出所）金融庁「公的保険について」をもとに作成

	民間保険	社会保険
適用	任意加入	強制加入
原理	保険原理	扶助原理
根拠	契約により確定・変更	法律に基づいて変更
市場	民間市場	政府独占
財源	保険料	保険料と公費
給付	支払い能力に応じて水準適用	最低保障
コスト予測	正確な予測が必要	必ずしも正確な予測を必要としない

表 12.3　老人保健制度と後期高齢者医療制度の相違
（出所）厚生労働省「高齢者医療制度」をもとに作成

	老人保健制度	後期高齢者医療制度
根拠法	老人保健法	高齢者の医療の確保に関する法律
運営主体	市町村	広域連合
運営内容	保険料賦課は社会保険等と医療給付は市町村（市町村国民健康保険は賦課と給付は同一）	広域連合が保険料の賦課及び医療給付
運営責任	不明確	明確化
対象	75 歳以上（65 歳以上の一定以上障害の方）	75 歳以上（65 歳以上の一定以上障害の方）
財源	公費 5 割（国 4：県 1：市町村 1）：75 歳以上加入者数に応じて拠出保険料 5 割	公費 5 割（国 4：県 1：市町村 1）：保険者からの支援金 4 割：0〜74 歳加入者数に応じて拠出保険料 1 割
保険料負担	なし国民健康保険や社会保険等の各保険者へ保険料を納付	被保険者は，広域連合が条例で定めた保険料率により算定した保険料を納付（財源の 1 割部分に相当）
患者負担	1 割負担（現役並み所得者は 3 割）	1 割負担（現役並み所得者は 3 割）
資格管理	市町村	広域連合（届出受付は市町村）
レセプト審査	市町村	広域連合

れます。

　老人保健制度は，若年者と高齢者の費用負担が不明確で，保険料の納付先と拠出先が一致しないことから，2008（平成 20）年に**後期高齢者医療制度**が創設され，退職者医療制度が廃止されました。**表 12.3** には，老人保健制度と後期高齢者医療制度の相違を示しています。

● 医療保険制度の仕組み

　図 12.4 は，医療保険制度の仕組みを示しています。病気を患い診療所や病院で治療を受けた場合に，受診者は保険証を窓口で提示することで，負担割合に応じて医療費の一部を支払います。たとえば医療費が 5,000 円で自己負担が 3 割であれば，支払いは 1,500 円です。残りの 7 割は，被保険者が毎月保険者に支払っている保険料で賄われます。各医療機関は，7 割分の診療報酬支払いを審査支払機関である国民健康保険団体連合会や社会保険診療報酬支払基金に請求します。審査支払機関は，保険者に診療報酬の払込みを請求し，保険者が

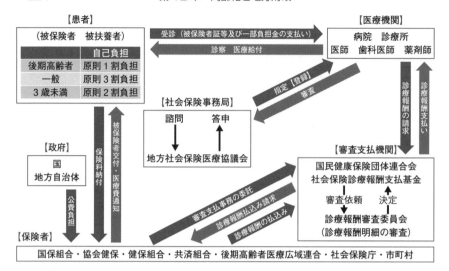

図12.4　医療保険制度の仕組み

（出所）厚生労働省「高齢者医療制度」「我が国の医療保険について」をもとに作成

表12.4　自己負担の変遷

（出所）厚生労働省「高齢者医療制度」「我が国の医療保険について」をもとに作成

		～1972 (昭和47)年	1973 (昭和48)年	1997 (平成9)年	2001 (平成13)年	2002 (平成14)年	2003 (平成15)年	2006 (平成18)年	2008 (平成20)年	2022 (令和4)年
		老人医療費支給制度前	老人医療費支給制度	老人保健制度					後期高齢者医療制度	
国保	高齢者	3割	なし／入院300円/日 外来400円/日（月4回まで）＋薬剤一部負担	入院1000円/日 外来500円/日（月4回まで）＋薬剤一部負担	定率1割負担（月額上限付き）薬剤一部負担廃止 高額医療費制度	定率1割負担（現役並み所得者2割）		定率1割負担（現役並み所得者3割）（75歳以上）	定率1割負担（現役並み所得者3割）	定率1割負担（現役並み所得者3割 現役並み所得者以外の一定所得以上2割）
被用者本人	定額負担								2割負担（現役並み所得者3割）70歳1割（70～74歳）	
被用者家族	5割	若年者／国保	3割 高額療養費創設	入院3割 外来3割＋薬剤一部負担（3歳未満の乳幼児2割）		3割	3割 薬剤一部負担の廃止	3割		3割（義務教育就学前2割）
		被用者本人	定額→1割 高額療養費創設	入院2割 外来2割＋薬剤一部負担					70歳未満	
		被用者家族	3割→入院2割 高額療養費創設 外来3割	入院2割 外来3割＋薬剤一部負担（3歳未満の乳幼児2割）						

診療報酬の払込みを行います。なお，自己負担の割合は，小学生未満と70～74歳が2割，75歳以上が1割です。ただし，70歳以上でも「現役並み所得者」であれば3割となります。また，子どもの医療費助成があります。医療費助成は，各地方公共団体によって，対象年齢，負担の方法（入院外のみ無料な

表 12.5　医療保険制度の比較

（出所）厚生労働省「厚生労働白書」をもとに作成

		協会けんぽ	組合健保	共済組合	市町村国保	後期高齢者医療制度
保険者		全国健康保険協会	健康保険組合	共済組合	市町村	後期高齢者医療広域連合
保険者数（令和2年度）		1	1,388	85	1,716	47
加入者数（令和2年度）		4,044万人	2,884万人	854万人	2,660万人	1,803万人
加入者平均年齢（令和元年度）		38.1歳	35.2歳	32.9歳	53.6歳	82.5歳
65～74歳割合（令和元年度）		7.70%	3.40%	1.40%	43.60%	1.70%
加入者1人当たり平均所得（令和元年度）		18.6万円	16.4万円	16.3万円	37.9万円	95.4万円
加入者1人当たり平均保険料（令和元年度）事業主負担込		11.9万円	13.2万円	14.4万円	8.9万円	7.2万円
保険料負担率		7.50%	5.80%	5.80%	10.30%	8.40%
公費負担		給付費等16.4%	保険者等への補助	なし	給付費等約50%＋保険料軽減	給付費等約50%＋保険料軽減
公費負担額（令和4年予算ベース）		1兆2,360億円（全額国費）	725億円（全額国費）		4兆3,034億円（国3兆1,115億円	8兆5,885億円（5兆4,653億円）
医療給付（令和4年）	療養の給付 訪問看護療養費	義務教育就学前：2割 義務教育就学後～70歳未満：3割 70歳以上75歳未満：2割（現役並み所得者3割）				1割（現役並み所得者3割）
	入院時食事療養費	食事療養費負担額：1食につき460円 低所得者1食につき210円（90日を超える入院　1食につき160円 特に所得の低い70歳以上低所得者　1食につき100円				
	入院時生活療養費	生活療養標準負担額：1食につき460円＋370円（居住費） 低所得者：1食につき210円（食費）＋370円（居住費） 特に所得の低い低所得者：1食につき130円（食費）＋370円（居住費） 老齢福祉年金受給者：1食につき100円（食費）＋0円（居住費）				
	高額療養費	医療費が過度にならないように，自己負担支払い後に，月ごとの自己負担限度額を超える部分に被保険者の所得に応じて，事後的に保険者から償還払い				
現金給付（令和4年）	出産育児一金	被保険者又は被扶養者が出産した場合に原則42万円の支給（国民健康保険は条例又は規約に定める金額）				
	埋葬料	被保険者又は被扶養者が死亡した場合に定額5万円の支給（国民健康保険，後期高齢者医療保険は条例又は規約に定める金額）				
	傷病手当金	国民健康保険・後期高齢者医療保険制度は任意給付				
	出産手当金	国民健康保険・後期高齢者医療保険制度は任意給付				

ど）が異なります。**表 12.4** は，自己負担の変遷を示しています。**表 12.5** は，被保険者が加入する医療保険制度を示しています。医療保険は，職域を基とする被用者保険と，居住地を基とする国民健康保険，75 歳以上の高齢者等を対象とする後期高齢者医療制度に区分され，給付の内容は原則として同じです。保険料は，被用者保険は給与等に応じて労使折半します。国民健康保険や後期高齢者医療制度では，世帯人員及び所得等で保険料が決まり，市町村が徴収します。各保険者の財政状況は，加入する被保険者を反映するため制度によって異なります。

● 医療保険制度の財源構造

　　図 12.5 は，医療保険制度の財源構造を示しています。国民健康保険事業の

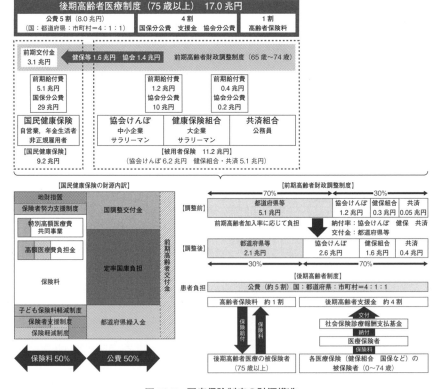

図 12.5　医療保険制度の財源構造
（出所）厚生労働省「我が国の医療保険について」をもとに作成

財源は，加入者から徴収した国民健康保険料もしくは国民健康保険税，国庫負担金等の収入で，保険者が保険事業を行います。給付費の50％は，投入される税金は国が41％，都道府県が9％を賄っています。国が支出する国庫支出金には，療養給付費等負担金のうち市町村に対する負担金として，療養給付費等負担金と高額療養費共同事業負担金があります。国民健康保険組合に対する補助金には，療養給付費等補助金と事務費負担金があります。前期高齢者財政調整として被用者保険（健康保険組合，全国健康保険協会など）の保険料が投入されています。それ以外に，国民健康保険出産育児一時金補助金，財政調整交付金（普通調整交付金と特別調整交付金），国民健康保険組合出産育児一金等補助金（出産育児一時金補助金と高額医療費共同事業補助金），国民健康保険団体連合会等補助金，療養給付費等給付金，療養給付費等拠出金があります。さらに，保険料軽減部分には国，都道府県，市町村の税財源が入ります。これを保険基盤安定繰入金（保険料軽減分と保険料支援分）といいます。また，累積赤字部分や地方公共団体独自の保険料軽減部分は，一般会計から財源を投入します。これを法定外繰入といいます。

　前期高齢者医療制度では，65〜74歳の前期高齢者の加入率に応じて，国民健康保険は前期高齢者交付金として各被用者保険から交付され，各被用者保険にとっては前期高齢者納付金として国民健康保険に納めることで，保険者間の財政調整を行います。後期高齢者医療に要する費用は，50％が公費で，50％が社会保険料で賄われます。公費の内訳は，国が4割，都道府県が1割，市町村が1割負担します。社会保険料の負担率は，2008（平成28）年度及び2009（平成21）年度は10％，2010（平成22）年度以降は10％を基準に，2年ごとに政令で定めます。2019（平成30）年度及び2020（平成31）年度には，11.18％を後期高齢者医療制度の被保険者が，保険料として直接納付しました。残りの約4割（38.82％）は，各医療保険者（健康保険組合，全国健康保険協会，市町村等）が後期高齢者支援金及び後期高齢者関係事務費拠出金として社会保険診療報酬支払基金に納付し，基金として後期高齢者交付金を広域連合に交付するように設定されています。

コラム 12.2　母子手帳アプリ「母子モ」

　母子手帳アプリ「母子モ」は，地方自治体が交付する母子健康手帳の記録をデジタル保存し，妊娠・出産・子育てに関する情報を最適なタイミングで配信するアプリです（**図 12.6**）。このように，さまざまな課題や多様化するニーズに対応するため，近年，ICT を活用した子育て支援サービスが増えています。

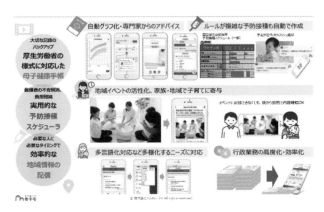

図 12.6　「母子モ」を紹介するホームページ
（出所）内閣府「子育てノンストップの実現に向けて」より抜粋

復習

　(1) 日本の社会保障制度は，日本国憲法第 25 条の生存権が保障され，□□□□□「社会福祉」「公的扶助」「保健医療・公衆衛生」を軸に発展してきた。

　(2) 2000 年代には超高齢社会が到来し，自然増による社会保障関連支出が増えることで，社会保障制度の□□□□□が問われている。

　(3) 国民健康保険事業の財源については，加入者から徴収した国民健康保険料又は国民健康保険税と□□□□□等の収入で，保険者が保険事業を行うとしている。

　(4) 市町村が運営していた国民健康保険は，2018 年から□□□□□が財政運営と医療提供体制で大きな権限と責任をもつようになる。

レクチャー**12.3**　高齢者保健福祉施策

● 高齢者保健福祉施策の変遷

　表 12.6 は，「高齢者保健福祉」の変遷を示しています。1963（昭和 38）年

表 12.6　高齢者保健福祉と介護保険制度の変遷

（出所）厚生労働省「日本の介護保険制度について」をもとに作成

1960 年代　高齢者福祉の創設

1962	（昭和 37）	訪問介護事業の創設
		（ホームヘルプサービス）
1963	（昭和 38）	老人福祉法制定
1968	（昭和 43）	老人社会活動促進事業の創設
1969	（昭和 44）	日常生活用具給付等事業の創設
		寝たきり老人対策事業の開始

1970 年代　老人医療費の増加

1970	（昭和 45）	社会福祉施設緊急整備 5 カ年計画の策定
1971	（昭和 46）	中高年齢者等雇用促進特別措置法制定
		（シルバー人材センター）
1973	（昭和 48）	老人医療費無料化
1978	（昭和 53）	老人短期入所生活介護事業の創設（ショートステイ）
		国民健康づくり対策
1979	（昭和 54）	日帰り介護事業の創設（デイサービス）

1980 年代　保健・医療・福祉の連携と在宅サービスの重視

1982	（昭和 57）	老人保健法制定
1986	（昭和 61）	地方分権法による老人福祉法改正
		（団体委任事務化　ショートステイ・デイサービスの法定化）
1987	（昭和 62）	老人保健法改正（老人保健施設の創設）
		社会福祉士及び介護福祉士法制定
1988	（昭和 63）	第 2 次国民健康づくり対策
1989	（平成元）	高齢者保健福祉推進 10 カ年戦略（ゴールドプラン）の策定
		健康長寿のまちづくり事業の創設

1990 年代　計画的な高齢者保健福祉の推進

1990	（平成 2）	福祉八法改正（在宅サービスの推進，福祉サービスの市町村一元化，老人保健福祉計画）
		寝たきりゼロ作戦
		在宅介護支援センターの創設
1991	（平成 3）	老人保健法改正（老人訪問看護制度の創設）
1992	（平成 4）	福祉人材確保法（社会福祉事業法等の改正）
1993	（平成 5）	福祉用具の研究開発及び普及の促進に関する法律制定
1994	（平成 6）	新・高齢者保健福祉推進 10 カ年戦略（新ゴールドプラン）の策定
1995	（平成 7）	高齢社会対策基本法制定
1996	（平成 8）	高齢社会対策大綱の策定
1997	（平成 9）	介護保険法制定，痴呆対応型老人共同生活援助事業
1999	（平成 11）	今後 5 カ年計画の高齢者保健福祉施策の方向（ゴールドプラン 21）の策定
		介護休業の義務化

2000 年代　新たな介護制度開始

2000	（平成 12）	介護保険法施行
2001	（平成 13）	新しい高齢社会対策大綱の策定
2004	（平成 16）	被保険者・受給者の拡大に関する意見
2005	（平成 17）	介護保険法改正（予防重視型システムへの転換，地域密着型サービス，地域包括支援センター創設）
2006	（平成 18）	老人保健法改正（高齢者の医療の確保に関する法律，後期高齢者医療制度創設）
2008	（平成 20）	後期高齢者医療制度施行

2010 年代　地域包括ケアシステムの構築に向けて

2010	（平成 22）	介護保険制度の見直しに関する意見
2011	（平成 23）	介護保険法改正
		（地域包括ケアの推進　24 時間対応の定期巡回・随時対応サービスや複合型サービスの創設）
2014	（平成 26）	介護保険法改正
		（地域医療介護総合確保基金の創設　在宅医療・介護の連携強化，保険料軽減割合拡大）
2017	（平成 29）	介護保険法改正
		（自立支援・重度化防止　介護納付金への総報酬割の導入　介護医療院の創設）
2020	（令和 2）	介護保険法改正
		（医療・介護のデータ基盤の整備の推進　市町村の包括的な支援体制の構築の支援）

の老人福祉法の制定によって，特別養護老人ホーム創設や訪問介護の法制化が行われるなど，1960 年代は養老施設への収容保護が主でした。1970 年代に入ると，施設整備を中心に高齢者保健福祉施策が拡充され，1980 年代には在宅福祉対策の充実化が図られました。1989（平成元）年には，在宅福祉対策や施設福祉対策を柱に，「**高齢者保健福祉推進 10 カ年戦略（ゴールドプラン）**」が策定されました。1990（平成 2）年には「老人福祉法等の一部を改正する法律」が公布され，福祉サービスは市町村が実施することを基本とし，市町村及び都道府県に「**老人保健福祉計画**」の策定が義務づけられました。1990 年代は，介護高齢者の増加，介護期間の長期化，核家族化の進行や家族の高齢化によって，医療と介護を一体とした継続的なケアへのニーズが高まりました。

　ここまでは，「**老人福祉制度**」と「**老人保健制度**」で高齢者介護に対応していましたが，1997（平成 9）年に介護保険法が成立し，2000（平成 12）年に「**介護保険制度**」が施行されました。介護保険法は，高齢者介護の実態を踏まえ，社会，ニーズに合わせるため，3 年ごとに改定する仕組みとなっています。2005（平成 17）年には，地域包括支援センター及び地域密着型サービスが創設され，2008（平成 20）年改正では，介護事業者の体制整備が行われました。2011（平成 23）年改正では，高齢者が地域で自立した生活を営めるよう，医療，介護，予防，住まい，生活支援サービスが切れ目なく提供される「**地域包括ケアシステム**」の実現に向けた取組みが進められました。2014（平成 26）年改正では，在宅医療と介護の連携，認知症対策の充実，地域ケア会議の推進，生活支援サービスの強化が図られました。2017（平成 29）年改正では，「**介護医療院**」が創設され，介護納付金への総報酬割が導入されました。2020（令和 2）年改正では，地域住民の複雑化・複合化した支援ニーズに対して，包括的な福祉サービスの提供体制の整備の観点から，地域包括支援センターの役割や認知症対策の強化が行われ，新たな改正法が成立しました。2021（令和 3）年からは，地域共生社会の実現に向けた取組みが進められています。

● **介護保険制度の概要**

　介護保険制度は，2000（平成 12）年創設時点で要介護（要支援）認定者数は 256 万人であったのが，2020（令和 2）年 4 月には 669 万人となり，およそ 3 倍にまで増えました。介護保険サービス利用者の増加によって給付費が増大

し，介護保険料が上昇しています。表 12.7 では，介護保険給付費，認定者数，介護保険料等を示しています。図 12.7 では介護保険制度の仕組みを示しています。介護保険制度の財源は，国，都道府県，市町村の公費による 5 割，被保険者が支払う保険料による 5 割（第 1 号保険料 22%，第 2 号保険料 28%）で賄われています。被保険者は，65 歳以上（第 1 号被保険者）と，40〜64 歳の医療保険加入者（第 2 号被保険者）で構成されています。第 1 号被保険者は，年金から天引きされ各保険者に納付されます。第 2 号被保険者は，毎月の給与から年金と同時に天引きされ，加入する社会保険を介して納付されます。サービスの利用時には自己負担額が発生しますが，原則として，1 割負担です。ただし，一定以上所得者に対しては，2 割または 3 割負担です。

　介護サービスを利用する場合，利用者は各地方公共団体の窓口で申請を行ったのち，市区町村の職員が直接自宅に訪れ聞き取り調査を実施し，コンピュータによる 1 次判定と，医師によって作成される「主治医意見書」をもとにした 2 次判定を経て，**「要介護度」**（「要支援 1〜2」「要介護 1〜5」または「自立（非該当）」）が認定され，介護保険被保険者証が発行されます。介護保険制度では，利用者自らがサービスの種類や事業者を選んで利用できます。サービスの手配を利用者本人が行うことが難しい場合，介護支援専門員（ケアマネジャー）が代わりに対応します。利用者は，所得に関わらず，支給限度基準額内の介護サービス費用の 1 割を負担し（一定以上所得のある場合は 2 割負担），超えた分の費用は全額自己負担となります。介護保険制度の対象者は，65 歳以上の第 1 号被保険者と 40 歳以上 60 歳未満で特定疾患のある第 2 号被保険者です。第 1 号被保険者は，原因を問わずに要介護認定及び要支援認定者が介護サービスを受けられます。第 2 号被保険者は，加齢に伴う疾病が原因で要介護（要支援）認定を受けた場合に，介護サービスを受けることができます。

　介護サービスには**「居宅サービス」「施設サービス」「地域密着型サービス」**があります。居宅サービスには，訪問介護，訪問看護，訪問入浴介護，居宅介護支援などの訪問系サービス，通所介護や通所リハビリテーションの通所系サービス，短期入所生活介護などの短期滞在型サービスがあります。地域密着型サービスには，小規模多機能型居宅介護，特定施設入居者生活介護や認知症対応型共同生活介護入居者生活介護などの居住系サービスがあります。施設サービスには介護老人保健施設，介護老人療養施設，特別養護老人施設があります。

表 12.7　介護保険制度の概要と変遷

（出所）厚生労働省「給付と負担について」等より抜粋

		保険給付費	認定者数	介護保険サービス利用者	第1号保険料（65歳〜）の1人当たり月額（基準額の全国加重平均）	第2号保険料（40歳〜64歳）の1人当たり月額（事業主負担分、公費分を含む）	介護報酬改定率	改定の視点
		兆円	万人	万人	円	円	%	
第1期	2000（平成12）	3.2	256	184		2,075		
	2001（平成13）	3.6	298	218	2,911	2,647		
	2002（平成14）	4.1	345	254		3,008		
第2期	2003（平成15）	4.7	384	287		3,196	▲ 2.3	自立支援から居宅介護支援の確立 施設サービスの適正化
	2004（平成16）	5.1	409	316	3,293	3,474		
	2005（平成17）	5.6	432	337		3,628		居住費及び食費の見直し
第3期	2006（平成18）	5.8	440	353		3,595	▲ 0.5	中重度への支援強化 介護予防、リハビリテーションの推進 地域包括ケア、認知症ケアの確立 医療・介護の機能分担と連携
	2007（平成19）	6.0	453	364	4,090	3,777		
	2008（平成20）	6.3	467	378		3,944		
第4期	2009（平成21）	6.6	485	393		4,093	3.0	介護従事者の人材確保・処遇改善 医療・介護の連携　認知症ケアの充実
	2010（平成22）	7.1	506	412	4,160	4,289		
	2011（平成23）	7.5	531	434		4,463		
第5期	2012（平成24）	7.8	561	468		4,622	1.2	在宅サービスの充実と施設の重点化 自立支援型サービスの強化と重点化 介護人材の確保とサービスの質の評価
	2013（平成25）	8.3	584	482	4,972	4,871		
	2014（平成26）	8.7	606	503		5,125	0.63	消費税の引上げ（8%）への対応 基本単位数及び区分支給限度基準額の引上げ
第6期	2015（平成27）	9.1	620	521		5,081	▲ 2.27	中重度及び認知症高齢者の強化 介護人材確保対策の推進 サービス評価の適正化
	2016（平成28）	9.3	632	560	5,514	（9月まで）5,192 / （10月以降）国保 5,190 / （10月以降）被用者保険 5,249		
	2017（平成29）	9.5	641	552		国保 5,397 / 被用者保険 5,457	1.14	介護人材の処遇改善
第7期	2018（平成30）	9.8	658	554		国保 5,353	0.54	地域包括ケアシステムの推進 自立支援・重度化防止 多様な人材の確保と生産性の向上 介護サービスの適正化・重点化
	2019（令和元）	10.1	669	567	5,869	被用者保険 5,410 / 国保 5,532 / 被用者保険 5,591	2.13	介護人材の処遇改善 消費税の引上げ（10%）への対応 基本単位数等の引上げ 区分支給限度基準額や補足給付の基準費用額の引上げ
	2020（令和2）	11.6	682	583		5,669		
第8期	2021（令和3）					6,678	0.7	感染症や災害への対応力強化 地域包括ケアシステムの推進 自立支援・重度化防止の取組の推進 介護人材の確保・介護現場の革新 制度の安定性・持続可能性の確保
	2022（令和4）				6,014	6,829 見込み額		
	2023（令和5）							

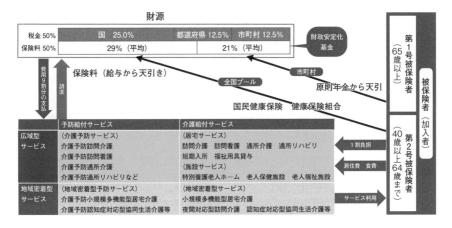

図 12.7　介護保険制度の仕組み
（出所）厚生労働省「介護保険事業状況報告」「介護保険制度の概要」をもとに作成

　施設系サービスには，「**軽費老人ホーム（ケアハウス）**」「**公的賃貸住宅（シルバーハウジング）**」「**サービス付き高齢者向け住宅**」等の高齢者向け住居のサービスがあります。**表12.8**に，高齢者向けの住宅を示しています。住宅改造については，都道府県の高齢者総合相談センターで相談を受け付け，福祉・保健・医療・建築等の専門家チームを組んで日常生活上介護の必要な高齢者世帯に出向き，相談・助言を行うリフォームヘルパー制度があります。

● 高齢者施策

　今後の高齢者介護において，「**認知症施策**」は重要な課題となっています。2000（平成12）年には，認知症に特化したサービスとして，認知症グループホームが法定化され，2005（平成17）年度から10年間を「認知症を知り地域を作る10か年」とし，「**認知症サポーター**」の養成が開始されました。2012（平成24）年に「今後の認知症施策の方向性について」として「**認知症推進5か年計画（オレンジプラン）**」が，2015（平成27）年には「**認知症施策推進総合戦略（新オレンジプラン）**」が策定され，2019（令和元）年には，「**認知症施策推進大綱**」がまとめられました。**図12.8**では認知症施策推進大綱の概要を示しています。認知症施策推進大綱では，認知症の発症を遅らせ，認知症になっても希望をもって日常生活を過ごせる社会を目指し認知症の人や家族の視点

表 12.8　高齢者の居住関係施設の概要

（出所）厚生労働省「施設・居住系サービスについて」厚生労働省「認知症施策推進大綱」より抜粋

	特別養護老人ホーム	養護老人ホーム	軽費老人ホーム（ケアハウス）	シルバーハウジング	有料老人ホーム	サービス付き高齢者向け住宅	認知症高齢者グループホーム
根拠法	老人福祉法第 20 条の 5	老人福祉法第 20 条の 4	社会福祉法第 65 条老人福祉法第 20 条の 6	公営住宅法（昭和 26 年法律第 193 号）	老人福祉法第 29 条	高齢者住まい法　第 5 条	老人福祉法第 5 条の 2
基本的性格	要介護高齢者対象の生活施設	環境的経済的に困窮した高齢者施設	低所得高齢者対象の住居	高齢者対象の住居	高齢者対象の住居	高齢者対象の住居	認知症高齢者対象の共同生活住居
定義	入所者を養護することを目的とする施設	入居者を養護し，その者が自立した生活を営み，社会的活動に参加するために必要な指導及び訓練その他の援助を行うことを目的とする施設	無料又は低額な料金で，食事の提供その他日常生活上必要な便宜を供与することを目的とする施設	公営住宅やUR 都市再生機構賃貸住宅等の公共賃貸住宅のうち住宅のバリアフリー化と生活援助員による生活相談サービス施設	①入浴，排せつ又は食事の介護②食事の提供③洗濯，掃除等の家事④健康管理のいずれかをする事業を行う施設	状況把握サービス生活相談サービス等の福祉サービスを提供する住宅	入浴，排せつ，食事等の介護等の日常生活上の世話及び機能訓練を行う住居共同生活の住居
利用できる介護保険	介護福祉施設サービス	特定施設入居者生活介護訪問介護，通所介護等の居宅サービス	特定施設入居者生活介護訪問介護，通所介護等の居宅サービス	訪問介護，通所介護等の居宅サービス	特定施設入居者生活介護訪問介護，通所介護等の居宅サービス	特定施設入居者生活介護訪問介護，通所介護等の居宅サービス	認知症対応型共同生活介護
主な設置主体	地方公共団体社会福祉法人	地方公共団体社会福祉法人	地方公共団体社会福祉法人知事許可を得た法人	地方公共団体都市再生機構住宅供給公社	限定なし（営利法人中心）	限定なし（営利法人中心）	限定なし（営利法人中心）
対象者	65 歳以上で身体上又は精神上著しい障害によって常時介護が必要で居宅で受ける者	65 歳以上の者であって，環境上及び経済的理由により居宅において養護を受けることが困難な者	身体機能の低下等により自立した生活を営むことについて不安であると認められる者であって，家族による援助を受けることが困難な 60 歳以上の者	60 歳以上単身・夫婦世帯60 歳以上の者障害者単身・夫婦世帯で年収制限や貯蓄の条件あり	老人福祉法上，老人に関する定義がないため，解釈は社会通念による老人	単身・夫婦世帯60 歳以上の者要介護／要支援認定をを受けている 60 歳未満の者	要介護者／要支援者であって認知症である者
1 人当たり面積	10.65m²	10.65m²	21.6m²（単身）31.9m²（夫婦）など	19m² 以上（公営住宅基準）	13m²（参考値）	5m² など	7.43m²

認知症施策推進大綱（概要）（令和元年6月18日認知症施策推進関係閣僚会議決定）

【基本的考え方】
　認知症の発症を遅らせ，認知症になっても希望を持って日常生活を過ごせる社会を目指し認知症の人や家族の視点を重視しながら「共生」と「予防」※を車の両輪として施策を推進
※1「共生」とは，認知症の人が，尊厳と希望を持って認知症とともに生きる，また，認知症があってもなくても同じ社会でともに生きるという意味
※2「予防」とは，「認知症にならない」という意味ではなく，「認知症になるのを遅らせる」「認知症になっても進行を緩やかにする」という意味

コンセプト	具体的な施策の5つの柱

コンセプト

○認知症は誰もがなりうるものであり，家族や身近な人が認知症になることなども含め，多くの人にとって身近なものとなっている。
○生活上の困難が生じた場合でも，重症化を予防しつつ，周囲や地域の理解と協力の下，本人が希望を持って前を向き，力を活かしていくことで極力それを減らし，住み慣れた地域の中で尊厳が守られ，自分らしく暮らし続けることができる社会を目指す。
○運動不足の改善，糖尿病や高血圧症等の生活習慣病の予防，社会参加による社会的孤立の解消や役割の保持等が，認知症の発症を遅らせることができる可能性が示唆されていることを踏まえ，予防に関するエビデンスを収集・普及し，正しい理解に基づき，予防を含めた認知症への「備え」としての取組を促す。結果として70歳代での発症を10年間で1歳遅らせることを目指す。また，認知症の発症や進行の仕組みの解明や予防法・診断法・治療法等の研究開発を進める。

具体的な施策の5つの柱

①普及啓発・本人発信支援
● 企業・職域での認知症サポーター養成の推進
●「認知症とともに生きる希望宣言」の展開
　　　　　　　　　　　　　　　　　等

②予防
● 高齢者等が身近で通える場「通いの場」の拡充
● エビデンスの収集・普及　　　　　等

③医療・ケア・介護サービス・介護者への支援
● 早期発見・早期対応の体制の質の向上，連携強化
● 家族教室や家族同士のピア活動等の推進
　　　　　　　　　　　　　　　　　等

④認知症バリアフリーの推進・若年性認知症の人への支援・社会参加支援
● 認知症になっても利用しやすい生活環境づくり
● 企業認証・表彰の仕組みの検討
● 社会参加活動等の推進　　　　　　等

⑤研究開発・産業促進・国際展開
● 薬剤治験に即応できるコホートの構築　等

認知症の人や家族の視点の重視

図 12.8　認知症施策推進大綱
（出所）厚生労働省「施設・居住系サービスについて」厚生労働省「認知症施策推進大綱」より抜粋

を重視しながら「共生」と「予防」を車の両輪として施策を推進することとしています。たとえば，診断後の心理面・生活面の早期からの支援として，市町村がコーディネーターを配置し，地域で把握した認知症の方の悩みや家族の身近な生活支援ニーズ等と認知症サポーター等の支援者をつなぐ「**チームオレンジ**」があります。

　また，認知症，知的障害，精神障害などにより物事を判断する能力が十分で

ない方について，本人の権利を守る援助者（「成年後見人」等）を選ぶことで，本人を法律的に支援する「**成年後見制度**」があります。成年後見制度は法定後見制度と任意後見制度で構成されています。成年後見制度には，本人の判断能力の程度に応じて，「**後見**」「**保佐**」「**補助**」の3つの制度が用意されています。表12.9は，法定後見制度の概要を示しています。

表12.9　**法定後見制度の概要**
（出所）法務省「法定後見制度について」より

	後見	保佐	補助
対象となる方	判断能力が欠けているのが通常の状態の方	判断能力が著しく不十分な方	判断能力が不十分な方
申立てをすることができる方	本人，配偶者，四親等内の親族，検察官，市町村長など		
成年後見人等の同意が必要な行為		民法13条1項所定の行為	申立ての範囲内で家庭裁判所が審判で定める「特定の法律行為」（民法13条1項所定の行為の一部）
取消しが可能な行為	日常生活に関する行為以外	民法13条1項所定の行為	申立ての範囲内で家庭裁判所が審判で定める「特定の法律行為」（民法13条1項所定の行為の一部）
成年後見人等に与えられる代理権の範囲	財産に関する全ての法律行為	申立ての範囲内で家庭裁判所が審判で定める「特定の法律行為」	申立ての範囲内で家庭裁判所が審判で定める「特定の法律行為」（民法13条1項所定の行為の一部）
制度を利用した場合の資格の制限	医師，税理士の資格や会社役員，公務員の地位を失う	医師，税理士の資格や会社役員，公務員の地位を失う	

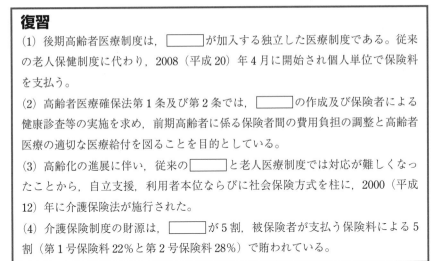

復習

(1) 後期高齢者医療制度は，□□□□が加入する独立した医療制度である。従来の老人保健制度に代わり，2008（平成20）年4月に開始され個人単位で保険料を支払う。

(2) 高齢者医療確保法第1条及び第2条では，□□□□の作成及び保険者による健康診査等の実施を求め，前期高齢者に係る保険者間の費用負担の調整と高齢者医療の適切な医療給付を図ることを目的としている。

(3) 高齢化の進展に伴い，従来の□□□□と老人医療制度では対応が難しくなったことから，自立支援，利用者本位ならびに社会保険方式を柱に，2000（平成12）年に介護保険法が施行された。

(4) 介護保険制度の財源は，□□□□が5割，被保険者が支払う保険料による5割（第1号保険料22％と第2号保険料28％）で賄われている。

練習問題

問題1　日本の社会保障の仕組み

社会保障制度の仕組みに関する次の記述のうち，誤っている用語を選択してください。　　　　　　　　　　　　　　　　　ヒント：p.218〜221を読もう！

- (1) 社会保障制度とは，疾病，負傷，分娩，廃疾，死亡，老齢，失業，その他困窮の原因に対し，保険的方法または直接公の負担において経済保障の途を講じるための制度である。
- (2) 生活困窮に陥った者に対しては，国家扶助によって最低限度の生活を保障するとともに，公衆衛生及び社会福祉の向上を図り，すべての国民が文化的社会の成員たるに値する生活を営むことができるようにする。
- (3) 社会保障の目的とは，傷病や失業，労働災害，退職などで生活が不安定になったときに，健康保険や年金，社会福祉制度など法律に基づく公的な仕組みを活用して，健やかで安心な生活を保障することである。
- (4) 社会保障制度では，社会保険方式に基づいて，社会保険料と自己負担を財源に制度を運営する必要がある。

問題2　社会保障制度の変遷

社会保障制度の変遷に関する次の記述のうち，誤っている内容を選択してください。　　　　　　　　　　　　　　　　　ヒント：p.218〜219を読もう！

- (1) バブル経済崩壊後，非正規労働者の割合が増え，多様な働き方への法整備とともに，高齢化の急速な進行を背景に介護保険制度が創設された。
- (2) 高度経済成長によって，社会保障制度の整備も本格的に進み，国民皆保険・皆年金が実現し，医療保険給付や年金保険給付が拡充された。
- (3) 2000年代には，超高齢社会の到来によって自然増による社会保障関連の支出が膨らむ中で，社会保障制度の持続可能性が問われた。
- (4) 1990年代前半にかけて，先進諸国では「福祉国家に対する危機」が懸念され，医療保険制度の被用者本人の1割自己負担の導入や医療計画の制度化などの社会保障制度の見直しが実施された。

問題3　医療保険制度

医療保険制度に関する次の記述のうち，誤っている文章を選択してください。　　　　　　　　　　　　　　　　　　　　ヒント：p.221〜228を読もう！

- (1) 国民保険事業の財源は，国民健康保険料または国民健康保険税と国庫負担金等の収入で賄い，保険者が保険事業を行うとされている。

(2) 都道府県は，安定的な財政運営と広域的及び効率的な運営を行うために，都道府県医療費適正化計画と整合性のとれた国民健康保険事業の運営に関する方針を定める必要がある。

(3) 市町村は，財政運営の責任者として，都道府県への納付金を設定し，保険給付の点検・事後調整等を行う。

(4) 市町村は，保険料の徴収・賦課，実際の保険給付，被保険者証の発行等の資格管理，国保事業納付金の都道府県への納入等を行う。

問題4　後期高齢者医療制度

後期高齢者医療制度に関する次の記述のうち，誤っている文章を選択してください。

ヒント：p.221〜227を読もう！

(1) 後期高齢者医療制度では，医療費適正化基本方針を定めるとともに，6年ごとに，6年を1期とする全国医療費適正化計画を定め，これを公表することになっている。

(2) 健康診査については，特定健康診査等基本指針を定め，医療保険各法の規定による全国健康保険協会，健康保険組合，市町村等の保険者は，6年を1期とする特定健康診査等実施計画を定めなくてはならない。

(3) 後期高齢者医療保険料は，市町村が被保険者に対して均一の保険料率とする。賦課額は，応能負担である均等割と応益負担である所得割の合計額である。

(4) 保険料率は，療養の給付等に要する費用の額の予想額，財政安定化基金拠出金及び特別高額医療費共同事業に要する費用に充てるための拠出金の納付に要する費用の予想額等に照らし，おおむね2年を通じ財政の均衡を保つことができるものとする。

問題5　介護保険制度

介護保険制度に関する次の記述のうち，誤っている文章を選択してください。

ヒント：p.228〜236を読もう！

(1) 介護保険者は，介護サービス費用の9割（8割）を給付するとともに，第1号被保険者の保険料を徴収し，介護保険財政を運営している。

(2) 介護サービスを使用する場合には，各地方公共団体の窓口で申請を行い，市区町村の職員が自宅を訪れ聞き取り調査を実施し，コンピュータによる1次判定と，医師によって作成される「主治医意見書」をもとにした2次判定を経て，要介護度が認定され介護保険被保険者証が送られる。

(3) 介護保険サービスには居宅サービス，地域密着型サービス，施設サービスが

あって，サービスの利用には給付限度額が設けられており，限度額を超える
サービスを受ける場合は，新たに市町村に申請が必要となる。

(4) 高齢化の進展により，今後も介護保険料の上昇が見込まれる中で，地域包括
ケアシステムの構築が図られているが，介護保険制度の持続可能性の確保の
ために介護給付の重点化・効率化が求められている。

問題6　レポート①

第12章の内容を踏まえ下記をテーマにレポート（1,000字以上）を作成してくだ
さい。

(1) 社会保障制度における生活安定機能，所得再分配機能，経済安定化機能につ
いて説明せよ。

(2) 後期高齢者医療制度が財政均衡を保つために実施している保険料率の設定を
説明せよ。

(3) 介護保険制度における地域包括ケアシステムについて説明せよ。

問題7　レポート②

第12章を読む前と読んだ後を比較して，どのような考えを得ることができたかを
テーマにレポート（1,000字以上）を作成してください。

練習問題解答

問題1　正解（4）	問題2　正解（4）	問題3　正解（3）
問題4　正解（3）	問題5　正解（3）	問題6　正解省略
問題7　正解省略		

地方公営企業の持続可能性

予習 地方公営企業は，どのようなサービスを提供しているのでしょうか？

地方公営企業（法適用事業，非法適用事業）

水道事業・下水道事業，交通事業，電気事業，ガス事業，病院事業

地方公営企業の定義

地方自治法・地方財政法・地方公務員法・地方公営企業法

人口減少による料金収入の減少と施設の老朽化による更新費用の拡大

地方公営企業会計

賃借対照表，損益計算書，キャッシュ・フロー計算書

企業会計方式

発生主義・複式簿記，損益取引と資本取引，予算の弾力条項，3月決算

地方公営企業の経営改革

経営状況のより的確な把握，企業経営の弾力化，住民サービスの向上

学びのポイント

　地方公共団体は，地域住民に身近な行政サービスを自主的かつ総合的に提供する役割を担っています。行政運営における基本的な経費を網羅した一般会計を用いて，福祉，教育，警察ならびに消防等の一般的な行政サービスを提供しています。しかし，地方公共団体が果たす役割は，それだけにとどまりません。地方公共団体が経営する「**地方公営企業**」は，水の供給，下水の処理，公共交通の確保等の日常生活で不可欠な社会インフラの確保にも，重要な役割を果たしています。

レクチャー **13.1**　地方公営企業の概要

● 地方公営企業の定義

　地方公共団体は，一般的な行政活動のほか，水道，交通，電気，ガス，病院，下水道等の地域住民の日常生活に係るサービスへの事業を行います。地方公営企業とは，地方公共団体が経営する企業の総称です。2020（令和2）年度末の地方公営企業の決算規模は18兆751億円で，地方公共団体の普通会計の歳出決算額の約2割に相当し，病院事業，下水道事業，水道事業が多くを占めます（**表13.1**）。地方公共団体の組織及び運営は「**地方自治法**」，地方公共団体の財政は「**地方財政法**」，地方公共団体の職員は「**地方公務員法**」が適用され，一般行政事務が対象で効率的な事業運営は期待できません。効率的な事業運営を

表 13.1　**地方公営事業別供給規模**
（出所）総務省自治財政局公営企業課「地方公営企業法の適用に関するマニュアル」

事業	指標	全事業	左記に占める公営企業等の割合
水道事業	現在給水人口	1億2,437万人	99.6%
工業用水道事業	年間総配水量	41億91百万 m³	99.9%
交通事業（鉄軌道）	年間輸送人員	117億人	10.2%
交通事業（バス）	年間輸送人員	33億人	20.1%
電気事業	年間発電電力量	8,454億9百万 kWh	0.9%
ガス事業	年間ガス販売量	9億36百万 MJ（メガジュール）	1.5%
病院事業	病床数	1,510千床	13.5%
下水道事業	汚水処理人口	1億1,637万人	90.5%

妨げる規定に，事業運営の実態に即した法規範を定めたのが，「**地方公営企業法**」です。ここでは地方公営企業は「住民の福祉の増進を目的として設置し，経営する企業であり，一般行政事務に要する経費は賦課徴収される租税によって賄われるのに対し，公営企業は，財貨またはサービスの対価である料金収入によって維持される」とされています。一般行政事務に要する経費が租税で賄われるのに対し，地方公営企業は「**料金収入**」によって維持されます。地方公営企業は，経営組織を一般行政組織から切り離し，独自の権限を有する管理者（任期 4 年）を設置し，管理者は地方団体の代表です。人事委員会を置く地方公共団体は，職階制の採用が義務ですが，地方公営企業の職階制は任意です。給与は，職務給（職務遂行の困難度等職務の内容と責任に応ずる）と能率給（職員の発揮した能率を考慮）で決定されます。企業職員の身分は，任用に関する部分を除き，原則，人事委員会は関与しません。企業職員は，給与や勤務等の条件は，公営企業の管理運営を除き，団体交渉の対象とし労働協約を締結できます。

● 地方公営企業法の適用

　地方公営企業の事業には，地方公営企業法の規定に適用する「**法適用事業**」と適用しない「**非法適用事業**」があります（図 13.1）。法適用には，法律上当然に適用される場合（「**当然適用**」）と地方公共団体の自主的な決定で適用され

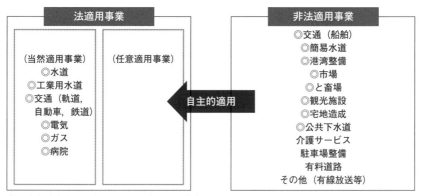

◎は地方財政法第 6 条による特別会計設置義務のある公営企業をいう。

図 13.1　法適用事業と非法適用事業
（出所）総務省自治財政局公営企業課「地方公営企業法の適用に関するマニュアル」

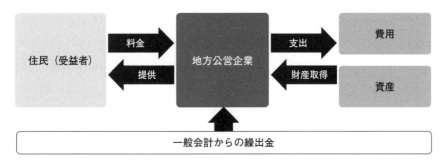

図 13.2　地方公営企業会計の特徴
（出所）総務省「令和4年版地方財政白書」「公営企業等の現状と課題」をもとに作成

る場合（「**任意適用**」）があります。適用される規定範囲は，法の規定の全部を
適用する場合（「**全部適用**」）と，法の規定のうち財務・会計に関する規定のみ
を適用する場合（「**財務適用**」）があります。たとえば，水道事業（簡易水道事
業を除く）や工業用水道事業等は法の規定の全部が適用され，病院事業は財務
規定等のみです。なお，条例によって財務規定等を除く法の規定の適用も可能
です。

　図13.2は地方公営企業会計の特徴を示しています。地方公営企業の経費は，
受益者からの料金収入で賄う「**独立採算の原則**」とし，一般会計と区分して事
業ごとの「**特別会計**」を設け，経費収入の対応，経営成績及び財務状態を明ら
かにします。地方公営企業法の適用事業は，「**地方公営企業会計形式**」に準じ
て予算・決算の編成及び経理の運営を行います。地方公営企業の予算は，「**発
生主義の原則**」で，当該年度の損益取引に基づく収益計上を行う「**収益的収支
予算**」（3条予算）と，発生主義と現金主義から資本取引を貸借対照による勘
定の増減から計上する「**資本的収支予算**」（4条予算）で構成されます。地方
公営企業は，企業としての経営と，住民福祉を目指す一般行政活動としての公
共的役割も担うことから，「**経費の負担区分**」に，一般会計からの繰出しが認
められます。経費の負担区分の経費とは，企業の経営収入で充てることが適当
でない経費及び能率的な経営が困難である経費は，補助金，負担金，出資金，
長期貸付金等の方法で一般会計等が負担します。前者は，消火栓等の経費です。
後者は，病院事業の不採算医療等の経費です。経費の負担区分は，毎年度の繰

コラム 13.1　公立病院事業の経営強化

　公立病院は，地域における基幹的な公的医療機関として，地域医療に重要な役割を果たしていますが，医師・看護師等の不足，人口減少等による医療需要の変化，医療の高度化で経営環境の変化等を背景に厳しい経営環境が続いています。持続可能な地域医療提供体制を確保するためには，会計の見える化を図り経営強化が求められています（図 13.3）。

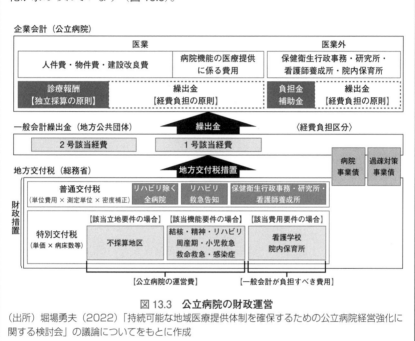

図 13.3　公立病院の財政運営

（出所）堀場勇夫（2022）「持続可能な地域医療提供体制を確保するための公立病院経営強化に関する検討会」の議論についてをもとに作成

出基準が，総務省から各地方公共団体に通知されます。主要財源は，原則，公営企業繰出金で地方財政計画に計上され，地方交付税の基準財政需要額への算入または特別交付税で措置されます。それ以外の経費は公営企業の経営に伴う収入です。

レクチャー **13.2**　地方公営企業法の規定

● 地方公営企業の会計

　地方公営企業会計は，「発生主義」「複式簿記」が導入され，「損益取引」「資本取引」に区分されています。また，3月決算が求められ，経営成績と財政状

表13.2　官庁会計と企業会計

（出所）総務省「地方公営企業法の適用に関するマニュアル」をもとに作成

	官庁会計	企業会計
作成主体	首長	取締役
報告主体	住民	株主
団体の目的	住民の福祉の増進	利潤追求
説明責任	議会の承認・認定（予算・決算） →事前統制（予算）の重視	株主総会の承認（決算） →事後統制（決算）の重視
財務報告の目的	行政目的に則した予算の執行，監視，評価	企業活動の財務状況の報告及び説明
記帳方式	単式簿記 ＝歳入・歳出の科目別に記帳する方式	複式簿記 ＝取引事象の原因・結果を記帳する方式
認識基準	現金主義 ＝現金の入出金に基づいて記録する	発生主義 ＝取引事象の発生に基づいて記録する
決算書類	歳入歳出決算書 歳入歳出決算事項明細書 実質収支に関する調書 財産に関する調書	貸借対照表 損益計算書 株主資本等変動計算書 キャッシュ・フロー計算書

態等を正確に把握することができます。地方公営企業は，経済情勢に応じて機動的に経営ができるように，一般会計と異なる「**予算の弾力化**」「**資産の管理の特例**」が認められています。さらに，経営の自由度があるため，住民ニーズへの迅速な対応とニーズの向上が可能です。地方公営企業の会計手法は，官庁会計とは異なります（**表13.2**）。住民の福祉の増進を目的とする官庁会計の手法は，首長が作成主体となり，予算及び決算では，議会の承認・認定を経て，住民に報告する義務があります。予算による事前統制を重視した現金収支で管理する単式簿記の手法がとられます。つまり，官庁会計では，現金でどれだけの収入があり，どれだけの支出があったかを記録します。決算資料として作成される財産に関する調書では，建物や土地などの公有財産の規模，基金，有価証券等の年度末の残高が記載されます。決算等以外では地方自治法に定められる財政状況に関する資料を公表しています。一方，利潤追求を目的とする企業会計は，取締役が作成し，決算時には株主総会を開催し，株主への報告義務があります。企業会計は，事後統制を重視し，取引事象の発生時点で記録する複式簿記です。企業会計は発生という事実に基づいて，事業活動を測定し，決算

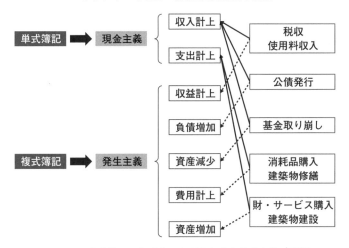

図 13.4 単式簿記・複式簿記と現金主義と発生主義の関係
（出所）総務省「地方公営企業法の適用に関するマニュアル」をもとに作成

は財務諸表で公表されます。財務諸表は，貸借対照表，損益計算書，株主資本等変動計算書，キャッシュ・フロー計算書です。財務諸表だけでなく，附属明細書や経営報告などの決算の情報も示されます。

　現金主義会計では，現金の実際の流れである収入・支出に着目します（図13.4）。発生主義会計では，収入・支出の当該年度に帰属する収益や費用と，翌年度以降に帰属する資産，負債，純資産に分かれています。また，発生主義会計では，減価償却費のような現金の収入・支出を伴わない収益・費用もあります。たとえば，建物を購入した場合です。購入に関する記録を単年度に限定するのではなく，利用可能な年度にわたって費用として計上します。事業年度の収益と費用を対応することができ，どれだけ儲けたか（あるいは損したか）が明らかになります。

● 法適用事業の会計

　公営企業会計では，予算で支出を縛るという官公庁会計とは異なり，経営の能率化に重点を置いています。そのため，予算・決算書類として，「**貸借対照表**」「**損益計算書**」「**キャッシュ・フロー計算書**」の財務諸表を作成します。事業の経営成績と事業の財政状態が「貸借対照表」と「損益計算書」で把握できます。つまり，事業年度にどの程度の料金収入による収益があったか，どの程

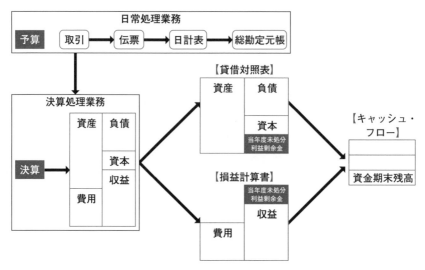

図 13.5　貸借対照表，損益計算書，キャッシュ・フローの流れ
（出所）総務省「地方公営企業法の適用に関するマニュアル」

度の費用がかかったか，利益や損失がどの程度であったかがわかります。また，年度末時点で，事業が保有する資産と負債がどの程度であったかを，「キャッシュ・フロー計算書」で把握できます。なお，予算の段階の財務諸表は，決算額ではなく見込額です。

　図 13.5 には，貸借対照表，損益計算書，キャッシュ・フローの流れを示しています。決算時に作成する財務諸表は，日々の取引記録に基づきます。日常の会計処理として，日々発生する取引を伝票等で記録します。伝票等を日別に分類し集計することで，日計表を作成します。その結果を，総勘定元帳に転記します。決算時期には，総勘定元帳の勘定科目ごとに残高を算出します。それらを集計して，残高試算表を作成します。所要の決算整理が，貸借対照表と損益計算書の基礎となります。キャッシュ・フロー計算書は，当事業年度の損益計算書と，当事業年度及び前事業年度の貸借対照表の数値の増減で作成します。

　図 13.6 は，貸借対照表です。貸借対照表は，一定の時点の当該事業が保有する全財産を総括的に示します。資産，負債及び資本があり，資産は事業経営の活動手段の資金の運用形態（例：土地，建物，現金等）で，負債・資本で資産がどのように得られたかという調達源泉（例：資本金，企業債等）を示します。

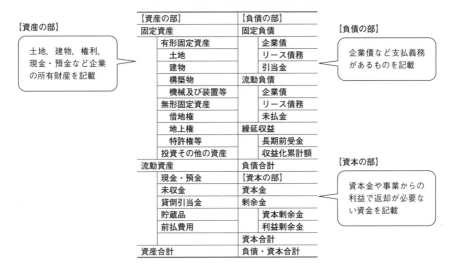

図 13.6　貸借対照表
（出所）総務省「地方公営企業法の適用に関するマニュアル」

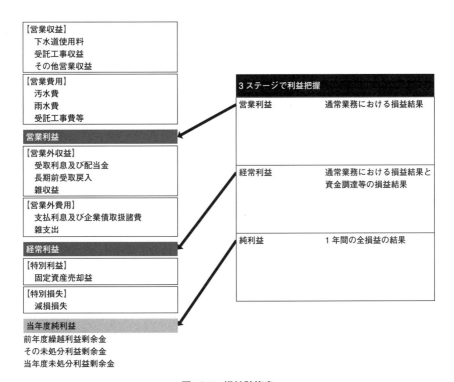

図 13.7　損益計算書
（出所）総務省「地方公営企業法の適用に関するマニュアル」

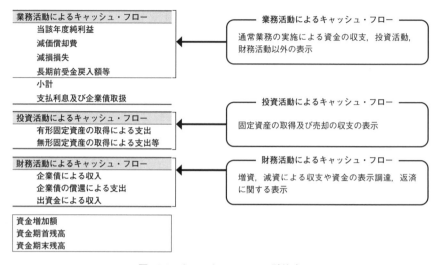

図13.8　キャッシュ・フロー計算書
（出所）総務省「地方公営企業法の適用に関するマニュアル」より作成

　図13.7は，損益計算書です。損益計算書は，一事業年度の当該事業の経営成績を明らかにするために，期間中に得た収益と費用を記載します。損益計算書から，当該事業の経営活動に応じた経営成績が明らかになり，過去の経営を分析し，将来の方針を立てることが可能になります。貸借対照表が一定の時点の財政状態を表しているのに対し，損益計算書は一定の期間の経営状況を表しています。貸借対照表，すなわちB/S（Balance Sheet）はストック，損益計算書，すなわちP/L（Profit and Loss statement）はフローを表します。

　図13.8は，キャッシュ・フロー計算書です。キャッシュ・フロー計算書は，一事業年度の資金収支の状況を，一定の活動区分別に表示した報告書で，現金の収入・支出に関する情報を得ることが可能です。

● 地方公営企業会計と官庁会計の相違

　「**企業会計方式**」を採用する地方公営企業会計は，「**官庁会計方式**」を採る官庁の一般会計とは異なります。たとえば，官庁会計方式が「**現金主義会計**」「**単式簿記**」を採っているのに対し，公営企業会計では発生主義会計，複式簿記を採用し，損益計算書，貸借対照表，キャッシュ・フローの作成が義務づけられています。図13.9では公営企業会計と官庁会計の相違を示しています。

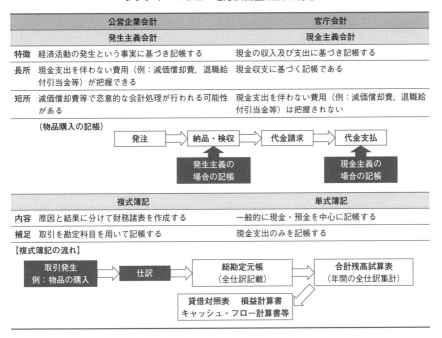

図 13.9　公営企業会計と官庁会計
（出所）総務省「地方公営企業法の適用に関するマニュアル」より作成

　公営企業会計は，第1に，発生主義・複式簿記を採用します。会計処理が従来の官庁会計（現金主義・単式簿記）から公営企業会計（発生主義・複式簿記）へ移行し，経済活動の発生に基づいて経理が行われます。複式簿記とは，取引を仕訳により記録し，帳簿に転記することで財務諸表を作成する一連の手続きをいいます。公営企業会計では取引をその原因と結果に分けて仕訳で記録し，財務諸表を作成する複式簿記の手法をとります。第2に，損益取引と資本取引に区分されます。管理運営に係る取引（損益取引）と建設改良等に係る取引（資本取引）を区分経理することで，当該事業年度の経営成績を把握します。第3に，3月決算を採用します。一般会計と異なり出納整理期間がなく，毎年3月末を決算日とし5月31日までに地方公共団体の長に決算書を提出します。決算実績を早期に把握でき，決算結果を直ちに経営の参考にすることができます。予算超過支出を認めない一般会計とは異なり，地方公営企業会計では業務量の増加に伴い収益が増加することが認められる場合，当該業務に直接必要な経費に限り，予算超過支出が認められます。

> **復習**
>
> (1) 地方公営企業は，_____の事務の一部に位置づけられる。
>
> (2) 地方公営企業には，地方自治法，_____，地方公務員法，地方公営企業法_____が適用される。
>
> (3) 官庁会計方式が現金主義会計，単式簿記を採っているのに対し，公営企業会計では_____会計，複式簿記を採用し，損益計算書，貸借対照表，キャッシュ・フローの作成が義務づけられている。
>
> (4) 公営企業会計は，管理運営に係る取引である_____と建設改良等に係る取引の資本取引を区分経理することで，当該事業年度の経営成績を把握する。

レクチャー **13.3**　地方公営企業の経営改革

● 地方公営企業の経営状況の把握

　地方公営企業は，従来のサービス拡大時代から，人口減少による料金収入の減少や，施設・設備の老朽化による更新投資の増大等で，経営基盤の強化と財政運営の向上が課題です。経営基盤の強化では，設備の管理水準・長寿命化，更新投資の把握と優先順位，財源の確保が求められ，財政運営の向上では料金

経済環境・社会情勢	
人口減少→料金収入減少	施設・設備の老朽化→更新費用増大

地方公営企業の検討課題	
【経営基盤の強化】	【財政運営の向上】
・設備の管理水準・長寿命化 ・更新投資の把握と優先順位 ・財源の確保	・料金回収率の適正水準 ・投資的経費を踏まえた料金算定

地方公営企業法適用の有効性	
【経営成績・財政状態を適切に把握】	【企業経営の弾力化】
・発生主義・複式簿記の採用（法第20条） ・損益取引と資本取引との区分（法第20条） ・3月決算（法第30条）	・予算の弾力条項（法第24条）

図 13.10　地方公営企業会計の改革
（出所）総務省「地方公営企業法の適用に関するマニュアル」

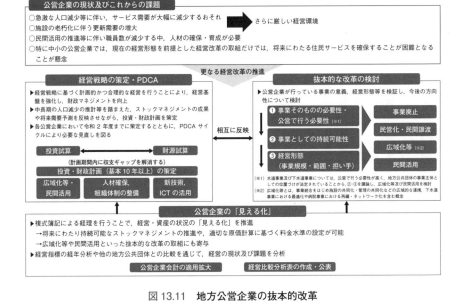

図 13.11　地方公営企業の抜本的改革
（出所）総務省「公営企業の抜本的な改革について」をもとに作成

回収率の適正水準と投資的経費を踏まえた料金算定が重要です。**図 13.10** では，
地方公営企業会計の改革を示しています。

　また，地方公営企業改革では，公営企業の「見える化」，経営戦略の策定・
公表・実行，抜本的な改革の検討が進められています。**図 13.11** には地方公営
企業の抜本的改革を示しています。公営企業の「見える化」で，各種経営指標
等で経営・資産を正確に把握し，経営戦略に基づく計画的かつ合理的な経営を
行うことで，経営基盤の強化と財政マネジメントの向上を図り，事業の意義，
必要性等を検証し，事業廃止・民営化・民間譲渡，広域化，民間活用によって
抜本的な改革を図ります。

● 公営企業の「見える化」

　公営企業の「見える化」とは，地方公営企業会計の適用拡大と経営比較分析
表の活用をいいます。**図 13.12** では，経営比較分析の例を示しています。地方
公営企業は「見える化」によって，将来にわたり持続可能なストックマネジメ
ントの推進，適切な原価計算に基づく料金水準の設定，広域化等や民間活用と

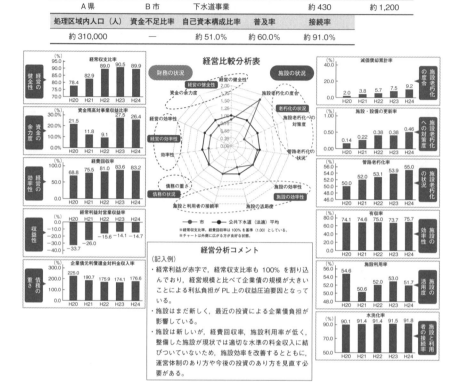

都道府県名	団体名	事業名	類似団体	面積（平方キロ）	人口密度（人）
A県	B市	下水道事業		約430	約1,200

処理区域内人口（人）	資金不足比率	自己資本構成比率	普及率	接続率
約310,000	―	約51.0%	約60.0%	約91.0%

図13.12　経営比較分析表
（出所）総務省（2019）「地方公営企業等の現状と課題」より

いった抜本的な改革の取組みが期待されます。地方公営企業会計の適用拡大と
は，下水道事業及び簡易水道事業を重点事業とし，人口3万人以上の地方公共
団体には2019（令和元）年度まで，人口3万人未満の地方公共団体には2023
（令和5）年度までに，地方公営企業会計への移行を進めています。経営比較
分析表の分析・公表とは，水道事業，簡易水道事業，下水道事業，交通事業
（自動車運送事業），電気事業，観光施設事業（休養宿泊施設事業），駐車場整
備事業，病院事業，工業用水道事業の9分野で，経営比較分析表の作成及び公
表が求められています。

● 経営戦略の策定

　経営戦略とは，計画的かつ合理的な経営を行うことで，経営基盤を強化し，財政マネジメントの向上を目指すものです。また，将来にわたり安定して事業を継続していくための中長期的な経営の基本計画です。**経営戦略の策定**には，① PDCA サイクルの確立，②投資試算及び財源試算は，長期間（事業の性格や個別事情にもよるが，原則，30〜50 年超）かつ複数のパターンで実施，③投資・財政計画の策定には，一般会計の企画，財政担当部局等との連携，④投資・財政計画の策定の各段階で，議会や住民への説明の実施，⑤都道府県は市町村に経営戦略の策定や改定に積極的な支援を行うこと，としています。投資試算及び財源資産は，長期間でかつ複数パターンで，結果と積算根拠の記載が求められます。計画期間内に現行料金体系で財源を確保できない場合，料金見直しが必要になります。財政・投資計画の策定には，収支均衡した形で，収支ギャップが生じる場合，解消に向けた取組みの方向性を記載します。

● 抜本的な改革の検討

　抜本的な改革の検討では，公営企業が行っている事業の意義，事業としての持続可能性，経営形態を検証することで，今後の方向性を検討します。事業の意義は，提供しているサービスの必要性について，各事業の特性に応じて検証し，意義・必要性がないと判断された場合，速やかに事業廃止等を行うとしています。事業・サービスの継続が必要と判断された場合でも，収支や採算性，将来性の点から，民営化や民間譲渡を検討します。事業の持続可能性では，人口減少等に伴う料金収入の減少，施設の更新需要や老朽化の程度，制度改正による影響等の経営上の課題等を勘案し，事業としての持続可能性を検証します。持続可能性に問題があると判断された場合，事業の必要性に応じて事業廃止の検討，または事業を持続可能なものとするための取組みを実施します。経営形態の検証では，人口減少等に伴う料金収入の減少，施設の更新需要の増大など，公営企業をめぐる経営環境が厳しさを増す中で，現在の経営形態を前提とした経営改革だけでは，将来にわたる住民サービスを確保することが困難となることが懸念される場合には，事業統合，施設の統廃合・共同設置，施設管理の共同化，管理の一体化等の広域化等，指定管理者制度，包括的民間委託，コンセッションを含む PPP/PFI 方式等の民間活用を検討します。

コラム 13.2　民間企業と公営企業の相違

　民間企業は利潤追求を，公営企業は公共の福祉の増進を目的とします。公営企業会計の発生主義・複式簿記の仕組みは，民間企業と共通します。民間企業が作成し，報告及び公表する貸借対照表，損益計算書，キャッシュ・フロー計算書を公営企業も作成します。一方，安定的継続的な運営が求められる民間企業に対し，地方公共団体の一機関である公営企業は，予算作成や議会への報告が義務づけられ，支出は予算の範囲内です。公営企業会計は，受益者負担の原則に従い独立採算制をとります。経費の負担区分に基づき一般会計等からの繰入金が可能ですが，民間企業はその限りではありません。公営企業は料金改定に議会の承認が必要ですが，民間企業は各企業で決定でき柔軟な料金設定が可能です。サービスの範囲も，公営企業は地方公営企業法等に基づいて限定的ですが，民間企業は他サービスとのセット販売など複合的なサービスを提供しています（表 13.3）。

表 13.3　民間企業と公営企業の相違
（出所）企業会計原則及び地方公営企業法等にもとに作成

	民間企業	公営企業
企業目的	利潤追求	福祉の増進
法律	民間企業会計，会社法，金融商品取引法，税法，各事業の関連法令	地方公営企業法，地方自治法，各事業の関連法令
予算	なし	あり
会計	発生主義・複式簿記	
原則	真実性の原則，正規の簿記の原則，資本取引・損益取引区分の原則，明確性の原則，継続性の原則，保守主義の原則	
事業展開	制限なし	制限あり
他事業の連携	電気・通信とのセット販売可能	電気・通信とのセット販売不可
料金設定	機動的な料金設定	議会の議決に基づく料金改定

復習

(1) ＿＿＿＿とは，経営戦略に基づく計画的かつ合理的な経営を行うことで，経営基盤を強化し，財政マネジメントの向上を図るものである。

(2) ＿＿＿＿とは，安定して事業を継続していくための中長期的な経営計画である。

(3) ＿＿＿＿の検討では，公営企業が行っている事業の意義，事業としての持続可能性，経営形態を検証することで，今後の方向性を検討する。

(4) 公営企業の見える化とは，地方公営企業会計の適用拡大と＿＿＿＿である。

練習問題

問題1　地方公営企業に適用される法律

　地方公営企業に適用される法律のうち，誤っている用語を選択してください。

ヒント：p.242〜245 を読もう！

　（1）地方自治法　　（2）地方財政法　　（3）地方公務員法　　（4）地方行政法

問題2　地方公営企業の経営改革

　地方公営企業の検討課題に関する次の記述のうち，誤っている内容を選択してください。
ヒント：p.252〜256 を読もう！

　（1）設備の管理水準・長寿命化

　（2）更新投資の把握と優先順位

　（3）地方財政計画の検討と報告

　（4）料金回収率の適正水準

問題3　地方公営企業適用の有効性

　地方公営企業適用の有効性に関する次の記述のうち，誤っている文章を選択してください。
ヒント：p.245〜247 を読もう！

　（1）発生主義と複式簿記の採用

　（2）損益取引と資本取引の区分

　（3）財政計画と予算報告

　（4）予算の弾力条項

問題4　地方公営企業法の適用

　地方公営企業法に関する次の記述のうち，誤っている文章を選択してください。

ヒント：p.243〜245 を読もう！

　（1）地方公共団体が，水道事業を経営する場合は，法の規定の全部が当然に適用される。

　（2）法定外事業は，経費を当該事業の経営に伴う収入をもって充てる。

　（3）病院事業は条例で定めることで，財務規定等を除く法の規定を適用することも可能である。

　（4）病院事業については，法の規定のうち財務規定等が当然に適用される。

問題5　地方公営企業法の書類

　地方公営企業法の書類に関する次の記述のうち，誤っている文章を選択してください。

ヒント：p.247〜251 を読もう！

(1) 地方公営企業は，予算・決算書類として，貸借対照表，損益計算書，キャッシュ・フロー計算書等の財務諸表を作成する。

(2) キャッシュ・フロー計算書は，発生主義によるため，収益・費用を認識する時期と現金の収入・支出が発生する時期に差異が生じる。

(3) 損益計算書は，複数事業年度における各事業の経営成績を明らかにするために収益と費用を記載する。

(4) 貸借対照表は，一定の時点における当該事業が保有するすべての財産を総括的に表示し，当該事業の財政状態を把握することが可能である。

問題6　レポート①

第13章の内容を踏まえ，下記をテーマにレポート（1,000字以上）を作成してください。

(1) 地方公営企業の供給規模について説明せよ。

(2) 地方公営企業会計の有効性について説明せよ。

(3) 官庁会計と地方公営企業会計の相違を説明せよ。

問題7　レポート②

第13章を読む前と読んだ後を比較して，どのような考えを得ることができたかをテーマにレポート（1,000字以上）を作成してください。

練習問題解答

問題1　正解（4）	問題2　正解（3）	問題3　正解（3）
問題4　正解（2）	問題5　正解（3）	問題6　正解省略
問題7　正解省略		

地方財政の広域化・民営化

予習 人口動態や財政状況の変化の中で，地方公共団体はどのように持続可能な行政サービスの提供を検討しているのでしょうか？

社会的経済的変化

人口減少による低密度化・財政赤字や累積債務・公共インフラの老朽化

安定的，持続的，効率的な行政サービスの提供の検討

広域行政	民間活用
連携協約，協議会 共同設置，事務委託 代替執行，一部事務組合 広域連合	PFI方式，コンセッション方式 DB方式，指定管理者制度 包括的民間委託 公設民営，民設民営

持続可能な行政サービスの提供

学びのポイント

　人口減少時代への突入，公共インフラの老朽化，累積する財政赤字等で，安心・安全で豊かな国民生活の基盤が揺らいでいます。そのような中，地方公共団体は，安定的かつ持続可能で効率的な行政サービスの提供が求められています。本章では，さまざまな資源制約が顕在化し，また，地域の課題や住民ニーズが多様化・複雑化する地域社会の中で，持続可能な形で効率的・効果的な行政サービスの提供を目指している広域行政と民間活用について取り上げます。

レクチャー**14.1**　広域行政

● 広域行政の仕組み

　高度経済成長期以降の交通網の整備と情報通信手段の普及により，住民の活動範囲は行政区域を越えて広域化しています。公共財の提供も，行政区域を越えた公共施設の土地利用，一体的整備，相互利用等のまちづくりが進められています。こうした広域的な取組みを進める方法には，個々の市町村が連携・調

方法	内容	イメージ図	実績（平成28年）
連携協約	地方自治体が連携して事務処理をするために基本的方針と役割分担を定める制度	A市 ←連携協約→ B町	175件
協議会	地方自治体が共同して管理執行，連絡調整，計画作成を行う制度	A市 ←協議会→ B町	202件（消防41件，広域行政計画等28件，救急23件等）
共同設置	委員会，行政機関，内部組織などを複数の地方自治体で共同で設置する制度	W委員会／A市委員会　B市委員会	444件（介護区分認定審査129件，公平委員会117件等）
事務委託	地方自治体の事務の一部の管理・執行を他の地方自治体に委託する制度	A市事務 ← B市事務	6,443件（住民票写しの交付1,417件，公平委員会1,141件）
代替執行	地方自治体の事務の一部の管理・執行を当該地方自治体の名で他の地方自治体に行わせる制度	A市事務 ← B市事務	2件（上水道への事務1件，公害防止への事務1件）
一部事務組合	地方自治体が事務の一部を共同処理するために設ける特別地方自治体	W一部組合／A市事務　B市事務	1,493件（ごみ処理406件，し尿処理337件，救急271件，消防270件）
広域連合	地方自治体が，広域処理が適当であると認められる事務処理のために設ける特別地方自治体	W広域連合／X事務　Y事務／A市事務　B町事務　C県事務　←権限移譲　国	116件（後期高齢者医療51件，介護区分認定審査45件，障害区分認定審査32件）

図14.1　広域行政の仕組み
（出所）総務省「広域連携について」をもとに作成

整して取り組む「**広域行政**」と，複数の市町村が合体して1つの市町村として取り組む市町村合併があります。広域行政の方法には，「**連携協約**」「**協議会**」「**共同設置**」「**事務委託**」「**代替執行**」「**一部事務組合**」「**広域連合**」があります（図 14.1）。

連携協約とは，規約に基づき，基本的な方針及び役割分担を定めて，他の地方公共団体と連携して事務を処理する制度です。協議会とは，地方公共団体の協議による規約で設置される組織で，法人格をもたず，協議会固有の財産・職員を有さず，関係自治体で経費を負担・支弁します。協議会には，事務を共同で管理執行する管理執行協議会，関係自治体間の連絡調整の連絡調整協議会，広域的総合的計画を共同で作成する計画作成協議会等があります。共同設置とは，地方公共団体の委員会または委員，行政機関，長の内部組織等を協議の規約に基づく組織で，共通機関として管理・執行を行い，関係自治体の実施と同様に，各地方公共団体に効果は帰属し，経費は関係自治体が負担し，歳入・歳出の予算に計上されます。事務委託とは，事務の一部の管理執行を，協議で規約を定め，他の地方公共団体に委託する制度で，自ら管理執行を行った場合と同様の効果が生じます。法令上の責任は受託団体に帰属し，委託団体は管理執行の権限を失います。経費は，委託団体の委託費として予算に計上し，受託団体は委託事務に要する経費を予算に計上・執行します。代替執行とは，事務の一部の管理執行を，協議を定め，地方公共団体の名称で，他の団体に代替執行させ，自ら管理執行を行った場合と同様の効果が得られます。事務を任せた地方公共団体に法令上の責任は帰属し，管理執行の権限も移動せず，経費も負担金として予算に計上されます。一部事務組合とは，事務の一部を共同処理する組織です。広域連合とは，広域計画を作成し，連絡調整を図り，広域的に事務を処理する組織をいいます。一部事務組合も広域連合も共通して，構成団体の議会の議決を経て，協議で規約を定め，都道府県が加入する組合は総務大臣，その他の組合は都道府県知事の許可を得て，特別地方公共団体を設置します。団体が成立した時点で共同処理の事務は構成団体の権能から除外され，負担金や手数料を財源に処理され，執行機関の権限に属する事項でなくなった場合，執行機関は消滅します。広域連合は，一部事務組合と比べて，国や都道府県から権限の移譲を受けたり，直接請求が認められたりといった違いがあります。

● **水道事業の広域化**

　人口減少による水道使用量及び給水収益の低下や，施設の老朽化による設備更新に対し，料金収入の確保，適切なストックマネジメント，民間活用や広域化が検討されています。水道ビジョン（2004（平成16）年）及び新水道ビジョン（2013（平成25）年）の基本方針で，新たな広域化を複数の水道事業等

	事業統合	経営の一体化	管理の一体化	施設の共同化
イメージ	複数水道事業の統合 A市水道事業・B市水道事業・C市水道事業 →【X企業水道事業】A市水道事業／B市水道事業／C市水道事業 用水供給事業と水道事業の統合 A市用水供給事業・【受水事業】B市用水供給事業・C市用水供給事業 →【X水道事業 給水区域】B市水道事業／C市水道事業	同一の経営主体の複数事業の経営 A事業 a事業者・B事業 b事業者・C事業 c事業者 →【a事業者】A事業／B事業／C事業	中核事業による管理の一体化 A市水道事業（委託）B町水道事業・C町水道事業 管理組織への業務の共同委託 B町水道事業（委託）→ D法人（一部事務組合等）←（委託）C町水道事業	共同施設の保有 A市水道事業 → 共同施設 ← B市水道事業・C市水道事業 緊急時連絡 災害時の応援協定
技術基盤への効果				
水需給				
・不均衡解消	○	—	—	—
・供給安定	○	—	—	—
施設				
・整備水準の平準化	○	○		○
・効率的な統廃合	○	○	—	○
管理				
・人材確保	○	○	○	—
・管理体制の強化	○	○	○	—
緊急対応				
・緊急体制強化	○	○	○	○
・バックアップ強化	○	—	—	○
経営基盤への効果				
財源				
・更新財源の確保	○			
計画				
・柔軟な計画	○	○	—	—
運営				
・効率的運営	○	○	○	○
サービス				
・料金格差の是正	○	—	—	—
・情報提供の充実	○	○	○	○
・支払窓口の拡大	○	○	—	—
・末端給水地域解消	○	—	—	—

図14.2　広域化のイメージと有効性
（出所）総務省「多様な広域化の推進について」をもとに作成

が事業統合を行うこと，または，その目的のために複数事業の管理の全部または一部を一体的に行うこととし，**図14.2**のように「**事業統合**」「**経営の一体化**」「**管理の一体化**」「**施設の共同化**」が示されています。

水道事業には，一般の需要に対して水を供給する末端給水事業と水を末端給水事業に卸売する用水供給事業があります。事業統合には水平統合と垂直統合があります。水平統合とは，複数の末端給水事業や複数の用水供給事業が事業を統合する方法です。垂直統合とは，用水供給事業と末端給水事業が1つになった，末端までの給水統合をいいます。経営の一体化とは，経営主体が1つになって複数の水道事業等を経営することで，施設整備水準の標準化，管理体制の強化，サービス面での利便性の向上を図ります。管理の一体化では，維持管理や事務処理を共同で実施したり，共同で委託したりすることで，管理とサービスの一体化を図ります。施設の共同化では，取水場，浄水場，水質試験センター等の共同施設を保有し，施設整備水準の向上，緊急時対応等や災害時の応援協定が期待されます。

● 病院事業の広域化

高齢化を伴う著しい人口減少を背景に，将来の医療需要を見据えた適切な医療提供体制の構築を目指して，公立病院の経営効率化と再編が進められてきました。2015（平成27）年には「新公立病院改革ガイドラインに基づく更なる改革の推進」が策定され，2017（平成29）年には「地域医療の確保と公立病院改革の推進に関する調査研究会報告書」が出されました。その内容は，地域医療に重要な役割を果たす公立病院では，中小規模病院を中心に持続可能な経営を目指して，都道府県の役割と責任の強化，経営の効率化，「**再編・ネットワーク**」，そして経営形態の見直しからの改革を促したものです。公立病院の再編・ネットワーク化には，「**基幹病院・サテライト型**」「**統合型**」「**統合・再編型**」「**再編・ネットワーク型**」があります。

図14.3には公立病院の再編・ネットワーク化を示しています。**表14.1**には再編・ネットワーク化における財政措置の概要を示しています。新公立病院改革プランに基づく公立病院等の再編・ネットワーク化には，施設・設備の整備に係る病院事業債（特別分）措置があります。通常の整備であれば25％の地方交付税措置がつきますが，病院事業債の特別分の対象として，元利償還金の

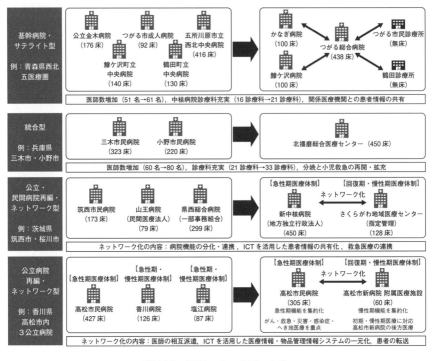

図 14.3　再編・ネットワーク化
（出所）総務省「再編・ネットワーク化の促進」をもとに作成

表 14.1　再編・ネットワーク化における財政措置
（出所）総務省「地域医療の確保と公立病院改革の推進に関する調査研究会」をもとに作成

	移行以降の施設への措置	移行時の施設以外の措置
経営形態の見直しに伴う措置		
地方公営企業法の全部適用		
指定管理者制度	建設改良費の元利償還金への普通交付税措置継続	退職手当支給への経費には退職手当債措置
地方独立行政法人化	地方独立行政法人移行後も，従来の建設改良費の元利償還金に対する普通交付税措置等の地方交付税措置を継続	○新たな経営主体（一部事務組合，広域連合又は地方独立行政法人（以下「一部事務組合等」という））の設立及び既存の一部事務組合等への参画に際し，構成団体の継承する不良債務に対しては地方債の措置が可能
民営譲渡	○不要施設の除却等に要する経費について，一般会計から繰出すこととし，繰出金の一部に特別交付税措置（公営企業廃止前の実施が必要）	※公立病院と公立病院以外の病院との統合等により，公営企業廃止となる場合には，不良債務等に対する地方債や退職手当債を発行することは，現行制度では不可能
事業形態の見直し	○病院施設の他用途への転用に際しては，経過年数が10年以上の施設等の財産処分である場合，従来の元利償還金に対する普通交付税措置を継続	
再編・ネットワーク化に伴う措置	○病院事業債（特別分）・病院事業債（特別分）を措置（元利償還金の3分の2を一般会計から繰出し，繰出額の60％（事業費の40％）を普通交付税措置）（通常分は事業費の25％）	

40％を普通交付税措置とします。内容は統合と再編で異なります。統合では，関係する複数の病院の統合によって，1医療機関以上減少することを原則とし，かつ経営主体も統合する場合に整備費全額が対象になります。再編は，機能分担による病床規模または診療科目の見直しがなされ，経営主体の統合を条件に，再編に係る経費のみが対象となります。2016年度以降は特別交付税措置の重点化も加わり，措置率の8割が導入され，都道府県の役割・責任の強化と財政力に応じた算定が行われます。

復習

(1) ［　　　　］とは，基本的な方針及び役割分担を定めて，他の地方公共団体と連携して事務を処理する制度である。

(2) 水道広域化には，［　　　　］と水道用水供給事業の拡大が行われてきた。

(3) 病床機能の分化・連携を目指した医療提供体制の構築を図るために，都道府県は，機能別の医療需要と必要病床数に関する［　　　　］の策定が求められている。

(4) 医療機関の機能分担と連携の推進には，基幹病院・サテライト型，統合型，統合・再編型，［　　　　］がある。

レクチャー **14.2** 民 間 活 用

● 民間活用の概要

「PPP」（Public Private Partnership；公民連携）とは，民間の資金やノウハウを活用し，公共施設の整備の効率化やサービス水準の向上を図る方法です。PPPには，「**PFI方式**」「**コンセッション方式**」「**DB方式**」「**指定管理者制度**」「**包括的民間委託**」「**公設民営**」「**民設民営**」があります（図14.4）。PFI方式では，契約に基づいて，公共施設等の設計・建設・維持管理・運営等を一括発注・性能発注・長期契約等で行います。コンセッション方式では，民間事業者が公共施設の所有権を公共に残したまま，施設の運営を民間事業者が実施します。DB方式では，民間事業者が設計・建設等に一括発注・性能発注を行います。指定管理者制度とは，地方自治法に基づき，公の施設の維持管理・運営等を民間事業者に実施させる方法です。包括的民間委託とは，民間事業者に維持管理・運営を長期契約で一括発注・性能発注する方法です。公設公営では，民

主な PPP 手法	概要	根拠法令	施設所有	資金調達		事例
PFI 方式	公共施設の建設，維持管理，運営等の民間資金，経営能力及び技術的能力を活用して行う方式。	PFI 法（1999 年）	行政／民間	民間	設計｜建設｜維持管理｜運営　公設｜公設　設計会社に委託，建設会社に発注，直営維持管理会社に委託，直営運営会社に委託	公営住宅庁舎等
コンセッション方式	利用料金の徴収を行う公共施設について，公共施設の所有権を公共主体が有したまま，施設の運営権を民間事業者に設定する方式。	PFI 法改正（2011 年）	行政	民間	維持管理｜運営　公設｜民営　PFI 事業者が事業規約に基づき包括的に実施	公営住宅庁舎等
DB 方式	民間事業者に設計・建設等に一括発注・性能発注する方法。		行政	民間	設計｜建設　公設　民間事業者に包括的に一括発注	ごみ処理施設
指定管理者制度	公の施設の管理・運営を指定管理者（地方公共団体が指定する法人）が代行する制度。法改正により，公の施設の管理主体が民間事業者，NPO 法人等に広く開放。	地方自治体法改正（2003 年）	行政	行政	維持管理｜運営　公営　指定管理者に指定	公園，港湾
包括的民間委託	公共施設等の管理運営業務について，詳細な業務運営を定めず，性能発注方式によって一連の業務を民間企業で委ねることで民間の創意工夫を活かした効率的なサービス提供を実施。		行政	行政	維持管理｜運営　公営　民間事業者に一括発注	下水道

図 14.4　PPP の種類と特徴

（出所）国土交通省（2015）「国土交通省の PPP/PFI への取組みと案件形成の推進」をもとに作成

間事業者が施設の設計・建設等を実施し，公共主体が維持管理・運営を行います。民設民営では，民間事業者が施設の設計・建設・維持管理・運営等を行います。

● PFI 法の概要

PFI は，サッチャー政権以降のイギリスの小さな政府の行財政改革の流れから，公共サービスの提供に民間の資金やノウハウを活用するために 1992 年に導入されました。我が国では PFI 法は 1999（平成 11）年に制定され，2000 年に基本理念を示す「基本方針」が PFI 推進委員会の議を経て内閣総理大臣によって策定され，PFI 事業の枠組みが設けられました。

PPP の代表的な手法に PFI 事業があります。図 14.5 では PFI 事業費と実施件数を示しています。PFI 事業は，教育と文化，健康と環境，まちづくり分野において，たとえば，給食センター，小中学校空調設備，公営住宅，廃棄物処

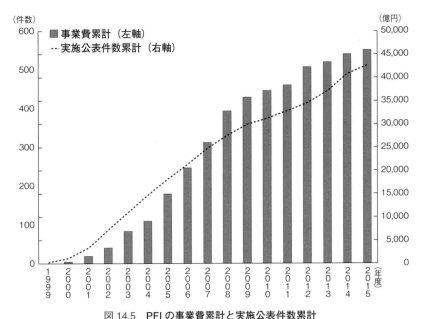

図 14.5　PFI の事業費累計と実施公表件数累計
（出所）内閣府「PPP/PFI 推進アクションプラン」をもとに作成

理施設で導入されています。PFI により，民間の資金，経営能力，技術的能力を活用することで，国や地方公共団体の事業コストの削減と質の高い公共サービスの提供を目指し，1999（平成 11）年に「民間資金等の活用による公共施設等の整備等の促進に関する法律（PFI 法）」が制定され，翌年には PFI の理念と実現の方法を示す「基本方針」が策定されました。2013（平成 25）年には，民間資金等活用事業推進会議で「PPP/PFI の抜本改革に向けたアクションプラン」が決まり，民間と地域の双方で魅力的な PPP/PFI 事業を推進していくとしました。図 14.6 は PFI 事業の種類を示しています。

● PFI 方式の方法

　従来型の公共事業は，請負契約や準委託契約などの民法に依拠していました。これらの事業は，専門性に応じて業務を細分化し，個別業務を工事ごとに分離して複数で発注され，要求水準も仕様規定をとり，契約期間は単年度ごとでした。リスクは公共部門が負担し，資金調達も一般財源と起債等で担っていました。PFI 方式では，同一事業者と包括的に長期の複数年度にわたり契約を行い，

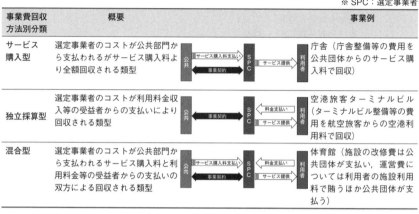

※ SPC：選定事業者

事業費回収方法別分類	概要	事業例
サービス購入型	選定事業者のコストが公共部門から支払われるがサービス購入より全額回収される類型	庁舎（庁舎整備等の費用を公共団体からのサービス購入料で回収）
独立採算型	選定事業者のコストが利用料金収入等の受益者からの支払いにより回収される類型	空港旅客ターミナルビル（ターミナルビル整備等の費用を航空旅客からの空港利用料で回収）
混合型	選定事業者のコストが公共部門から支払われるサービス購入料と利用料金等の受益者からの支払いの双方による回収される類型	体育館（施設の改修費は公共団体が支払い，運営費については利用者の施設利用料で賄うほか公共団体が支払う）

施設所有形態別分類	名称	概要	
BTO 方式	Build-Transfer-Operate 方式	選定事業者が施設を設計・建設し，選定事業者が運営し公共サービスを提供する。選定事業者の運営期間終了施設の所有権に変化なし	設計・建設 SPC ／ 運営・維持管理 公共 ／ 設計・建設 公共
BOT 方式	Build-Own-Operate 方式	選定事業者が設計建設を行い，かつ施設を所有したまま公共サービスを提供するが，事業終了時には施設を公共部門に譲渡	設計・建設 公共 ／ 運営・維持管理 SPC ／ 設計・建設 SPC
BOO 方式	Build-Own-Operate 方式	選定事業者が対象施設の設計・建設を行い，所有したまま維持・管理し事業終了時にSPC が対象施設を解体・撤去する方式	
RO 方式	Rehabilitate-Operate 方式	SPC が対象施設を改修した後に，施設の維持管理及び運営を行う事業方式	

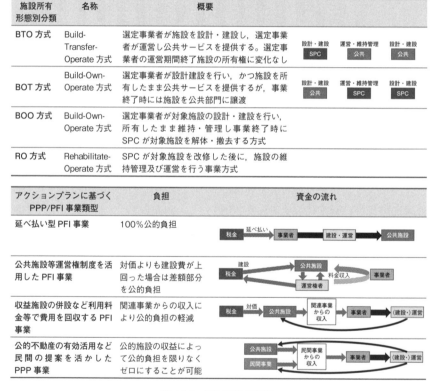

アクションプランに基づくPPP/PFI 事業類型	負担	資金の流れ
延べ払い型 PFI 事業	100％公的負担	税金 →延べ払い→ 事業者 → 建設・運営 → 公共施設
公共施設等運営権制度を活用した PFI 事業	対価よりも建設費が上回った場合は差額部分を公的負担	
収益施設の併設など利用料金等で費用を回収する PFI 事業	関連事業からの収入により公的負担の軽減	
公的不動産の有効活用など民間の提案を活かした PPP 事業	公的施設の収益によって公的負担を限りなくゼロにすることが可能	

図 14.6　PFI 事業の種類

（出所）内閣府「PPP/PFI 推進アクションプラン」をもとに作成

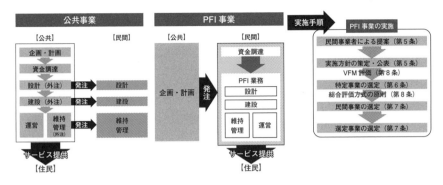

図 14.7　PFI 事業の流れ
（出所）内閣府「PPP/PFI 推進アクションプラン」をもとに作成

性能規定を導入します。リスクも，契約書に基づき事前に分担し，民間部門で資金調達を行います。また，民間のノウハウを効果的に活用し，公共施設の建設，維持管理・運営等を民間の資金，経営能力及び技術的活用を導入しています。

　図14.7 は PFI 事業の流れを示しています。PFI 事業は，「入札前」「入札・契約」「契約後」で進められます。入札前に，①民間事業からの実施方針の策定の提案と結果が通知されます。② PFI の必要性を検証し，枠組みを検討します。③公共施設等の管理者が，事業内容とリスク分担を公表し，管理者が公的財産負担の見込額を算定し，公共サービスの水準の評価を行います。④ PFI 事業として適切と認められる特定事業を選定します。入札・契約の段階では，①公共部門で募集を募り，民間事業者が応募・提案を実施します。②提案内容を踏まえ，民間事業者が評価・選定されます。③事業破綻時の措置も規定されます。契約後は，公共部門の監視のもとで民間事業が実施します。①公共施設の管理者が，金融機関と直接協定を結び，選定事業者と PFI 事業の契約を行います。②管理者と融資金融機関との間で直接協定が結ばれます。契約では，要求水準の未達や期限の利益の喪失などの一定事項が生じた場合に，管理者者と融資金融機関が相互に通知義務を課したり，資金供給する融資金融機関が PFI 事業規約の解除権行使を一定期間留保できます。PFI 事業の成果は，「VFM」（ヴァリュー・フォー・マネー）で評価されます。VFM とは，一定の支払いに対してもっとも価値の高いサービスを提供する考え方に基づいていま

コラム14.1　PFI事業のリスク管理

　PFI事業のリスク分担等に関するガイドラインでは，協定等の締結時点において，選定事業の事業期間中に発生する可能性のある事故，需要の変動，天災の有無，物価の上昇等，一切の事由を正確には予測できない損失が発生するリスクを挙げています。これらのリスクには，①調査，設計に関するリスク，②用地確保に係るリスク，③建設に係るリスク，④維持管理・運営に係るリスク，⑤事業終了段階でのリスク，⑥各段階に共通に関連するリスク，が挙げられます。不可抗力として，物価の変動，金利の変動，為替レートの変動，税制変更等，施設等の設置基及び管理基準の変更等関連法令の変更等，許認可の取得等，が挙げられています。不可抗力発生で業務履行不能となった場合には，事業者は書面で直ちに管理者等に通知することが求められます。当該不可抗力による影響の範囲において業務履行義務が免除され，事業者は損害を最小限にする義務を負うことになっています。また，業務変更，事業の遅延，損害または増加費用の分担等について官民で協議し，一定期間内で合意が成立しない場合，管理者等が対応方法を事業者に通知し，事業者が事業継続の義務を負います。

す。PFI事業には，公共サービス提供期間中に国及び地方公共団体の財政支出の軽減が図られること，一定の事業コストのもとで，水準の高い公共サービスの提供が可能となることが求められます。

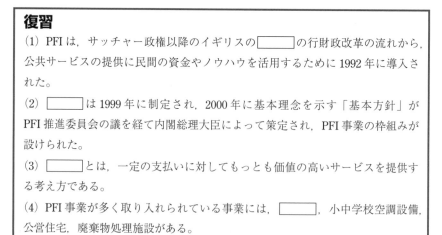

復習

(1) PFIは，サッチャー政権以降のイギリスの▢▢▢▢の行財政改革の流れから，公共サービスの提供に民間の資金やノウハウを活用するために1992年に導入された。

(2) ▢▢▢▢は1999年に制定され，2000年に基本理念を示す「基本方針」がPFI推進委員会の議を経て内閣総理大臣によって策定され，PFI事業の枠組みが設けられた。

(3) ▢▢▢▢とは，一定の支払いに対してもっとも価値の高いサービスを提供する考え方である。

(4) PFI事業が多く取り入れられている事業には，▢▢▢▢，小中学校空調設備，公営住宅，廃棄物処理施設がある。

練習問題

問題 1　広 域 行 政

広域行政の方法に関する次の記述のうち，適しない用語を選択してください。

ヒント：p.260〜269 を読もう！

(1) PFI 方式　　　(2) 連携協約　　　(3) 代替執行　　　(4) 共同設置

問題 2　民 間 活 用

従来の公共事業民間活用の相違に関する次の記述のうち，誤っている内容を選択してください。ヒント：p.265〜270 を読もう！

(1) 従来型の公共事業は単年度で仕様規定の要求水準のもと，工事ごとの個別業務の複数発注で行われる。

(2) PFI 方式は，業務を細分化して請負契約や準委託契約の民法に依拠している。

(3) PFI 方式で資金調達を民間部門で行い，性能規定を導入している。

(4) 従来型の公共事業では SPC と契約を行い，公共部門がリスク負担と資金調達を行う。

問題 3　PFI 事業

PFI 事業に関する次の記述のうち，誤っている文章を選択してください。

ヒント：p.265〜270 を読もう！

(1) 入札前に，公共施設等の管理者が，事業内容とリスク分担を公表し，管理者が公的財産負担の見込額を算定し，公共サービスの水準評価を行う。

(2) 入札前に，公共部門で募集を募り，民間事業者が応募・提案を実施する。

(3) 入札前に，PFI 事業として適切と認められる特定事業を選定する。

(4) 契約後は，公共部門の監視のもとで民間事業が実施する。

問題 4　水道事業の広域化

水道事業の広域化に関する次の記述のうち，誤っている文章を選択してください。

ヒント：p.261〜263 を読もう！

(1) 1973 年（昭和 48）年に，都道府県内の複数の水道事業体をまとめる広域水道圏構想が出され，水道法改正では水道の計画的配備が追加され，国庫補助規定も水道事業一般に拡大された。

(2) 経営の一体化は，サービスの利便性を向上を図るために，複数の経営主が同一の施設整備水準のもとで管理体制を強化する政策である。

(3) 新たな広域化とは，経営基盤や技術基盤の強化から，地域の実情に応じて事業統合，共同経営，管理の一体化等のソフト面の一体化や連携までを含めた

広い概念となっている。

(4) 事業統合には，複数の水道事業等による事業統合（水平統合）と水道用水供給事業と水道事業の統合（垂直統合）がある。

問題5　病院事業の広域化

病院事業の広域化に関する次の記述のうち，誤っている文章を選択してください。

ヒント：p.263〜265を読もう！

(1) 「新公立病院改革ガイドラインに基づく更なる改革の推進」では，公立病院の持続可能な経営を目指して，都道府県の役割と責任を強化し，経営の効率化，再編・ネットワーク化，そして経営形態の見直しからの改革を促している。

(2) 新公立病院改革プランに基づいて行われる医療機関相互の機能分担と連携の推進をはかる再編・ネットワーク化では，基幹病院・サテライト型，統合型，統合・再編型，再編・ネットワーク型がある。

(3) 病院事業における経営形態の見直しには，指定管理者制度の導入，独立行政法人化や民間譲渡がある。

(4) 病院の統合や病床規模・診療科の見直しなどの再編・ネットワーク化を実施した医療機関には，人件費や運営費に対して，25％の地方交付税措置がつく病院事業債がある。

問題6　レポート①

第14章を踏まえ，下記をテーマにレポート（1,000字以上）を作成してください。

(1) 従来の公共事業とPFI事業の相違について説明せよ。

(2) PFI事業に期待される効果について説明せよ。

(3) PFI事業の普及と近年の動向について説明せよ。

問題7　レポート②

第14章を読む前と読んだ後を比較して，どのような考えを得ることができたかをテーマにレポート（1,000字以上）を作成してください。

練習問題解答

問題1　正解（1）	問題2　正解（2）	問題3　正解（2）
問題4　正解（2）	問題5　正解（4）	問題6　正解省略
問題7　正解省略		

索　引

著 者 略 歴

足立　泰美
（あだち　よしみ）

2010 年　大阪大学大学院国際公共政策研究科修士課程修了　修士（国際公共政策）
　　　　　取得
2014 年　大阪大学大学院医学研究科公衆衛生博士課程修了　博士（医学）取得
2014 年　大阪大学大学院国際公共政策研究科　博士（国際公共政策）取得
　　　　　関西学院大学法学部，大阪大学法学部，大阪公立大学医学部等の非常勤講
　　　　　師を経て
2022 年　甲南大学経済学部教授（現在に至る）
　　　　　内閣府「税制調査会」特別委員，総務省「地方分権に関する基本問題につ
　　　　　いての調査研究会」委員，大阪府「高齢者保健福祉計画推進審議会」委員
　　　　　等を歴任

主 要 著 書

『保健・医療・介護における財源と給付の経済学』（2015 年・単著），大阪大学出版会
『税と社会保障負担の経済分析』（2015 年・共著），日本経済評論社
『雇用と結婚・出産・子育て支援の経済学——女性のワーク・ライフ・バランス』
　　（2017 年・単著），大阪大学出版会
『実践 財政学——基礎・理論・政策を学ぶ』「第 7 章　少子高齢化と社会保障財政」
　　（2017 年・分担執筆），有斐閣
"The Economics of Tax and Social Security in Japan"（2018 年・単著），Springer

ライブラリ 経済学レクチャー＆エクササイズ=16

レクチャー＆エクササイズ 地方財政論

2023 年 12 月 10 日Ⓒ　　　　　　　初 版 発 行

著　者　足立泰美　　　　　発行者　森 平 敏 孝
　　　　　　　　　　　　　印刷者　中 澤　　眞
　　　　　　　　　　　　　製本者　小 西 惠 介

【発行】　　　　　株式会社　新世社
〒151-0051　　東京都渋谷区千駄ヶ谷 1 丁目 3 番 25 号
編集 ☎（03）5474-8818（代）　　　サイエンスビル

【発売】　　　　　株式会社　サイエンス社
〒151-0051　　東京都渋谷区千駄ヶ谷 1 丁目 3 番 25 号
営業 ☎（03）5474-8500（代）　　　振替 00170-7-2387
FAX ☎（03）5474-8900

組版　ケイ・アイ・エス
印刷　㈱シナノ　　　　　　製本　ブックアート
《検印省略》

ISBN978-4-88384-373-2

PRINTED IN JAPAN

サイエンス社・新世社のホームページのご案内
https://www.saiensu.co.jp
ご意見・ご要望は
shin@saiensu.co.jp　まで.